教育部人文社会科学研究一般项目资助
《当代西方左翼学者的技术政治观研究》16YJC710016

中国书籍学术之光文库

当代西方左翼学者的技术政治观研究

黄雪丽 | 著

中国书籍出版社
China Book Press

图书在版编目（CIP）数据

当代西方左翼学者的技术政治观研究/黄雪丽著
.—北京：中国书籍出版社，2020.2
（中国书籍学术之光文库）
ISBN 978－7－5068－7728－2

Ⅰ.①当… Ⅱ.①黄… Ⅲ.①西方马克思主义—研究
Ⅳ.①B089.1

中国版本图书馆 CIP 数据核字（2020）第 005972 号

当代西方左翼学者的技术政治观研究

黄雪丽　著

责任编辑	刘　琳　刘　娜
责任印制	孙马飞　马　芝
封面设计	中联华文
出版发行	中国书籍出版社
地　　址	北京市丰台区三路居路 97 号（邮编：100073）
电　　话	（010）52257143（总编室）　（010）52257140（发行部）
电子邮箱	eo@ chinabp. com. cn
经　　销	全国新华书店
印　　刷	三河市华东印刷有限公司
开　　本	710 毫米×1000 毫米　1/16
字　　数	213 千字
印　　张	16
版　　次	2020 年 2 月第 1 版　2020 年 2 月第 1 次印刷
书　　号	ISBN 978－7－5068－7728－2
定　　价	95.00 元

版权所有　翻印必究

绪 论

随着信息技术与科技全球化的进一步发展，人类已经步入以技术泛化为特征的新时代。技术以各种方式影响着人类社会生活，已经成为人类自我塑造和存在的方式。人文学科中技术因素也日益增强，其中对技术与政治关系问题的讨论直接关系到人类社会的发展与未来。当代西方左翼学者是指对当今的资本主义生产方式和生活方式持批判或否定态度，关注社会公正，并对社会变革抱积极态度的西方学者。技术政治是指技术由于对人类社会的深刻影响而日益成为一种重要的政治现象，技术政治主要思考技术与政治相适应与否的问题。技术政治作为一种政治变革运动兴起于20世纪的西方社会，对西方国家的政治统治产生深刻影响，而西方左翼学者在批判、反对资本主义技术统治过程中，逐渐超越并重建了一系列新的利于社会发展的技术政治观念。这里所说的技术政治观延伸了政治的内涵，超出了通常的应用范围，有些思想可以被称为一种文化理论，一种关于人的制度化、生活意识和行为结构，在高技术社会中所采取的模式的理论。现代技术条件的统治取代了属于政治范围的方式成为技术政治。伴随着现代科学技术的全方位纵深发展，技术与人类社会的生产方式、生活方式关系也发生微妙的变化，西方左翼学者关于技术与政治关系问题的研究也在不断发生变化。对西方左翼学者技术政治观研究主要是通过对代表人物观点的认识和评价，主要着眼于以下几个方面。

第一，拓展对技术与政治关系的思考。技术与政治关系问题是全面了解当今时代的政治理论的重要环节，仅仅关注技术如何影响人类观念及如何形成日常生活中的实践等内容是不够的。在技术全球化背景下，研究技术与政治关系不仅具有重要的理论意义而且具有重要的实践价值。随着信息技术与科技全球化的进一步发展，技术以各种方式影响着人类社会。传统观念以为技术作为中介主要存在于生产领域，马克思的劳动过程理论充分说明了这一观念。但一个多世纪后的今天，技术中介已经远远超出生产领域进入社会生活的每一方面，这包括医疗、教育、环境、媒体等，技术已经影响我们社会生活的所有方面，成为我们存在的一种方式。技术作为人类自我塑造与存在的方式，人类该如何对待技术，技术与人类怎样相处，技术以怎样的方式面对人类的未来……这些问题的解决关系着人类社会的发展与未来。随着科技全球化的大发展，人文学科中技术因素的增长速度已日益加快，这一问题的解决成为当务之急，已不可回避。其中，技术与政治的关系即技术的"政治化"和政治的"技术化"成为当代的一个重要问题，学术界已出现与此相关的一门新学科，即"技术政治学"。在新的科学技术背景下，技术与政治关系交织在一起，如何认识与处理好这种关系对社会发展意义重大。

第二，发扬技术政治的马克思主义立场。马克思提出了关于技术和社会生活的问题，这一立场对技术政治及社会主义社会发展具有重大影响。研究的主要目的在于通过对西方左翼学者技术政治观的评析，深化对马克思主义技术政治理论的研究，并立足于中国社会现实为我国民主政治建设提供借鉴与思考。西方左翼学者依据技术发展的社会现实对马克思的技术政治理念进行解读和重构，提出了许多富有挑战性的问题，这对于全面理解技术政治思想的发展脉络和理论前沿具有重要意义。通过对当代西方左翼学者技术政治观点的比较和评价，深化对马克思主义技术政治思想的研究和理解，树立正确的技术政治观。通过对当代西方左翼学者技术政治观的研究，了解技术全球化发展的当代资本主义现状，从一个侧面了解社会演变和未来社会发展趋势，为中国民主政治建设提供借鉴与思考。左翼学者虽然不都是马克思主义者，但与马克思关注人类社会发展的立场相一致。他们对马克思主义技术政治观进行解读与汲取。马克思的劳动异化理论、技术批判理论以及对工业社会发展方向的预言等思想中含有丰富的技术政治思想，西方左翼学者在其自身技术政治观形成过程中都对马克思的技术政治观进行解读和汲取。本书对技术政治的研究是从马克思主义立场出发，研究技术政治发展现状及其对社会主义社会发展的影响，通过对资本主义的技术理性批判寻求人类解放之途。在技术政治的马克思主义立场上注重西方左翼学者技术哲学研究的经验转向及对中国社会发展的借鉴价值。改变哲学研究的抽象思维，在实践中考察技术的历史，结合受到技术影响的当代现状，对技术在世界中发挥作用的现实情况、生活情况进行研究。技术民主化思想拓展了民主政治的内容和形式，为反对技术霸权，促进国际间平等交往提供了有力支撑，为公民监督政府提供了有力的手段，促使中国共产党创新执政手段，提升执政能力和执政水平，构建技术对政治参与的动力作用和以人为本的人力资源开发理念。这对于中国社会发展中进行借鉴思考具有现实意义。

第三，探究西方左翼学者技术政治的发展脉络。技术与政治的关系由来已久，人类对技术的态度随技术的发展也在发生着演变。在17、18世纪因技术的利器作用推动社会进步，人们视科学、理性、进步三位为一体，认为技术可以创造人类的自由、民主与福祉，出现了技术乐观主义。而从19世纪开始，科技被资本主义利用，人沦为机器的奴隶，人类社会被异化，且卷入各种冲突、战争、生态失衡中难以自拔，理论上形成了技术悲观主义观念。20世纪"西方马克思主义"尤其是法兰克福学派面对当代资本主义的深入发展，较早意识到科学技术具有政治功能，对技术消极社会功能与政治效应的认识超越了乐观主义与悲观主义观念。他们没有局限于现象分析也没有局限于技术本身，而是从人类理性角度挖掘技术理性如何蜕变为统治的合理性、政治的合理性，揭示了技术作为一种新的政治统治力量给社会带来的全面异化。但是他们尽管触及到技术消极政治效应与特定制度有关，最终还是将资本主义对科技的利用所造成的消极政治效应归咎于技术，即认为当代的科学技术取代传统的政治控制手段成为一种新的政治统治方式。这样只能停留于悲观失望中，违背了马克思主义将科技作为社会前进决定力量的科学技术观。一些学者认为技术对民主的挑战是致命的。但是其他人乐观地认为，可以发现或发明一些民主手段在一定程度上控制技术。还有一些人反对关于这个问题的乐观主义与悲观主义的表述，但同时认为这个问题非常重要，需要进行严肃的哲学探究。

另外，技术与国家政治的关系与技术政治观相关。社会发展中技术因素的渗透带来了积极成果也带来诸多问题，尤其是发达资本主义政治统治所带来的各种异化问题，早期法兰克福学派都给予揭露与批判，但面对问题法兰克福学派的态度与立场是或逃避或悲观或点而不透的。悲观与逃避解决不了问题，在技术全球化背景下，我们不可能弃之而去，只有迎难而上。西方左翼学者在批判吸收前人成果基础上，深入技术内部进行深刻分析，揭示造成资本主义技术霸权的根本原因。揭示隐含的技术价值，阐明技术本身具有的民主潜能，从设计入手转化技术，实现技术的重建，使技术设计民主化，体现更多人的利益。此外，技术政治研究关系到技术与国际政治的关系问题。在当代，整个国际社会各个国家发展差异悬殊，社会主义与资本主义制度并存，霸权主义与强权政治依然甚嚣尘上。一个国家的科技发展水平及其有效利用关系到其在世界政治舞台中的强弱与地位，发展科学技术对世界各国而言，不仅仅意味着是一种经济、社会、文化战略，也是一种政治战略。由此可见，在技术全球化背景下，研究技术与政治关系不仅具有重要的理论意义而且具有重要的实践价值。

第四，注重对西方左翼学者技术政治观的整体研究。在对西方左翼学者基本观点的个案研究基础上，更注重横向观点比较与纵向历史沿革相结合，宏观与微观相结合的整体研究。现代科学技术全方位纵深发展背景下，西方左翼学者关于技术与政治关系问题的研究也在不断深入发展。这些观念引起国内外学者的广泛关注。国际上对这一问题的研究与关注早于国内，并且研究得更加深入。国际哲学与技术年会自1981年以来，每两年在欧美召开一次，自21世纪以来已经召开了10届。尽管主题各异，但都是关于技术对当代社会发展的影响问题。对西方左翼学者技术政治观的研究，主要是对他们相关著作及其思想的研究，基本观点的比较研究，整体研究及发展趋势研究。这些颇有影响的技术哲学大师，在国外引起广泛关注。他们每一部著作的出版发行，理论界都会有不少人发表相关评论，并为他们的思想召开专题研讨会。这些评价散见于各种会议和报刊，也有相关论文集的出版。从相关文献看，国外学者大都认为他们是技术哲学的重要代表，并肯定他们关于技术的民主控制，技术设计与使用中要考虑公众利益等观点，也对其部分观点提出质疑。国际上对左翼学者技术政治观的研究可以概括为几个视角，首先是对代表人物进行系统研究，以及代表人物观点的比较研究；其次是从宏观上对技术政治观进行横向基本观点研究和纵向历史发展沿革研究，以及技术政治与技术哲学整体框架不同层次间相互交融的关系研究；再次是从微观上对各种具体技术政治观念进行实证分析与研究等。总之，国外对当代西方左翼学者技术政治观的研究涉及各个方面，形成一定规模，但欠缺统一性，缺乏根深蒂固的哲学传统和统一的研究纲领，这在客观上会导致自身发展中出现对话交流的困境。国内对西方左翼学者技术政治观的研究近年来有上升的趋势。尤其是国际哲学与技术年会第 19 届会议于 2015 年 8 月在中国举行,这是第一次在欧美以外的国家举行,是中国技术哲学研究走向世界的一个重要标志。中国技术哲学会议开始于 1984 年,至今已召开了 17 届。对技术政治的研究主要有相关专著,公开发表的学术论文,还有硕博士论文等。概言之,国内一是从技术哲学角度研究技术,二是对国外技术哲学家进行专门研究。整体上对技术政治研究的视角与规模还比较局限,有待进一步深入。

目 录
CONTENTS

第一章 西方左翼学者技术政治观的理论源流 ………… 1
- 一、马克思的技术政治观念 ………………………………… 1
- 二、马尔库塞技术批判理论 ………………………………… 7
- 三、芒福德的现代技术批判 ………………………………… 14
- 四、技术的社会建构论方法 ………………………………… 17

第二章 雅克·埃吕尔的技术政治观念 ……………… 24
- 一、技术政治观产生的条件 ………………………………… 25
- 二、技术政治观的起点：技术现象的重新定位 …………… 29
- 三、技术政治观的基础：对现代技术特征的分析 ………… 34
- 四、技术政治观的核心：技术与国家 ……………………… 42
- 五、技术政治观的终极：人类技术 ………………………… 53
- 小结 …………………………………………………………… 56

第三章 兰登·温纳的技术政治观 …………………… 61
- 一、技术政治观产生的背景 ………………………………… 61

二、技术政治观的出发点：自主性技术观的考察 ……………… 63
　　三、一种技术政治观的考察：技术专家治国论 ………………… 71
　　四、新技术政治理论的开辟与主张 ……………………………… 74
　　五、技术政治的核心：技术民主 ………………………………… 85
　　小结 ………………………………………………………………… 87

第四章　尤尔根·哈贝马斯的技术政治观 ……………………… 90
　　一、产生的背景：晚期资本主义的合法性危机 ………………… 90
　　二、基本出发点：技术理性批判 ………………………………… 93
　　三、根据：技术统治的意识形态批判 …………………………… 96
　　四、设想：技术民主观念的构建 ………………………………… 98
　　小结 ………………………………………………………………… 102

第五章　安德鲁·芬伯格技术政治观 …………………………… 107
　　一、技术政治观产生的起点 ……………………………………… 108
　　二、技术政治观的基本内容 ……………………………………… 112
　　三、技术政治的核心：技术民主化 ……………………………… 132
　　四、技术政治目标："社会主义"的现代性重建 ………………… 138
　　小结 ………………………………………………………………… 151

第六章　卡尔·米切姆的技术政治观念 ………………………… 158
　　一、技术政治思想产生的背景 …………………………………… 158
　　二、技术政治观的哲学基础 ……………………………………… 163
　　三、技术哲学的二元划分 ………………………………………… 169
　　四、技术哲学的伦理问题与政治问题 …………………………… 177

小结 …………………………………………………………… 185

第七章　道格拉斯·凯尔纳的技术政治观 …………………………… 187
　　一、凯尔纳技术政治观的起点：现代与后现代之间 ………… 188
　　二、凯尔纳技术政治观的形成 ………………………………… 193
　　三、凯尔纳技术政治的核心：赛博空间民主 ………………… 199
　　小结 …………………………………………………………… 209

第八章　当代西方左翼学者技术政治观的整体评价 ………………… 214
　　一、当代西方左翼学者技术政治观的特点 …………………… 214
　　二、当代西方左翼学者技术政治观的理论贡献 ……………… 224
　　三、当代西方左翼学者技术政治观的主要问题 ……………… 230

参考文献 …………………………………………………………………… 233
后记 ……………………………………………………………………… 241

第一章

西方左翼学者技术政治观的理论源流

在技术全球化背景下，西方左翼学者对技术在现代社会兴起和发展过程中的重大作用给予特别关注，不仅探讨了技术在现代社会形态形成中的参与和造就，而且探究了技术对现代人内在精神世界的塑造。西方左翼学者技术观念的形成，吸收和借鉴了马克思、海德格尔、法兰克福学派、芒福德、社会建构论者、后现代主义思想等关于技术与工业的社会理论，在复杂和巨大的现代技术系统中，揭示技术与政治和人性之间错综复杂的内在关系，探求人类在利用技术实现和满足我们的想象和欲求的同时，是否技术有能力塑造和限定我们的各种需求和欲望。在技术高度发达的现代社会，探求人与技术如何和谐相处、相得益彰之道。

一、马克思的技术政治观念

在西方左翼学者技术政治观形成过程中，马克思对其思想发展产生了重大影响，在他们的著作中，频频出现关于"马克思"的论述，不难发现他们大量引用了马克思的观点、术语，而且还将马克思的许多理论观点融入其技术政治思想中，直接构成了其思想的重要来源与组成部分。埃吕尔18岁时就读了马克思的《资本论》，自此马克思学说对他产生深远的影响，马克思关于世界经济不公平学说以及社会学说都深深影响了埃吕尔的技术观念。他承认从马克思那里学到了很多。而且他运用马克思的解释方法，认识政治,经济和社会问题。他认为马克思的方法要优于他所知道的所有其他方法。温纳的技术思想也深受马克思的影响,大量吸收了马克思的技术批判思想。芬伯格作为西方马克思主义在美国的重要代表,始终将马克思奉为正宗鼻祖。当然,值得一提的是作为思想独立深邃的西方左翼学者,且处于与技术交锋的新时代,他们对于马克思的思想除了继承主要还是审视,重新解读,甚至发展。不论这些解读与发展是否符合马克思的本意,是否有"误读"或"曲解"的成分,这种探索精神可以促进马克思主义的不断发展。

(一) 对马克思的劳动异化理论的解读

异化劳动理论是马克思在揭示资本主义社会矛盾的根源中产生的。在研究资本主义工业文明中,马克思发现"劳动"作为人的类本质,劳动成果自然应该归人所有。但资本主义出现了反常现象,由于机器对人类的束缚,人类创造出来的产品却走向人的对立面,成为统治人的力量而存在。在经过对异化劳动的全面分析基础上,马克思揭示了资本主义私有制是异化劳动存在的根源,必须予以消灭。马克思对资本主义的批判除了有所有制批判以外还有劳动过程理论。马克思指出,私人资本家的个人财产与工人同生产方式的"分离"密切相关,因此也就与劳动过程中工人从属于财产所有者密切相关。在马克思的理解中,所有制问题与生产方式问题的解决密不可分地联系在一起。

西方左翼学者将马克思主义的创立归结为对异化的批判和对工人运动的渴求相结合,通过恢复马克思对异化的激进批判来对资本主义展开批判。他们在深入理解马克思的异化理论基础上又与现代社会技术发展相结合深化了马克思的异化理论。根据马克思拜物教理论,认为技术作为一种异己的力量干涉我们的生活,将这种现代社会束缚人们思想的观念,扩展成"技术拜物教"。技术拜物教将技术作为一种异己的力量控制了人们的工作与生活。在技术改革中更关注成本与收益的比率,将效率作为技术进步与否的标准,产生对效率的盲目崇拜,忽略了技术与社会相关的其他方面。根据对成本与目标的关注,任何技术对象都可以分解为是否安全、快速、可靠等,但是具体的设计没有人会了解,在技术设计的一开始就已经包含技术效率第一的观念。技术拜物教成为统治的新的方式,这也为他们深入技术内部揭示统治秘密奠定基础。

(二) 对马克思关于资本主义劳动过程分析解读

马克思在《资本论》和《政治经济学批判大纲》中,包含着对劳动过程的细致批判。详细阐述了资本产生的过程,从而揭示了剩余价值产生的秘密。在西方左翼学者看来,马克思对资本主义劳动过程的分析与当代对技术的社会影响相关联。在其中已经涉及到后工业社会遭到批评的特有现象:生产和管理的科学化、劳动力被剥夺资格、劳动力从属于他们劳动成果的官僚政治体系。促成对马克思的劳动过程理论深切关注的背景是20世纪60年代末和70年代初的新社会运动,当时到处弥漫着以马尔库塞反对"单向度的人"为代表的反对技术专家治国论的意识形态。整体的工业文明再次受到挑战,而不仅仅是关注实现富裕问题。于是西方马克思主义者改变了阶级理论对剥削和经济危机的关注,转向长期被忽视的异化和统治问题。他们将争论的目标从财富的不平等分配转移到工作场所中权力的不公正分配等问题。而这种转变在马克思著作中找到大量文献基础,这样马克思主义就融入到当时发生在美国、欧洲等国的工人运动中,马克思就是发展中的技术专家治国论的批判者。

马克思的劳动过程理论影响到技术政治问题。因为马克思认为资本主义通过"去除技能"将工作简单化使工人能很快学会,看似只是为了经济上节约成本,事实上为实现资本主义的霸权提供了基础。工人因机械化简单操作失去了理解和掌握生产的能力,资本就占据主体,建立了资本霸权。正如马克思所言,"随着劳动者变得仅仅是一种已经现存的生产的物质条件的附属物",资本主义组织"第一次获得了技术上的明显的现实性"。但马克思进一步指出,一旦机械出现问题,保持旧的劳动分工只能增加浪费和导致无效率也就使进步的动力变成了阻碍。资本主义需要无知驯服的劳动力,而随着技术发展出现的经济生活的新规律要求"劳动者适应不同的工作,因此就要求劳动者各尽所能地尽可能发展"。马克思认为这就是"现代工业的技术必要条件与现代工业的资本主义形式所固有的社会特点之间的绝对矛盾"。那么,在社会主义条件下可以没有这种控制,正如马克思所言,劳动纪律"在劳动者为自己利益而工作的社会体系中将是多余的"。离开资本主义的控制关系,人的能力的发展和生产效率将全面发展。这些思想无疑为西方左翼学者技术政治观念形成提供了理论依据。

(三) 对马克思技术批判观的挖掘

马克思是对现代技术进行批判的先锋人物,他对技术的社会性质的理解远远超前于他的时代。马克思认识到技术已经成为社会生活的一种普遍的中介,对于社会发展具有重要的推动力量。在《共产党宣言》中马克思指出资本主义由于对技术的广泛应用,"资产阶级在它的不到一百年的阶级统治中所创造的生产力,比过去一切世代创造的全部生产力还要多,还要大。"[①] 充分肯定在资本主义发展不同阶段中科学技术的作用。

马克思对现代技术进行批判。马克思的著作中包含了大量的技术批判思想,他认为解决技术异化的前提是变革资本主义生产方式。在《资本论》中蕴含了技术的阶级特性。他同时考虑到了技术的两个方面,作为生产力的技术和作为生产关系的技术,他对机器的批判也明确提出是针对"机器的资本主义应用",而不是针对"机器本身"。马克思在资本主义生产关系视域中研究技术问题,通过发掘资本产生逻辑的方式阐明技术的本质,指明技术对人的奴役实际源于人对人的奴役,直接指向资本主义生产关系。从而揭示了在资本主义制度下技术进步形式符合的是资本家企业的

---

① 《马克思恩格斯选集》第1卷,北京:人民出版社,1995年,第277页。

需要而不是全社会的需要。马克思通过技术的"不良使用"，对技术进行三种批判：技术的产品批判、技术的过程批判和技术的设计批判。第一种批判涉及特定技术的使用目的是什么。这种解释针对技术在资本主义应用中造成的问题，认为技术本身是无辜的，只针对技术的资本主义服务目的进行批判。第二种批判涉及特定技术如何被应用，而不论使用目的。在资本主义技术使用中，马克思发现工作日的延长，工作强度的提高，工作安全环境难以保障，工人健康状况不能保证等问题，这些有利于资产阶级权利要求，却给工人构成一种威胁。这种批判为技术的过程批判，在此技术不再是无辜的，而成为危险的来源。这两种技术批判也是传统的马克思主义者认同的对资本主义所有制的批判，第一种批判关注效率，第二种批判关注资本主义权利和财富的再生产。在此，技术的功能是中性的，这种方法认为资本主义干涉了市场、选举、管理部门和技术体系这些中性的媒介，为了满足资本主义社会要求，追逐权力和财富而破坏技术规则。如果是这样，只要废除资本主义所有制及其相伴随的健康、安全问题就能解决技术问题。事实上，马克思技术理解还有第三方面，即技术在应用之初的设计方式问题。马克思在资本主义的劳动分工的讨论中，有将阶级偏见归因于技术本身的论述。马克思对革新的论述中指出，资本主义的利益不仅仅控制着技术的使用目的和应用方式，还控制着技术的设计。市场并不是共同体价值的中性的仲裁者，而是一旦设计起来就是带有成见的选择。问题并不是谁将受益，而是由市场决定了什么样的生活方式。这决定了还有一种最主要的技术批判即设计批判。根据这种批判，资本主义的技术也是由资本主义生产管理偏见造成的。也就是说技术的设计与发展服务于资本的社会目的，如果维护劳动分工是资本的主要社会目的，那么资本家通过技术的设计实现这一目的从而将劳动力置于控制之下。马克思关于生产的技术方面和社会方面可以分别体现在作为工具的中性中和作为制度的阶级偏见中。马克思技术革新思想既满足了增加对劳动力统治的阶级利益也实现了增强对自然的统治权的一般利益。

马克思在技术批判基础上对未来发展进行展望。马克思坚决反对把资本主义的种种异化现象和矛盾对抗归咎于科学技术，他认为科学技术并不是天生的统治人的异己力量，而是有可能作为革命和解放力量的。马克思认为科学技术的社会政治功能应在具体的社会经济制度中考察。因为具体的社会经济制度形成的社会关系的性质决定性地影响着科学技术的社会政治功能。因此，科学技术与政治统治没有必然的联系，科学技术变成统治工具只能看作是资本主义社会特有的现象。并且在批评资本主义的技术应用基础上，对社会主义条件下技术作为解放力量进行了展望。他认为技术的介入在加速经济发展的同时，也可以造就新的社会等级制度。在关于技术发展与技术本质的相关思想中，马克思认识到技术本质与人类本质应该具有一致性。当技术发展真正体现人类的利益时，在社会生产中对高水平技术的运用，就可以使人类在技术进步中实现自由和解放。这种乐观态度源于马克思认识到技术可以产生一个能够使经济民主化的新的下层阶级。马克思的劳动过程理论指出，由工人创造的经济将能够重新设计技术，以便把高水平的经济应用于生产。不但如此，工人还要从战略上改变技术中介并创造一个完全不同的社会，在这样的社会中劳动不再压制而是有利于个人的发展。他相信通过劳动力重新获得资格，会在教育、政治和社会生活中引起深刻的变化。这种观点在马克思那里只是应用于工厂，因为当时现代技术只存在于工厂。在现代技术社会，技术已经在一切领域对社会形成干预力量，西方左翼学者将这种观点推广到现代社会发展中。马克思技术批判的旨趣在于追求人的"全面而自由的发展"，也是其技术批判思想的实质。他认为社会变革是阶级矛盾不可调和以及资本主义社会基本矛盾运动的必然结果。工人阶级通过革命运动取得政权，最后成功走向社会主义。马克思将社会主义看作是资本主义的一种潜能，是在资本主义社会成就基础上所实现的激进的社会进步。

总之，马克思的这些技术思想及其脉络都对西方左翼学者技术政治观的形成产生深刻影响。资本主义的技术设计从上层引进控制，将劳动纪律施加给与企业没有利害关系的劳动力。他们的技术政治就是沿着马克思主义的方法，使工人拥有技术发展的控制权从而进一步控制企业。技术逐渐被重新设计，以响应一种新的控制形式，即无技能的、顺从的工人代替有技能的工人。这种技术设计不但出现在经济领域还可以延伸到文化生活等一切领域，塑造总体的社会生活。他们将马克思在生产领域对劳动过程的分析延伸到社会生活的一切领域，揭示资本主义的技术统治本质，实现追求新的文明状态的政治诉求。

二、马尔库塞技术批判理论

西方马克思主义尤其是法兰克福学派对工业社会发展中技术力量的迅猛增长进行了深刻的批判认识，形成了独具风格的技术批判理论，为西方左翼学者技术政治观的形成提供借鉴思考。马尔库塞作为法兰克福学派的重要代表，又是曾经师从海德格尔，他与法兰克福学派成员被迫离开德国后留作美国公民，他经历了社会发展的动荡，也亲身感受了发达工业社会技术的力量和带来的社会问题以及对人的各种影响，所有这些再加上他独特的思想见解使他的技术批判理论最具有代表性，也深刻影响了西方左翼学者的技术批判观。他的无论褒贬的技术批判理论确实影响深远，值得借鉴与深思。

（一）法兰克福学派的技术政治观

西方马克思主义的鼻祖卢卡奇继承了马克思的辩证法，在《历史与阶级意识》一书中以物化概念为基础勾画了辩证合理性理论，涉及到科学技术的政治效应问题。物化就本质而言是人类社会关系的"事物化"。物化将社会变成一台庞大的机器，对其社会成员进行操纵，使其无力改变社会现状。他认为科学认识观念应用于自然可以推动科学进步，而应用于社会将会成为资产阶级的思想武器。科学技术的复杂发展，促成了对自然的很好理解，却远离了人本身，对人而言它是封闭的、片面的与人无关的东西。随着技术的发展，人与人、人与世界的交往形式被技术关系所代替，"技术的专门化导致了一切整体形象的破坏"①。卢卡奇对科学技术的批判主要针对资本主义社会对科技的物化，资产阶级利用科学技术一方面征服自然获取利润，另一方面利用科技手段实现自身统治。在他看来，科学技术发展与资产阶级相结合，科技越发展意味着工人受剥削程度越深。科学技术成为资本主义社会各种异化现象的一个祸根。卢卡奇在分析科学技术与政治统治之间的关系问题的同时，还设想了一种非物化的可能性，他认为在系统物化形式的客观现实中，人的现实性能够重新肯定本身并改变社会。

卢卡奇开创了批判理论，将资本主义文化的形式合理性与支持社会主义的辩证合理性做出明确区分，同时指出了辩证法在更大框架内对形式合理性限度的决定与有益遗产的兼容。卢卡奇的物化理论表明，对自然的征服不是一种形而上学的事件，而要从民主进步中寻求。民主进步意味着重新构造现代社会的技术基础。文明的选择不是由自主的技术所决定的，而是可以被人类的行为所影响。这为技术批判理论迈出了可贵的一步。

法兰克福学派沿着卢卡奇的思想传统，充分认识到科学技术的重大政治功能。他们将卢卡奇的物化批判深入推进到工具理性批判，将科学技术本身看作统治的工具，这种批判是针对资本主义统治下的科学技术。他们将科学技术意识形态化，似乎资本主义的一切异化和矛盾现象都来源于对科学技术本身的潜在否定。同时，他们对科学技术与政治统治之间关系的认识具有辩证色彩。他们并非反对科学技术与文明工业本身，只是对其畸形发展与消极后果进行批判，在他们的观念中已经有了的技术的东西和社会的东西是一个总体中的不同环节的观念，不是处于一个根本的层级结构

---

① 卢卡奇：《历史和阶级意识》，王伟光、张峰译，北京：华夏出版社，1989年，第104页。

中。他们的聚焦点在资本主义所依赖的科技合理性观念批判上,资产阶级在统治中利用科学技术,为统治的合理性辩护,他们认为事实上当代资本主义在政治、经济和文化各领域的异化现象都是科学技术的发展造成的。他们主要集中于对当代资本主义社会中科学技术的消极政治功能的批判,力图指出资本主义社会发展中科技政治功能的局限性及其根源。

作为法兰克福学派的倡导者,霍克海默和阿多诺首先将批判的矛头指向"启蒙精神"这一西方工业文明的理论基础。与以往不同,他们的批判不是形而上的,而是立足于人的现实生存境遇。启蒙精神本来是通过确立人对自然的统治,达到人的自由解放。但是,现实中人对自然的统治增强了人对自然的控制能力同时也破坏了人与自然的关系,而且这种控制后面隐藏着人对人的统治。这样,科学技术作为手段,不仅实现人对自然的统治也达到人对人的统治目的。在技术理性统治的世界里,不但人与自然相异化,而且人与人相异化。在他们看来,这样的统治手段与原来的赤裸裸的野蛮统治完全不同,更加巧妙和隐蔽。即这种统治手段由于借助了科技手段,在无形中统治阶级的意志和命令就作为一种社会或者个人心理因素内化于社会或个人。随着科学技术发展,人对自然的征服工具的增强加剧了人对自然的统治欲。而且,由于科学技术的精密与复杂技术逐渐演变成一种统治力量,科学技术与政治统治相结合,实现了人对人的统治。在技术理性统治的世界,理性和技术发展不但没有像启蒙精神承诺的那样增强人的力量和实现人的自由发展,而且技术本身作为一种异化力量,进行一种总体性的统治。技术的合理性逐渐演变成政治统治的合理性。他们将科学技术等同于意识形态,将科学技术作为工具理性的基础,从而将对意识形态的批判转化成对科学技术的批判,以至于其思想于局限于工具理性批判。

法兰克福学派不仅将技术作为一种手段,而且看作人的一种生活方式。但他们将这种方式看作是对人和自然的统治,仅仅局限于从对资本主义批判角度看到技术的消极功能。以至于在关系到人类与自然解放的论证中,担心社会主义只是简单地将资本主义创造的技术主义全盘吸收。尤其是霍克海默与阿多诺没有看到技术与政治的关系在不同的社会制度中甚至同一社会的不同阶段,都可能会有不同的性质与内容,更没有看到科学技术的革命解放潜力,陷入反对科学技术的悲观主义泥潭难以自拔。除了马尔库塞,这些马克思主义者在对技术的批判中,都没有实质的解释暗含在他们纲领中的与自然的新关系。由于理论上的不明确,大多数法兰克福学派都退缩为技术中立性的遵从者。这是批判理论发展中的一种错误转向。本来深邃且极富哲理的对现代社会的批判,因为很大程度上与迅速发展的技术公共争论无关而空洞。

(二)马尔库塞的技术批判理论

马尔库塞是法兰克福学派第一代的主要代表,他的许多著作中都涉及了技术批判观念。"技术的合理性展示出它的政治特性,这时它变成了更有效统治的得力工具,并创造出一个真正的极权主义领域,在这个领域中,社会和自然、精神和肉体为保卫这一领域而保持着持久动员的状态。"[1] 马尔库塞是海德格尔的学生,他们都认为"技术是意识形态"并支撑一种统治体系。但他与海德格尔认为的社会领域完全被技术化,已经不再为技术提供任何技术基础的观点不同。同时他比阿多诺又往前进了一大步,阿多诺偶尔提出一些未实现的诺言,马尔库塞明确提出在不同社会条件下技术可以通过重新设计以实现为人类和自然服务而非统治。马尔库塞认为对技术的批判不是绝对的,完全绝对只会消除技术,应该有更积极的理解,为技术变革提供替换的机会。

其一,批判发达工业社会的技术合理性。马尔库塞对资本主义统治的揭示集中于技术与政治的结合角度。在马尔库塞看来社会是一部管制其社

---

[1] [美]赫伯特·马尔库塞:《单向度的人》,刘继译,上海:上海译文出版社,2014年,第17页。

会成员的巨大机器。在《单向度的人》中，他对技术理性统治中现代人异化的生存境遇与生存状态进行描述。他认为科学技术的发展在改变人的生存条件的同时也深入到社会结构与运行方式中，作为一种操控性的统治形式。这种技术统治形式已经改变了传统单纯和直接建立在强权与暴力基础上的统治方式，以富足与自由名义作为这种合理性的外观，通过不断满足人的物质需求尤其是通过大众文化提供消遣。他认为技术理性作为一种统治原则，扩展到社会的各种结构中。在整个社会系统对人的操纵和管理不仅体现在科学技术应用的目标上，而且出现在技术的基础研究和起源上。

技术合理性是技术中立观念掩护下的技术统治论的基础。这种统治形式具有合理性的外观，因为它通过不断满足人的物质需求，并通过大众文化为人提供越来越多的消遣，以富足和自由的名义扩展到个人生活和社会生活领域之中。由此人的否定性及对社会的反抗被消解了。相对于传统政治形式，这种统治形式因为技术理性的发达，在行使统治职能时较少运用暴力和强权手段，而更多地利用消遣、娱乐等现代手段，这样更大的合法性或合理性外观，更容易被人们所接受和认同。从而使人心甘情愿而不是被迫地被纳入现存社会的体系之中。由于这一切都是以自动化的技术理性表现出来的，无论是自然的理性控制还是对人的官僚统治都不会出现反对社会的现象，一种单向度社会的幸福意识消解了人的进步与解放思想。这样一种独特的统治形式渗透到社会经济、政治和文化各个层面。马尔库塞认为"技术合理性已经变成了政治合理性"。

马尔库塞的技术理性批判不仅可以将技术合理性控制看作是由中性的体系和机器来实现的外在目的，而且是内在于这种结构中的。特定社会体系的价值及其统治阶级的利益可以在合理的技术设计用于特定的目的之前就融入其中。技术合理性的永久标志是生产和社会统治并行的预设。这一预设的踪迹在经济思想、管理方法和技术设计中都可以发现。马尔库塞关于技术合理性的两重性体现了社会功能和技术功能的聚合，这是在解读马克思的技术设计批判中发现的。

其二，坚持技术的具体历史性与可选择性。早期法兰克福学派代表们像霍克海默和阿多诺等都存在抽象主义的问题，在他们看来资本主义的社会合理性是普遍的且不可改变。而马尔库塞将技术理性和社会统治形式联系起来，认为技术是在历史中形成的，只有在特殊的社会情境中技术理性才具有控制的特性，反映统治阶级的利益和价值。在资本主义社会，极权主义者以技术的中立性特征为幌子掩盖将技术作为极权统治的工具的本来面目。事实上只是反映了统治阶层的利益和价值，被统治阶级等弱势群体的利益和价值在技术中被忽视而得不到表达，事实上已经内在地存在了一种技术霸权代表了统治阶级的利益。按照他的观点，技术本身具有历史性和社会性，那么随着历史变迁和社会因素的变化，技术就不是一成不变的，而是具有可选择性的。这样应该具体地历史地看待资本主义技术合理性，它只是历史的偶然现象。那么现存技术中出现的技术霸权对人类和自然的奴役只是代表了一部分极权阶层的利益和价值，这种状况在技术的社会发展中是可以改变的，也就是技术具有可选择性。

不同于海德格尔的本质主义，马尔库塞认为，技术政治学所依赖的技术设计的特征是偶然的而不是必然的，它是由一种文明规划所决定的，而不是取决于技术的本质。这种方法表明，不同的设计可以在技术自身领域的民主自组织的基础上制成一种更民主的社会。

其三，寻求人类解放的新技术。马尔库塞在将技术作为一种统治工具进行批判的同时保持了马克思对技术解放潜能的信奉。他认为在技术统治论支配下技术对人类和自然进行双重奴役，未来可以创造一种能够解放人类和自然的新技术。他始终致力于发达工业社会人类解放的探索，在早期法兰克福学派中是唯一的。而在这种新技术的获得方面，马尔库塞引入了美学的范畴，认为新技术要综合理性的功能和艺术的功能，将美学范畴与技术相结合，从美学领域寻求对技术的解决之道。之所以如此，是因为马尔库塞认为当今社会已经基本笼罩在技术统治论中，人已经是单向度的了，而美学处于社会的边缘，可能激发一种对待世界的不同态度，这种态度可能转化对人类潜能的追求。这种建立在美学基础上的新技术将会尊重人类和自然，在社会现实中实现人类潜能。这种观点带有明显的浪漫主义色彩，而且将转化技术的力量来自技术外面。马尔库塞并没有进一步研究这种观点的现实可行性，由于缺乏实践验证，这种具有解放意味的新技术不能肯定其功效，只能是一种浪漫的理论设想，最后也归于悲观主义的结局。无论如何对于技术的解放精神的追求是值得肯定的。

（三）对马尔库塞技术观的发展

当代西方左翼学者在吸收借鉴马尔库塞技术政治观的基础上，又对其进行深化和发展。

首先，马尔库塞对技术的批判仅限于资产阶级的权力统治阶层，视野过于狭窄。事实上，技术已经深入社会生活的一切领域，技术已经成为一切社会关系的中介。当代西方左翼学者从更宽泛的社会生活领域研究技术的影响，关注现代人的文化和社会生存中存在的困境和挑战。

其次，转化技术的力量来自内部而不是外部。马尔库塞通过对自由社会新技术的解释，发现现代技术的民主化潜能，分析了统治体系的缺陷，但从技术外部着手来抵抗体系，没有找到一条民主改革技术的道路，没有使理论具体化。因为马尔库塞将体系趋向一种"单向度"的完成状态，在他看来，资本主义通过为工人阶级"提供物品"，导致抵抗的大部分形式被体系所同化，这样抵抗不但没有威胁体系，反而增强了其活力。反抗没有得以出现的空间，没有为理解被统治者有可能抵抗统治的实施提供结构基础。在反抗的基本来源枯竭的状态下，马尔库塞在边缘群体中为自己的批判寻求有效性，但他在原则上承认这种方法是存在缺陷的。

第三，与马尔库塞注重技术的理论研究不同，当代西方左翼学者注重理论与实践的结合，通过一些技术的具体操作寻求技术民主的可行性。马尔库塞尽管对技术的批判非常深刻，但对于技术未来发展的设想缺乏可行性，只能停留于理论层面。他们研究的东西更具体，好多人对技术有比较深入的了解，在理论上揭示技术形成的内在过程，在实践层面上寻求转化技术的可能性及途径。

第四，马尔库塞对技术积极作用的阐发还不够充分。相对于马尔库塞，当代西方左翼学者对技术政治的前景更加乐观。尽管马尔库塞致力于寻求一种激进的替代物，但他最吸引人的还是一种宿命论的技术理性批判。西方左翼学者则不同，他们对技术政治抱有很大信心，在具体实践中阐明了技术发展的可行性道路，对技术政治未来具有明显的乐观态度。这种乐观态度体现在追求人类民主与解放的具体实践中。

三、芒福德的现代技术批判

芒福德是人文主义技术哲学的开创者。他从人文哲学角度对技术进行全面反思，在对技术史进行纵深研究的基础上走上技术哲学研究之路，在技术哲学方面丰富的理论著述，深厚的理论功底，新颖独特的观点，使其他技术哲学家难以企及，他在技术与社会发展关系中的观点成为西方左翼学者技术政治观的思想来源之一。当代美国著名的政治学家和技术哲学家兰登·温纳在探讨技术在现代社会兴起与发展中的作用的研究中吸收了芒福德关于技术与工业的社会理论。当代美国另一位技术哲学家卡尔·米切姆将芒福德列为当代人文主义技术哲学四位代表人物之首，并对其技术哲学思想做了比较系统的评述。

（一）芒福德对资本主义技术的批判

他在其著作《技术与文明》中把技术发展史划分为三个"互相重叠和渗透的阶段"，即始技术时代（The Eotechnic Phase，1000—1750年），古技术时代（The Paleotechnic Phase，1750—1900年）和新技术时代（The Neotechnic Phase，1900年至今），其中以技术史的形式贯穿技术哲学思想。

他根据社会使用某种类型的能源和材料确定某个历史分期的特点，每一个阶段都形成一个标志性的"技术复合体"（The Technological Complex）作为发展分期的标准，并渗透和决定整个社会文化的全部结构，显示了人的可能性和社会的目标。他认为始技术时代是水和木材的复合体，古技术时代是煤和铁的复合体，新技术时代是电与合金的复合体。

芒福德特意划分了资本主义发展时期，从"煤的资本主义"到新技术时代。这其中包含了资本主义生产方式的迅猛发展，也表现出资产阶级工业化破坏性的特点。在"煤的资本主义"阶段，资本主义就呈现破坏性趋势，对周围人们的剥削，工业方法的非人道性和精神的匮乏。在新技术时代，在电与合金复合体的新动力驱使下，人们的利益在技术进步方针中重新得到了确立，为人们开辟了崭新的前所未有的愿景。但技术发展本身忽略了巨大的规模和极强大的过剩生产率，超越了人能达到的极限。在社会方面，他把工业资本主义称为"野蛮的新纪元"。把英国这样的老牌资本主义国家，称为"处于领袖地位的落后者"，因为它开创了从手工工场到大机器工厂生产的先河，并完全脱离了传统欧洲生活方式，人们相互关系中表现出明显的非人道特质。芒福德对技术带来的不良后果进行严正批判，他指出采矿工业的出现与资本主义的形成密切相关，矿山所呈现的不定形的地下物质、无机的环境和非人的场景，构成资本主义工业化的最初形式。矿井周围不可预知的爆炸、悲惨，矿工艰辛、压抑、疲惫不堪的劳动，形成资本主义"文明"的非人道的最典型的形式。他的思想充满技术悲观主义的色彩。

（二）芒福德关于技术中人的优先性

芒福德作为人文主义技术哲学的代表，主要从人性角度认识技术，强调技术中人的优先性。他认为我们理解技术在人类社会发展中所起作用的前提是对人性的理解和把握。人类发展史不应该以工具进化作为标准，而应注重人的心理调适和意义追求。在此观念基础上，他对技术的理解是广义上的，不是基于现代科学之上的大工业技术系统，而是指人类发展不同时期所使用的不同水平的工具，这样的工具是根据人的需要产生出来，为人所用、由人决定的，现代技术只是其中的一部分或者工具的一种极端呈现方式。他将技术分为两类："有机技术"和"非有机技术"，前者是他赞赏的，这种技术是简单的、民主的、多元的、生活化的，后一种是他不欣赏的，是大工业的、巨大的、复杂的，代表专制和权力，一元的技术。他认为现代社会把技术独立出来给予格外重视是巨机器时代的特有现象，因此在面对现代技术的严重困境时，他没有对未来感到绝望，他相信作为工具的现代技术尽管极端，但也只是人类发展中的一种工具，人类有能力走出现代技术为之设置的困境。"替换掉机械世界图景，将现在给予机器和电脑的优先地位赋予人，而后者正是生命的最高展现。"① 非有机技术要朝向有机技术转变，以生活为中心，均衡和谐地发展，而不是以工作、生产或能量为中心狭隘、过度、极端地发展。

（三）对现代技术"巨机器"本质的批判

芒福德认为现代技术问题就在于与有机世界相背离，这是由于"巨机器"成为时代主角，现代技术也成为他所谓的"巨技术"。"所谓巨机器或技术就是与生活技术、适用性技术、多元技术相反的一元化专制技术，其目标是权力和控制，其表现是制造整齐划一的秩序。"② 芒福德认为，现代巨机器主要体现在极权主义政治结构、官僚管理体制和军事工业体系之中。美国国防部所在的五角大楼、几层楼高的巨大的登月火箭、核武器，都是芒福德所谓巨机器的典型。芒福德认为机器是反社会的，由于其特殊性，成为人类最尖锐的剥削形式。机器在一个不是为它而生的社会环境中占据了它的位置，因此创造了我们所生活的不人道的社会。他指出资本主

---

① ［美］兰登·温纳：《自主性技术》，杨海燕译，北京：北京大学出版社，2014年，第3页。
② 吴国盛：《芒福德的技术哲学》，《北京大学学报》，2007年第6期。

义只是19世纪深层混乱的一个方面,为了恢复秩序,必须对该社会的所有基础提出疑问。目前技术还在增速发展,只是改变了它的业务领域,表现为同化、组织和征服其他领域的阶段。在这方面,要取得的进展似乎是无限的,主要包括有效地使社会系统化和征服人类。

芒福德的研究始于对技术变革的纯粹事实方面进行研究,并且止于这样的问题:技术与不自由有怎样的关系?芒福德提出巨机器的概念,其目的就是为了揭示其反有机的本性,彻底的机械化将会使人类彻底地失去自由,进而引导人们克服巨机器。根据他人性论的特点,克服巨机器的线路就是回归生活化的有机技术,回归人性的中心化。只有把目光转向人性的全面发展而不是围着机器的革新和使用,才有可能真正摆脱巨机器的控制。对技术时代他始终抱有乐观主义的态度。

四、技术的社会建构论方法

建构主义方法逐步延伸到技术领域形成技术的社会建构论。这种理论强调技术发展对社会的依赖性,把技术当作制度和法律一样去研究,反对传统的技术自主理论。技术的社会建构论反对传统技术研究中对技术要么肯定要么否定的技术决定论观点,以建构主义方法研究技术的社会形成过程。突破技术本身的局限性,强调通过更广的因素来分析技术的发展,从而揭示了技术包含因素的复杂性和技术形成的社会建构性。西方左翼学者借鉴了社会建构论提出的富有成效的方法论,对技术的发生发展及所包含因素进行深入分析,反对技术决定论。但同时并没有停留和局限于社会建构论的框架中,而是在分析鉴别的基础上对其进行了超越。由于社会建构论方法涉及到技术和技术体系的社会根源,成为他们研究技术政治问题和寻求目前占主导的西方模式的替代形式的导火线与基础。

(一)技术的社会建构论

技术的社会建构论产生于20世纪80年代,科学知识社会学的方法引入技术研究，开启了技术的社会建构论方法。主要针对传统技术决定论对技术或者肯定或者否定的两种极端态度。技术的社会建构论为走出传统技术决定论的狭隘观念开阔了视野，为认识技术与社会的关系提供了新的视角。

技术的发展历程非常漫长，但技术领域的学者对技术感兴趣并不是很久远的事情，可以追溯到人文学科中技术兴趣的增长。更早时期人文科学认为技术没有价值而拒绝讲述，这一传统可以追溯到生活在贵族社会的古希腊人，他们活动的最高形式是社会、政治和理论而不是技术。芬伯格认为人文主义学者第一次认真接受技术是在现代时期，特别是随着狄德罗《百科全书》的出版。直到19世纪人类才开始对技术进行系统的哲学思考，技术是随着西方文化的发展在整个世界具有了普遍性并不断完善。美国著名的技术哲学家米切姆将技术哲学建构成"两种传统"理论，一种为工程学的技术哲学，另一种为人文主义的技术哲学。在米切姆看来这两种技术哲学就像两个孪生子，第一种将技术主体化，一些技术专家或工程师是这方面的代表人物，第二种将技术客体化，一些人文主义的社会科学家是这方面的代表人物。工程学的技术哲学注重从内部对技术的分析，强调对技术本身性质的分析。表现出对技术的乐观主义倾向，认为技术最终能把人类带向大同世界，美国等发达国家的技术统治论是这种思想发展的结果。人文主义的技术哲学通常采用非技术的观点解释技术的意义，主要表现为对技术的批判态度。总之，两种观念都承认技术的决定作用，无论是对技术持肯定还是否定态度，都表现为技术决定论。技术决定论将技术视为一组设备或作为理性的手段的总和，看作是独立于人类并对人类社会起决定作用的力量，承认技术对社会具有决定作用。这意味着技术本质上是非社会性的。技术通常不被认为是人文学科的领域，忽略了它的大部分社会联系，这种观念本身带有片面性。

20世纪六七十年代的新左派和左翼反乌托邦对科学和技术的理论边界

进行了改变。在这方面第一代法兰克福学派的社会批判理论可以作为代表，他们以人的解放为目的，认为在发达工业社会技术已经成为一种压抑人性的意识形态，对资本主义社会的技术统治论进行了深刻分析。随着左派对反乌托邦兴趣下降，批判也随之减少，但技术的主流研究保留其关于科学技术霸权主张的怀疑态度。在20世纪80年代，库恩和费耶阿本德在社会科学家中的影响增长，研究历史和科技社会学成为类似于其他文化领域的理智的受尊重的领域。早期的一个至关重要的技术政治的表达被遗留，技术没有了政治方面的想法接近一个正常的社会现象。社会按当前作为社会维度的技术观点设置，而不是作为一个超越认识论或形而上学的外力作用于它。在态度上的转变最后导致了建构主义的上升。这种新方法重申反乌托邦批判的两个中心思想，手段和目的之间的联系和偶然发展。

技术的社会建构论对技术决定论观念进行有力的反击。认为技术决定论没有注意到社会对技术的作用，技术本身是社会建构的产物，技术的发生发展不是按技术的内在逻辑进行的，而是由创造和使用它的社会条件决定的。因此应该从发生学角度深入技术内部，把技术作为一个社会系统来理解。

（二）建构主义的主要研究方法

建构主义包含复杂的方法。建构主义突破了根据社会条件前进步伐的标准观点，而不是技术的本质。建构主义者认为，许多路径从一种新技术的第一个形式开始。有些是陈腐的，而另一些则迅速抛弃。

技术设计的待确定原则（underdetermination）。"待确定"的原则就是科学哲学中所谓的迪昂—奎因原则。这个原则是指人们在竞争性的科学理论面前做出选择的理由。在技术领域对同样能达到技术设计目的的技术，对选择哪种方案并没有确定的技术原因。技术相当于一个社会集团的生活世界。技术选择的结果取决于社会因素，技术设计的标准不是效率而是社会各种可选择因素。

"对称性原则"是社会建构论的核心思想。根据这一原则,存在着成功和不成功的两种都是合理的创新,可能已经开发成功的地方总有可行的技术方案。要理解一个成功而另一个不成功的原因,这个区别并不是根据成功设计的高效率,而是还要根据各种各样的具体情况。像其他机构,人工产品之所以成功是因为在那里他们可以找到支持的社会环境。建构主义由于技术选择关注社会联盟。每个组件的配置不仅对应技术逻辑,而且也对应它选择的社会逻辑。各种各样的社会团体被视为技术开发中的行动者。生意人、技术员、客户、政治家、官僚都涉及到一个层次或另一个层次。他们都出现在设计过程中,在那里他们通过投资或利用资源、对新设备的分配,安排他们自己的利益,装配成主流技术,实施新的使用现有技术手段等,发挥其影响。行动者的利益和世界观在他们参与设计的技术中被表达。建构主义者认为,技术如同在机构中一样是社会的。正如许多技术专家和人本主义批评者所认为的它既不中性也不自主。但如果是这样,那么技术肯定有政治影响。特别是,具体技术的选择而不是进步同样地涉及非技术工作,贬值的大众文化和社会的官僚化。建构主义基于神话、仪式、强迫、控制和通信技术可能有助于研究替代权力的传统形式。它可以支持福柯和马尔库塞的技术的政治批判。

"授权"理论。这一理论来源于行动者——网络理论的"授权"概念。根据这一概念,一种价值作为一种道德命令被授权,以适当行为体现在技术设计或者对话中。芬伯格在对这一理论的运用中关注到两点。其一,在技术设计实现的技术代码中看不到被授权的价值,这些价值是隐藏的。就像体现生活价值观的一项安全标准,人们通常不会注意它,只有在违背了的情况下才会注意;其二,授权理论揭示了技术统治论的形成根源。通常一种技术代码是有局限的,一些安全标准方面的价值不能被充分保护,而被生产商强加并通过政府规则强加到技术中,看起来是在技术中无意识地反映出来的。技术统治论就是在授权理论掩护下形成的。

(三) 对社会建构论方法的借鉴与超越

1. 对社会建构论方法的借鉴

第一,利用技术建构论反对技术决定论。倡导技术决定论的资本主义国家认为技术发展是被普遍的理性所决定的,只有一种方式即效率决定成功与否,这样的原因就是决定性的。社会建构论提出的技术发展取决于各种社会角色,成为反对决定论的重要依据。他们认为以社会建构论为基础的真正的技术本质,是我们要面对它的复杂性,技术设计并不取决于一个通用标准如效率,而是根据各种特定的标准,由技术选择方案的社会过程决定的,扩大了社会联盟和冲突的范围。它在我们生活中的许多角色不能简单地去想。利用社会建构主义与技术相融合,分析技术变迁受众多社会文化的影响是社会的产物的非决定论观点,改变了传统的技术研究范式。

第二,利用技术的社会建构理论修正法兰克福学派的传统批判理论。法兰克福传统批判理论存在对技术悲观主义的否定态度。利用技术的建构论在一定的社会背景下研究技术,使法兰克学派的观点更具体,超越单纯的支持或反对技术的僵化态度。技术的社会过程不仅仅是满足人类的"自然"需求,而且满足需求的文化定义,因此意识到技术是可以被改变的。技术矛盾的定义反映了现代社会可以用不同的技术选择实现不同的愿景,可以使法兰克福学派技术批判理论走出困境。

第三,利用社会建构论解释了社会有力量影响技术的原因及方式。社会建构论认为技术设计成果凝聚了许多参与者的共同智慧,形成了"参与者利益"观。技术的设计过程不是个别天才或实验室的专利,而是由不同的社会角色参与的过程。所有的参与者都有资格以自己的方式对技术设计施加影响以确保技术设计中自己的利益。现代技术是众多社会角色的不同表达,既不是中立的工具也不是统治人的不变的"铁笼",而是灵活可变的。这样的解释意味着在技术领域文化和意识形态作为有效的力量进入历史。这说明了技术方法的合法性,技术定义扩展到包含它的社会意义及其文化范围。

2. 对社会建构主义的超越

西方左翼学者对社会建构主义的借鉴，并没有局限于社会建构主义视野，而是主要运用其方法并超越其局限应用于技术政治研究。

首先，突破建构主义狭隘的经验论缺陷。大多数建构主义过分关注地域性的案例，而且将每个案例看作彼此相分离的。研究往往只关注参与特殊病例的特定的当地组织，很少讨论社会抵抗，缺乏政治情境的任何意义。经常拒绝宏观社会学的概念，使得它几乎不可能介入广泛的社会因素，塑造行动者背后的技术。他们把社会建构论的微观研究方法运用于现代性等宏观问题的研究。运用社会建构论的技术研究强调从微观技术入手，深入技术内部研究的方法，形成技术的微政治学观念。对社会建构论与技术本质论进行整合，以填补现代性理论与技术研究之间的鸿沟。这样针对技术的建构论不重视有关现代性、阶级、政党等宏大的概念问题，发展了政治微观研究的宏观意义。

第二，对社会建构论进行修正。用行动者网络理论修正了社会建构论，在行动者网络理论的技术理解中结合了"微政治"抵抗运动。用这种方法来论证技术时代政治理论的民主本质。这一方法为反对技术决定论提供了强有力的证据，推动了技术的发生、发展及对所包含因素进行深入分析，这些成果可以用来支持技术领域中民主变化的观念。从而挖掘技术所内含的民主因素以及技术领域中民主变化的观念。对其进行政治学改造，提出民主的技术政治学理论。技术变革的民主化就是使技术过程有尽可能多的角色参加，尤其是非技术角色利益的表达，才可能阻止西方资本主义技术霸权，现代性才具有可选择性。

第三，对建构论对技术的研究进行了超越。建构论者主要针对一些具体的细节来研究技术，对于不同的层面的连接存在问题。现代生活中技术已经普遍化，对技术的研究应当和现代社会的意识形态特征相结合，而这正是建构论所拒绝的。如果从技术本体论着手，将技术看作一种存在，那么资本主义就是一种社会背景。技术与这种社会背景结合反映了占统治地位的阶级的需要，类似于意识形态，但事实上技术并非意识形态，只是和这种社会背景的结合才反映这样的需要。如果要技术反映作为整体的大众的需要，就要换一种社会背景，就要创造一种新的技术，就是要使技术民主化，使大众具有影响技术选择的能力。这样创造出来的技术就能关注多方面因素而且为多方面所需要，一种新的社会背景也应运而生。

西方左翼学者在深入研究技术与政治关系中深受传统技术哲学影响，同时又结合社会发展现实超越传统观念，形成新的技术政治观。

第二章

雅克·埃吕尔的技术政治观念

雅克·埃吕尔（Jacques Ellul, 1921—1994），法国哲学家、社会学家，人文主义技术哲学的重要代表人物之一，当代最有影响的技术哲学家之一。1936 年获波尔多大学法学博士学位。第二次世界大战后，活跃于法国政坛及宗教界，曾任波尔多大学历史及社会学系教授、波尔多市主管工商业及公共事务的副市长。他一生著述颇丰，共有著作 43 部和文章 1000 多篇，内容涉及法律、政治、宗教、社会及技术等广泛领域。其中《技术社会》（1954）、《技术秩序》（1963）、《政治的幻觉》（1967）、《技术系统》（1977）等著作在学术界都产生了很大的反响。

20 世纪 50 年代起，他开始从哲学与社会学角度研究技术，发表多部论著和多篇论文。其中影响最大的是 1954 年发表的《技术社会》和 1977 年发表的《技术系统》。主要从技术与社会或技术与人性的相互关系的角度考察技术，其核心思想是"技术自主论"，认为现代社会已成为一个技术社会。按其自身的连续性和内在逻辑性，现代技术已发展成为一个独立的、复杂的技术系统，成为自主的力量。技术思维已渗透到社会的各个方面，成为控制一切的力量，并导致人的自主性日益减少。因而，技术有碍于合理的价值体系的形成，有碍于我们对道德精神的追求，最终将导致人类文明的丧失。他的这一理论从一个侧面反映了现代技术的本质特征，有其合理性，但忽视了技术得以发展的社会背景。埃吕尔的技术政治观体现在他的《技术社会》一书中。在哀叹技术问题的同时,寻找改变的可能性。他提出发展公民能力,恢复自治的传统美德,平衡世界范围内的生活水平,探索社会变革的乌托邦愿景,以满足他一贯坚持的毫不妥协的批判诉求。

一、技术政治观产生的条件

埃吕尔认为技术的出现由来已久,但作为一种社会结构和人类意识的决定性力量并不是从来就有了,只是现代社会文明发展给技术的决定性影响创造了一种特有的环境,技术在文明生活中的作用和地位才凸显出来。技术在社会生活中的决定性作用有一个发展过程,这种发展起源于18世纪,成熟于19世纪,只有发展到现代社会才进入技术文明时代。在以往的文明中,技术和宗教、艺术、政治、游戏一样只是社会生活的一个方面,仅作为一种局部现象被限制在特定的社会框架之内,技术被限制在其行动范围之内,旨在某些明确和界限清晰的时候发生作用,在传统社会中,几乎不存在想要快速开发技术和跨越文化界限移植技术的倾向。

在埃吕尔的世界历史考察中,早期的文明中,技术对社会生活的影响非常有限。限制技术手段无限制发展的情形主要有两种:一种是文化中的道德信念,一种是宗教信仰。古希腊人的文化以和谐、平衡和自我控制的观念为基础,他们对技术活动持怀疑态度,认为技术代表了一种野蛮力量,可能会强力突破这些限制,缺乏节制并破坏使它们的生存得以延续的平衡。因此,只有最适度的技术才被允许使用。对于希腊人的这种生活观念和文明制度我们无可厚非。另一种对技术的控制出现在中世纪的基督教文明。基督徒反对世俗实践活动,因而反技术。而且按照上帝所规定的善恶标准来评判所有人类活动,技术活动也要受基督教道德的评判,一般难以被采用。在此千年间,技术几乎完全没有进步,而且失传了许多古人的技术。对于埃吕尔的论断,许多现代学术研究趋向于否定希腊和中世纪欧洲技术落后的判断。但埃吕尔论及更多的是整个文明的技术倾向，而不是发明创造。古希腊和欧洲基督教文明都不十分鼓励技术创新。但埃吕尔认为希腊和基督教文化的道德信念阻碍了技术发展则言过其实了，认为它们只是反技术而已。16世纪和17世纪，技术在文艺复兴和科学革命中起到了非常重要的作用，但由于受人文主义的制约，当时的社会结构、流行观念、智识立场不同程度地阻碍技术手段力量的发展。直到18世纪中后期技术才得到大规模的不受限制的发展，埃吕尔认为技术社会的诞生是若干历史条件的汇集，首先是长期技术经验的结果，先前单一的技术发明综合成为一种"技术复合体"。其次是人口的增长，只有通过技术发展才能解决人类需求的增长。再次还得具备一定的经济条件，经济稳步发展还要有吸收新技术发明的灵活性，能促进技术的进一步发明与革新。最后，最为重要的条件是社会环境的可塑性。取消了基督教和传统社会的禁忌，中世纪社会中天然形成的社团即代表一定集体利益的有权威的机构的瓦解，使人获得解放以原子化的个体身份进入世界有待重新组合。除此之外，科学研究和发现的进步、自然主义和功利主义哲学的兴起，以及人类对待技术态度的彻底改变，人类认识到技术在社会生活各方面的作用，并且紧紧抓住技术这一最可靠的事物，开始重新构建自己的身份、安全及命运。

埃吕尔在考察启蒙运动和法国大革命时发现了贯穿其中的技术革命的重要性，所有行动的理性化和制度化，源于一种新秩序的诞生。因而埃吕尔得出结论："从这个角度看，或许可以说技术就是人类通过理性手段来控制事物的想法向行动的转化，就是对什么是潜意识加以说明，就是对事物性质进行量化，使自然的轮廓清晰而准确，控制混乱局面并赋予它秩序。[①]"技术的这一作用的发挥，表现出明显的政治特色。埃吕尔认为技术革命总是基于一定的特殊利益，有可能出于国家也有可能出于私人利益，

[①] Jacques Ellul：*Technological Society*，New York：A Division of Random House，1964，P43.

总是服务于某一个特定的目的。这样对于社会整体的关注就消失了。也就是说，技术社会并不是通过一个单一理性计划达成的，也不是凭借任何核心力量，对生活加以系统组织而形成的。在一个原子化的离散的社会中，如何组织社会发展或谁来受益，主要看谁能适应技术革命的需要。资产阶级就扮演了第一个受益者的角色。因为资产阶级适应了技术运动的需要，或者说满足了技术运动的条件。资产阶级是掌握技术的人，开创了金融和商业技术，创建了工厂体系国家的合理化管理，技术培训机构等。这些从特殊利益出发利用技术手段解决问题的方式，适应了那个时代原子化个体的发展，也展示了客观理性在社会和物质生活中的作用发挥。资产阶级与技术运动之间的这种特殊关系决定了资产阶级的特征。资产阶级利用技术革命为自身创建了技术文明时代。马克思总结说资产阶级是一个正在经受出生剧痛的新社会的助产师。在此期间，埃吕尔运用了马克思的许多方法分析认识问题，给予马克思很高的评价，但他认为马克思对于资产阶级的认识仅仅局限于经济领域，忽略了当时更为根本的社会事实，即从社会整体上看是在一个狭隘认识的理性基础上，彻底重组生活。无产阶级也不例外，也被裹挟和同化，以至于失去抵抗力量和选择别的出路。因此，无产阶级只在经济上找到弊端，是不能解决问题的。也就是技术涉及了社会生活的各个方面，因此取得了胜利。技术已经被资产阶级社会采纳，从而成为处处发挥统治作用的支配模式。技术凭借自身对人类思想和行动的影响力，使其他选择显得违反自然规律，不切实际，或者根本不可行而被自动排除。西方对技术解决方案的日益增长的迷恋，遮蔽了社会生活的概念，传统的解决方案以及其他的解决方案都被自动排除。随着其他替代方案在社会中的消亡，技术意图最终占据至高无上的统治地位。在后来的社会发展中似乎只有技术解决方案为所有意识和判断确定方向。技术的胜利已经超越技术领域，涉及到全部人类需求、欲望、计划，思想过程也逐步调整至适应技术模式，人类意识不断被技术世界所塑造。"在技术世界中，对理性和意识的双重干预使技术现象得以产生,这可表述为在所有领域中对最佳手段的寻求。而这个'最佳手段'事实上就是技术手段。正是这些手段的累积产生出了技术文明。①"

随着技术在当今社会各个领域的广泛深入发展,技术与人之间的关系也发生了彻底的改变,技术本身也从人类社会发展的辅助品、推动器变成了不可或缺甚至主导人类生活的有机体。埃吕尔认为在现代世界中,没有任何社会、人类或精神事实比技术事实更重要,但是人们对这一学科的理解还非常少,因此,他试着建立一些路标来定位这一技术现象。埃吕尔从技术发展的社会现实出发,社会学的角度来看技术,考虑技术对社会关系、政治结构、经济现象的影响。他认为技术并不是社会上孤立的事实（正如技术这个词会让我们相信的那样）,而是与现代人生活中的每一个因素有关,它影响着社会事实和其他一切。"技术作为一个整体"的概念是埃吕尔思想的核心。埃吕尔认为技术是一个整体不是单个技术的混合物,而是有机地连接在一起,相互交错、相互支持形成技术系统。政权也不是指向社会生活各个方面的官僚、政客、士兵、警察的集合体。

埃吕尔根据自己所处社会的技术发展的实际状况研究技术发展,也就是说他不是以旁观者的身份,而是以一个科技文明的参与者亲自感受描述自己所经历的科技文明发展史。可能会被比作一个医生或物理学家描述的是一个他自己也参与其中的群体情境。在现代高科技环境下医生在流行病中,物理学家暴露在辐射下：在这种情况下,头脑可能保持冷静和清醒,方法客观,但不可避免地存在着深刻的整体张力。在现代技术社会,技术成为自主性的,具有自主目的的有组织的整体,对所有传统的人类目的和价值变得漠不关心。技术作为普遍的、自主的技术事实,表现为技术社会本身。在《技术社会》中,自主技术传统社会价值观被无一例外地消解,

---

① Jacques Ellul：*Technological Society*，New York：A Division of Random House，1964，P19.

从而产生了一种单一的技术文化现象。所有非技术的差异和变化都只是表象，都根系技术。因此，技术本身就是一种社会学现象，埃吕尔正是在这种背景下研究技术的。

二、技术政治观的起点：技术现象的重新定位

埃吕尔在《技术社会》开篇章阐明技术在当今社会的构成前，先给技术一个简单而明确的界定。他所说的技术，"并不是指机器、技术，或达到目的的这个或那个过程。在我们的技术社会中，技术是在人类活动的各个领域中（在特定的发展阶段）理性地达到并具有绝对效率的所有方法。①"埃吕尔的技术定义是对现代技术事实进行观察，是区别于过去技术的，它的最显著的特点是新。埃吕尔的技术定义可以从两方面进行强调和理解，一方面可能强调理性，另一方面可能是注重效率和程序，但总体内涵保持不变。

（一）机器与技术的关系

技术是从机器开始的，机器是最明显的技术实例，机器主要是应用于工业生活的技术，只代表技术的一小部分，技术现在的发展已经完全独立于机器并已超越机器。因为技术已经占据了人类所有的活动，而不仅仅是他的生产活动。

一是机器代表了技术所追求的理想，技术把它接触到的一切都变成一台机器，包括社会以及人。二是技术使机器融入社会，这种关系深入到我们文明问题的核心。从机器闯入人类生活开始制造了一种不人道的社会，我们抱怨的资本主义剥削正是机器创造的结果，十九世纪一切无法融入的社会领域都被机器整合了。技术本身具有足够的机械性，使它能够应付机器，但它超越了机器，因为它与人类秩序保持着密切的联系。一方面，技

---

① Jacques Ellul：*Technological Society*，New York：A Division of Random House，1964，Pxxv.

术构建了机器所需要的那种世界并引进了秩序，使每件事都具有效率，技术使机器的使用更加合理，减少了滥用。它将机器精确地放置在应该在的位置，并要求做它们应该做的事情。另一方面，技术使机器具有了理性、智能与意识，新的环境（机器）现在迫使我们认识到一种理性、智能和有意识的社会发展。技术开创了一个有意识世界时代的开端。"包罗万象的技术，其实就是机械化世界的意识。①"只要技术完全由机器所代表，就有可能谈到"人与机器"。但是当技术进入生活的每一个领域，包括人，它就不再是外在的，而是成为人的本质。它不再与人类面对面，而是与人类融为一体，并逐渐地吸收人类。在这方面，技术与机器截然不同。这种转变在现代社会十分明显，是技术自主化的结果。技术所产生的机械化就是把机器"专门知识"这种高级形式应用到迄今为止机器所不熟悉的所有领域，技术正是机器本身无法发挥作用的领域的特征。基于此，埃吕尔认为技术和机器是不可以互换的。

（二）科学和技术

科学和技术密切联系，通常认为技术是科学的应用，换言之，先有科学推测才有技术的应用。埃吕尔反对这种传统观点，他认为这种观念只考虑科学的一个范畴且只适用于物理科学和十九世纪很短的一段时间。在对局势进行最新的审查的基础上，埃吕尔认为在当今时代科学与技术密切联系，且技术处于主导地位。一是技术在许多场合被证明是第一位的。今天所有的科学研究都以大量的技术准备为前提（如原子研究），而且常常是一些简单的技术改造使科学进一步发展。当技术手段不存在时，科学就不会进步。而且实验室里的大多数研究人员是技术人员，他们执行的任务与通常想象的科学工作相差甚远。二是技术的特点并不在于应用，因为没有技术（先前的或伴随的），科学就不可能存在。如果我们放弃技术，我们

---

① Jacques Ellul: *Technological Society*, New York: A Division of Random House, 1964, P6.

就放弃了科学的领域，进入了假设和理论的领域。可见技术现象对人类的影响比科学现象大得多。埃吕尔认为科学活动已被技术活动所取代，其程度之大，使我们不能再设想没有技术成果的科学。技术突飞猛进这一事实要求相应的科学进步，并引起普遍的加速。并且得出结论：科学已经成为技术的工具。三是技术和科学密切联系。技术活动和科学活动之间的界线没有明确的界定，今天几乎不可能把科学研究和技术研究分开。当我们考虑到没有边界的新领域时，科学和技术之间的关系就更加不清楚了。因此，埃吕尔经常使用"技术"一词来代替更常用的"科学"一词，并指定为通常被称为"科学"的技术工作。

（三）组织和技术的关系

组织概念的提出是从更广泛意义上理解技术术语的需要，是技术发展中的一种现象。埃吕尔认为机械技术尽管依然重要，但已经成为其他因素的附属品，今天技术最重要的特征是它们不依赖于手工劳动，而是依赖于组织和机器的安排。比如，各个领域都有大量的组织或管理行为，这些都是应用于社会、经济或行政生活的技术。"组织是向个人或团体分配适当任务的过程，以便以有效和经济的方式，通过协调和结合他们的所有活动，达到商定的目标[1]"。组织导致了标准化和合理化，标准化意味着预先解决可能妨碍一个组织运作的所有问题。在某种意义上说，组织更多地依赖于方法和指令，而不是个人，是完成技术进步的最佳组合。

埃吕尔认为当今技术已经成为自主的，它塑造了一个遵守自己的法律，抛弃一切传统的杂食世界。技术不再依靠传统，而是依靠以前的技术程序，而且它的进化太快，太令人不安，以至于无法融合古老的传统，不能确保预先知道结果。技术进步的指标已经不限于技术的使用、经济产量等传统因素，还包含道德、精神等因素。当前人类的聪明才智和机械技能

---

[1] Sheldon, Oliver, et al: *Factory Organization*, London: Pitman & Sons, 1928.

正沿着与生产力无关的方向得到开发。传统的技术进步之所以受限制，一个因素可能是一种默认的乐观主义，即认为技术进步是无条件有效的需要，这导致选择技术进步最积极的方面，仿佛这是技术进步的唯一方面。另一个因素认为只有用数字表示（或至少能用数字表示）的事物才是可知的。工业机器的问题在几乎所有方面都是数值问题。因此，所有的技术都被无意地归结为一个数值问题。

埃吕尔认为应该从更广泛的意义上理解技术，他基本同意拉斯韦尔对技术的定义：一个人为了达到某种有价值的目的而使用现有资源的各种实践的总和。比如，作为价值观，他列出了财富、权力、幸福、爱情；而作为技术，他列出了政府技术、生产技术、医药技术、家庭技术等。这其中不仅要展示技术对无生命物体的影响，而且要展示技术对人的影响。

（四）技术操作和技术现象的关系

作为单个技术具有多样性，在这种巨大的多样性中，我们可以找到某些共同点，某些趋势和原则，所有技术都具有的共同之处。埃吕尔认为事实上技术只不过是手段和手段的集合。我们的文明首先是一种手段文明，在现代生活的现实中，手段似乎比目的更重要。任何其他对形势的评估都只是理想主义。作为操作方法的技术具有某些共同的特点和某些普遍的趋势，但我们不能只致力于这些特点和趋势，这样做会导致比我们想象的更专业的学习。技术现象比单个技术的共同特征的综合复杂得多。为了更明确或者更接近技术的定义，埃吕尔区分了技术操作和技术现象：

"技术操作包括为达到某一特定目的而按照某种方法进行的每一项操作。[①]"无论简单与否它的性质都是相同的，在任何情况下都是描述操作的方法。技术操作从原始到现代是具有连续性的，只是特定活动中技术行动的特点是寻求更大的效率，技术将操作由自发的努力发展到更有效，适应

---

① Jacques Ellul：*Technological Society*，New York：A Division of Random House，1964，P19.

性更好的行动。技术操作领域有两个特殊的因素：意识和判断。这两重干预因素产生了所谓的技术现象。因为它把以前是试探性的、无意识的、自发的东西带入清晰、自愿和理性的概念领域。

理性判断在技术操作中的介入具有重要的后果。人类开始意识到有可能找到新的和不同的方法。理性颠覆了实用主义传统，创造了新的操作方法和工具，理性审查了更广泛和不那么死板的试验的可能性。由于这些方面的原因使技术操作多样化达到很高的程度。但它也朝着相反的方向运作，因为它考虑结果和技术的固定端——效率。它注意到所设计的每一种手段都能够实现什么，并从它所掌握的各种手段中进行选择，以期确保最有效、最适合于所期望的目的的手段。这样，手段的多样性就减少到一种最有效的理性技术。此外，还有意识的介入。意识清楚地向每个人展示了技术的优势和它所能完成的事情。技术人员评估各种可能性，直接的结果是，他将新方法应用到传统上只剩下机会、实用主义和本能的领域。意识的介入导致了技术的迅速而广泛的扩展。

理性和意识对技术世界的双重介入，产生了技术现象，可以说是对各个领域的一种最佳手段的追求。这个最好的方法实际上是技术方法。正是这些手段的集合产生了技术文明。

技术现象是我们这个时代的主要关注点，在每一个领域，人们都在寻找最有效的方法。最佳方法是专家通过计算选择的优于其他方法的，这实际上基于数值计算，主观因素越来越少。这样，一门手段科学就形成了一门技术科学，并扩展到社会生活的一切领域。埃吕尔在考察中发现现代技术三个主要分支：经济技术、组织技术、人类技术。经济技术几乎完全服从于生产，其范围从劳动组织到计划经济。这种技术在其形式和目标上与其他技术不同，但它的问题与所有其他技术活动的问题相同。组织技术涉及广大群众，不仅适用于重大的商业或工业事务，而且适用于国家、行政和警察权力。这种组织技术也被应用到战争中，并确保军队的力量至少与武器一样多，法律领域的一切也取决于组织技术。人类技术有多种形式，从医学、遗传学到宣传，包括教育技术、职业指导、宣传等。在这里，人类本身成为技术的对象。现代技术的三大分支可能在性质上有很大不同，但目标一致彼此相关。事实上，今天没有任何东西可以逃脱技术，没有哪个领域不以技术为主导。

三、技术政治观的基础：对现代技术特征的分析

埃吕尔认为现代技术最主要的特征是具有自主性。"技术已成为自主的；它已经塑造了一个技术无孔不入的世界，这个世界遵从技术自身的规律，并已抛弃了所有的传统。[①]"埃吕尔认为人的自主性与技术的自主性非此即彼，不能共存"面对技术的自主性，人类的自主性不可能存在。[②]"技术的这种特征界定和观念成为其技术政治观的基础。

（一）技术选择的自动化

埃吕尔认为，在现代社会技术现象普遍的情况下，一切问题都经过数学计算从理性的角度得到解决，这种方式是迄今为止最有效和最令人满意的。这样技术选择的过程就是自我指导的，自动化的。技术的选择已经有了客观标准，因为它的结果是经过计算、衡量、显而易见和无可争辩的。技术自动化是由技术本身决定的，人类不再是技术选择的代理人。我们通常习惯说人是技术进步的代理人，事实上人只是在可能的技术中做出选择，就像一种记录各种技术效果和结果的装置，只能或只会选择效率最高的技术。这种选择不带有人类的动机也不复杂，一台机器可以完成同样的操作。

[①] Jacques Ellul：*Technological Society*，New York：A Division of Random House，1964，P12.

[②] Jacques Ellul：*Technological Society*，New York：A Division of Random House，1964，P138.

一方面，在现代社会，技术自动化是不允许有人或者某种制度阻碍的。在技术圈内，方法、机构、组织和公式的选择是自动进行的。人被剥夺了选择的能力，却感到满足。当他站在技术一边时，他会接受这种情况。如果一台机器能够产生一个给定的结果，那么它就必须发挥它的能力，不这样做就会被认为是犯罪和反社会的。技术自动化不应受到评判或质疑，必须为有效的技术的过程找到立即使用的方法。

埃吕尔以资本主义制度对技术自动化的干扰为例说明问题。他认为共产主义对资本主义的根本批评是，金融资本主义制约不产生利润的技术进步，或者说它促进技术进步只是为了保持自己的垄断地位。也就是发生在资本主义制度下的技术进步与技术无关，而共产主义政权是以技术进步为导向的，共产主义优越性的标志是它采用一切技术进步。据说，在前苏联，允许技术自动化自由发挥，而不进行任何检查是可能的。另外，在资本主义社会，机器和商业之间存在冲突。最初加速发明的金融投资，现在延长了技术活动的时间。资本主义不让技术活动自由发挥作用，其目标是一种更有效的方法或一种行动更快的机器应在事实上自动取代预先放弃的方法或机器。但资本主义不能自由发挥这些因素，因为它将技术置于技术本身之外的目的之下，而且它无法吸收技术进步。对于资本主义企业来说，以技术发明的速度更换机器是完全不可能的，因为在新机器出现之前，没有时间摊销一台机器。此外，这些机器得到的改进越多，效率也就越高，成本也就越高。对技术自动化的追求将使资本主义企业走向失败。资本主义的反应通常是新机器的专利被获得，而机器却从未投入使用。有时，已经投入使用的机器被收购，然后被销毁，就像 1933 年英国最大的玻璃厂那样。资本主义不再能够在经济或社会层面上追求技术自动化，它无法发展一种分配制度，以便吸收所有技术所允许生产的货物，它不可避免地会导致生产过剩危机。同样，它也无法利用每一项新技术改进所释放出来的人力，失业危机接踵而至。

埃吕尔从马克思那里找根据，认为马克思的模式正是技术的自动性以及它要求一切都与之一致的要求，威胁着资本主义，并预示着它的最终消失。也就是资本主义制度违背了技术本身的自动化进程。首先，我们所说的自动化是正确的。如果资本主义的情况确实如描述的那样，那是因为技术进步是自动发生的。方法之间的选择不再是根据人类的测量，而是作为一个机械过程，没有什么可以阻止。尽管资本主义拥有强大的力量，但它将被这种自动主义压垮。其次，对我们这个时代的人来说，这种自动行为是公正的、有益的。如果共产主义能够把这种对资本主义的批评变成宣传的成功跳板，那只是因为这种批评是有效的。因为除了技术进步，一切都可以被质疑。当现代人放弃对它的控制，技术进步的进展将成为自动的。

第二方面，技术活动自动消除所有非技术活动或将其转换为技术活动。各种各样的技术系统已经侵入了所有的领域，以至于它们无处不在地与迄今为止非技术的生活方式发生冲突。这一切的发生并没有任何有意识的指引，都是无意识的。从政治角度而言，技术与政治结合，打破了人们长期以来对政治的认识，通常认为政治是一门艺术，需要特殊个人品质发挥作用，如果政治成为一项技术性活动，就必须消除偶然性及人或多或少所具有的不可预测性得到确定的结果。要想取得肯定的结果，就必须为这种特别不稳定的游戏制定规则。

埃吕尔认为列宁建立了政治技术，也就是通过应用程序的方法制定一套完整的原则政策达到政治目的。列宁学派的政治技术使超越所有其他政治形式的成功成为可能，即使这些政治形式能够带来无限优越的资源。实践证明，这样的政策远优于非技术政策，可以用更少的资源和更少的费用得到同样的目的。要想对付列宁主义的技术政治手段必须有与之相对应的技术政治手段，如美国所采用与之相对应更强劲的技术手段。在采用这种政治技术过程中，技术的渗透产生一个完全的技术环境，没有什么能与技术手段相比。个人或集团无权决定采用技术以外的其他方法。个人处于一种进退两难的境地：要么他决定捍卫他的选择自由，选择使用传统的、个人的、道德的或经验的手段，从而与一种没有有效防御的力量竞争，在这种力量面前他必然遭受失败；要么他决定接受技术上的必要性，在这种情况下，他自己将是胜利者，但只能无可挽回地屈服于技术奴役。实际上，他没有选择的自由。

通过以上分析可见，埃吕尔认为技术自动化的过程消解了一切非技术的东西，对一个国家、个人或一个系统的挑战仅仅是技术上的挑战。只有技术力量才能与技术力量相对立，其他的都被冲走了。技术的排他性是技术突飞猛进的原因之一。今天没有个人的位置，除非他是技术人员。没有一个社会群体能够抗拒环境的压力，除非它使用技术。对个人和群体来说，掌握技术的闪电推力是生死攸关的问题，地球上没有任何力量能承受它的压力。埃吕尔意在说明在技术圈内，没有别的东西能够存在，技术的固有运动不可抗拒地趋向于完成。技术正在消除每一种较弱的力量，达到这种完整性尚未达到的程度。当它得到充分的满足并完成使命时，它将独自留在战场上。因此，技术立刻展现了它自己的毁灭者和创造者，没有人希望或能够掌握它。

（二）技术的自我增强

埃吕尔在对现代历史中的科学发现以及技术发明和创新过程的考察中发现，随着时间的流逝，科学和技艺都变得越来越专业化、多样化和复杂化。在埃吕尔看来，现代技术已发展成为一个系统，技术系统的结构相对封闭，具有独立增长的特性，技术在其发展过程中已经达到了几乎没有人类的决定性干预就在进步发展的程度——"技术的自我增长"现代病的根源之一，技术系统的自增性是指技术通过内部的固有的力量而增长，也称为技术的自我增长。一方面，技术进步是众多因素共同努力的结果。也就是所有因素包括在技术进步过程中，以其微小的方式介入的众多因素：消费者、资本积累、研究局和实验室，以及在某种意义上机械地起作用的生产组织都趋向于技术进步，技术进步和人类共同努力的结果是一样的。从某种意义上说，技术的进步确实是通过微小的改进取得的，这些改进是人类共同努力的结果，而且在形成大量新的条件，允许迈出决定性的一步之前，技术的进步是无限增加的。但同时技术大大降低了人类发明的作用，起决定作用的不再是天才而是这种不为人知的进步条件的增加，只要各种条件成熟，任何人都可以找到解决方案。另一方面，所有与技术有关的东西都有一种自动增长，也就是一种未经计算、期望或选择的增长。当一种新的技术形式出现时，它使许多其他技术形式成为可能并为之创造条件。这甚至适用于人类，在过去的一个半世纪里，科学家和技术人员的数量每十年翻一番。显然，这是一个自我生成的过程：技术产生自己。从整体上看，是技术创新的结合原则导致了自我提升。

自我增强可以用两个定律来表述：第一，在特定的文明中，技术进步是不可逆转的。这一定律及我们以整个历史为基础的信念，使我们确信每一项发明都会引发其他领域的技术发明。这一进程从来就不存在停滞不前的问题，更不存在倒退的运动，只有在整个社会崩溃时才会停滞不前。在向继任者的过渡过程中，一些技术程序会丢失。但是，在同一文明的框架下，技术进步从来都不是问题。我们不能再争辩决定今天进步的是一种经济或社会条件，或教育，或任何其他人为因素。从本质上讲，上述技术状况本身是决定性的。当一项特定的技术发现发生时，它几乎必然伴随着某些其他的发现。人类对这一继承过程的干预似乎只是一个偶然的原因，没有人能独自做到这一点。但是，任何在技术上最新的人都可以做出有效的发现，这种发现理性地遵循其前任，并合理地预示着要遵循的内容。第二，技术进步往往不是根据算术，而是根据几何级数进行的。技术之间相互依赖，技术相互结合，而且给定的技术结合得越多，组合的可能性就越大。此外，技术发展的不平衡性。不仅在全球技术扩展的各个领域，而且

第二章 雅克·埃吕尔的技术政治观念

在各个部门的每个领域都存在着巨大的差距。技术在一个分支上比在另一个分支上进步得更快，而且某些倒退总是可能的。由于技术的自动化，这些冲突的节奏是无法改变的。它的迅速变化引起新的政治力量瓦解社会公共秩序。社会在以各种方式试图约束、阻碍技术的过程中被技术系统所包容吸收，整个社会变成技术的了。于是政权根据技术系统的要求重建社会，调整技术系统，维护技术化社会。政权调整和解决社会问题甚至阶级对抗的方式是技术化的，政权本身也被技术化。

技术在其发展过程中已经达到了这样一个阶段：它正在几乎没有人类的决定性干预的状态下发展进步。自我增强的最后一点是，技术在其发展过程中，主要是技术问题，因此只能通过技术来解决。目前的技术水平带来了新的进展，而这些进展又增加了现有的技术困难和技术问题，这些问题还需要进一步的解决。

自我增强的含义变得越来越清晰：个人在技术进化中的作用越来越不重要。因素越多，它们结合起来就越容易，每一项技术进步的迫切需要也就越明显。就其本身而言，进步按比例变得更大，而人类自治的表现按比例变得更弱。的确，人总是必不可少的。但只要经过训练，任何人都能做这项工作。从今往后，人们只能凭他们最普通、最卑贱的本性行事，而不能凭他们的优越和个性行事。技术进步所需要的素质恰恰是技术秩序的那些特征，而这些特征并不代表个人的智力。

一种全新的自发行为正在这里发生，而我们既不知道它的规律，也不知道它的目的。从这个意义上说，我们有可能谈论技术的现实，它有它自己的实体，它自己独特的存在方式，以及一种独立于我们的决定力量之外的生活。然后，技术的进化成为唯一的因果关系，它失去了所有的定局。在现实中，并不是生产者的意愿控制着生产，而是生产的技术需要把自己强加给消费者。任何技术所能生产的任何东西都被消费者生产和接受。认为人类生产者仍然是生产的主人，是一种危险的幻想。

技术被组织成一个封闭的世界。它利用了大多数人所不理解的东西，它甚至是基于人类的无知。个人，为了使用技术手段，不再需要了解他的文明。再也没有一个技术人员控制着整个建筑群了。将个体零碎的行为和无序联系起来，协调和系统化他们的工作的纽带，不再是人类的，而是技术的内在规律。人类的手不再跨越复杂的手段，人类的大脑也不再合成人类的行为。只有技术的内在一元论才能保证人类手段与行为之间的凝聚力。技术是唯一的主宰，它是一种盲目的力量，比人类最好的智力更有洞察力。

这种自我增强的现象给了技术一个奇怪的、严酷的特征。除了它自己，它什么也不像。它有自我生成的能力，它追溯自己的极限，塑造自己的形象。无论适应自然或环境对技术的要求如何，技术在其特性和过程中始终保持着自身的同一性。障碍似乎迫使它变成某种东西，而不是别的什么东西，甚至是它自己。它所吸收的一切都加强了它的特性。它既不是卡利班，也不是阿里尔，但它已经能够把阿里尔和卡利班带进它的普遍方法的无条件的圈子。

（三）技术的自主性

首先，技术发展有其内在的逻辑和规律。埃吕尔将某种物力过程和必然性赋予与技术相关的变革过程，认为这样的历史趋势反映了一个自我生成，自我决定，并且从真正意义上说，不可避免的技术变革过程。他用一系列的事例试图证明"技术本身已成为一种实体，它自给自足，有其自身的特殊规律和自我决定性。[1]"埃吕尔认为，技术发明是先前的技术要素的组合，它本质上是先前技术增长的内在逻辑的产物。一项发明的产生是为了满足其他技术发展的需求。技术前进的自动性是指技术通过自己的路线选择自身，独立于人的决定和外在力量而前进。自动性也并不意味着没有

---

[1] Jacques Ellul: *Technological Society*, New York: A Division of Random House, 1964, P40.

人的选择，只不过这种选择为先前的技术所引导，为技术理性所规定。技术发展的无目标性是指技术发展不服从人为之设定的目标，而是根据业已存在的增长可能性发展。如果说在现实生活中技术的发展有某种目标，那么，这种目标也是由技术自己提出的，它要等到技术发展到某个阶段或某种程度后才会出现。

第二，技术对社会的全面渗透使得技术成为社会主宰，摆脱了社会的控制。技术自主意味着，社会诸因素以及社会作为一个整体都不能决定、支配、控制技术。埃吕尔分别从技术与科学、政治、经济等几个方面的关系进行了阐述。技术不是科学的应用，技术的发展并不受制于科学。它处在科学的核心，对科学的发展提出要求，而科学越来越依附于技术，逐渐成为技术的工具。技术的发展导致所有生活领域变得越来越技术化，政治也不例外。技术渗透到政治领域的各个方面，行政、司法、军队、警察等都不得不适应技术的发展，采用新的技术手段。没有相应的技术手段，经济的发展同样也被技术所支配，没有一个经济生活的领域是独立于技术发展的。尽管技术的发展只有将它放在最初的历史背景中才能理解，但技术发展的内在逻辑是首要的，这种内在逻辑或内部法则是经济力量所不能改变的。他认为技术因素已发展过度，并且吞并了曾经包裹它的文明的外壳。个人和社会对技术手段的控制，远不及他们对技术手段所强加的规则的严格服从和接受。

第三，技术对人的全面影响，特别是对人的思想观念和思维方式的影响，使得人依赖于技术而难以控制技术。技术的自主性最终要落在人与技术的关系上，归根到底，技术的自主是相对于人的自主。埃吕尔认为，生活在技术社会中的人首先要适应技术，他不仅要适应技术的硬性规则，而且要适应技术社会。人无法逃避技术，因为人生活在技术环境中，人从获得意识开始就发现技术"已经在此"。对于生活在技术环境中的人来说，使用机器、利用快捷的交通都是理所当然的，他在适应环境的过程中自然地适应技术及其规则。在这种适应过程中，人获得了一种技术意识，这种意识在他所受的教育中得到了进一步强化。技术社会中的人的生存是一种技术化生存，人依赖于技术而不能控制技术。

四、技术政治观的核心：技术与国家

国家作为上层建筑由经济基础决定。但在埃吕尔看来国家具有经济政治的决策权，整个生态经济技术只有接受国家的支持和管理才能有效进展，然而可悲的是他发现国家本身就是一种技术。在国家发展过程中逐渐与各种技术融合渗透，最终国家本身技术化。埃吕尔认为从政治、社会和人类的角度来看，国家和技术的结合是迄今为止历史上最重要的现象。而这一现象的重要性长期被忽略，技术事实已经成为解释现代政治事件绕不开的事实，于是，埃吕尔从与技术直接相关的因素探讨技术与国家之间的关系。

（一）国家与技术的冲突

埃吕尔认为随着新技术的广泛使用，国家在与传统框架大不相同的框架内遇到了技术现象，国家与技术相遇的原因与技术直接相关。第一，以前仅由个人使用的技术迅速扩展到国家以前从未渗透过的领域。包括交通、教育、帮助无依无靠和贫困的人，甚至是精神方面都使用技术，产生了两个效果：一方面，它们产生了更清楚和更明显的结果，从而引起了国家的注意。另一方面，它们使所应用的活动领域得到了相当大的扩展。换句话说，这些技术，因为它们适用于大众，允许个人把他们的活动范围从私人的变成公共的。他们的影响力增加到一定程度，超出了任何个人能力范围并与国家权力的基本原则相抵触，就必须与国家本身接触，必须建立像国家本身那样庞大和强大的有机体。同时，这些技术也会被国家或公司这样的集体所利用或者监控，国家有义务仅凭技术进步就以一切可能的方式扩大其权力。第二，技术的应用非常昂贵，必须借助国家解决技术问题。无论个人或家庭资本多么集中，都将逐渐无法满足技术需求，目前成本价格在所有技术领域的增长是无与伦比的。像城市的整体规划：电力网络，水污染，城市大气污染等，这些问题都是由技术引起的，都需要技术加以解决，但都超出了个人的能力。技术一旦发展到一定程度，就会产生只有政府才能解决的问题，无论是从财务的角度还是从权力的角度。第三，国家角色及其角色概念的转变。国家的活动范围越来越广，越来越活跃。技术发展不可避免地带来国家对经济世界的干预，反之当国家干预时，它会发现一种技术手段并进一步发展这种技术手段。经济问题现在是整个社会的问题，造成整个社会适应经济运动的所有后果的问题不能仅靠经济学来解决，经济以其巨大的生产能力、贸易量、社会动员等迫切需要经济技术的应用，它涉及整个社会的生活和所有人的生活。社会适应经济的问题是一个技术问题。也就是说，问题只有在一定的安排下，通过社会机制和社会机制的中介才能得到解决。

埃吕尔认为首先由个人发展，后来由国家所采用的技术与传统政治技术有很大不同。首先，个人技术比国家技术更完善，更适应环境。它们代表了个体出于个人兴趣或我们称之为职业的更高动机而行动的灵感。在这两种情况下，个人都全身心地投入到自己的工作中，充满激情，这种奉献精神在国家技术的创造者中是很少见的。当同样的问题同时向国家和个人提出时，通常是个人首先找到正确的方法和解决办法。在技术的私人创造中，存在着多种多样的方法，没有人按照一般模式行事。个人的生活总是比集体的生活尤其是国家的生活更现实。个人认为问题确实存在于它的个性中，因此，寻求代表最佳解决办法的方法。另一方面，国家作用于广大人民群众，作用于许多问题，不可避免地要把问题的复杂性加以概括和否定。因此，它无法揭示最适合其解决方案的技术。第二，个人发明的技术是专门化的结果，专门化最初在科学领域起作用，但不久就被引入技术领域。专门化沿着不同路线发展技术，各自独立没有机构协调。它们中的大多数都以利润为最终目的,而非社会进步。这就导致了一些领域非常先进,一些领域无人探索。不同技术之间需要通过国家政治职能的协调,技术协调正迅速得到扩展。第三,个人创造的技术,与国家创造的技术相反,很少放慢他们的步伐。它们在不断向前运动,并逐步影响到人类活动的所有领域。这只是在二十世纪才发生的,但它的技术具有广泛的力量,这始终是私人活动的本质。人类自身就成为技术的对象,仅仅是一种达到盈利目的的手段。在这一领域发展和应用的最著名的技术是公共关系和人际关系,它们的目标是使人类个人以不受其害的方式与技术科学环境相联系、适应和结合。因此,个人的主动性在将技术应用于人类方面迈出了决定性的一步。政府的行动根本不可能实现这一目标。这个国家太满足于它的强制力而不能运用精确的技术。

国家对技术的反应。当国家接触到个人精心设计的技术时,当它遇到一个私人的行动领域,这些技术已经转变成一个公共利益的领域时,它的反应是接管这个领域以及导致突变的技术。经济向国家控制的过渡只能创造国家资本主义,而不能创造社会主义。国家通过占有所有的技术领域,在本质上成为国家资本主义,取代私人资本主义。当它开始理解自己真正的兴趣所在时,它不会添加或修改任何技术上来说已经存在的东西。当国家意识到它可以利用技术并理解技术诀窍在所有领域的用处时,就会有意识地采取行动,使之适用。国家在使用技术中通常会有一定的预谋和目的,比如利用宣传和原子研究,这些特殊技术将产生不可预料的结果。

(二)技术对国家的影响

通常,我们会认为技术与国家的结合意味着国家权力的增长,国家利用技术恢复社会秩序,保障某些自由,甚至掌握其政治命运,国家权力得到了增强。埃吕尔注意到在技术的目前发展状态下,已不再像过去那样仅仅是一种受国家控制的被动手段。

国家和技术结合的第一个结果是国家的旧技术在接触到以前是私人的

但现在是公共的新技术之后，逐步转变。私有技术比公共技术效率高得多，当私有技术规模扩大建立一定组织，这些技术也可以纳入国家的传统框架。为了应付现代技术问题，有些国家被迫放弃政治主权，成立旨在实现某些深远技术行动的协会。国家的其他方面如果要有效率，也必须以同样的技术组织原则为基础，否则就会被私营企业所赶超。在社会发展中我们会发现，国家的传统技术受到私人技术的影响而有所改变，进步国家的行政和财政制度与工业和商业技术非常迅速地结合在一起，否则就会落后。这种新的管理组织部分来自管理技术的创造，部分来自将机器引入所有组织。在这种技术进步中，政治动机并不支配技术现象，而是相反。技术改进是国家有义务改革公共财政、军队、警察、行政教育等行政方面。

技术渗透国家的第二个后果是，国家作为一个整体成为一个巨大的技术有机体。埃吕尔认为"某些工业工厂的国有化不仅使国家成为一个工业的老板或者技术人员，而且迫使它修改组织和管理技术。的确，在英国、法国，甚至美国，国家的新兴工业组织的规模远远超过了私营企业。我们正在目睹一种新性质的技术局面的建立，以及迄今未知的各种组织的建立，这些组织已被签署，以便在不同级别内部重新分配权力。①"这些情况会对国家结构产生决定性的影响。现代国家不可能是一个没有技术的国家，它不仅需要技术，技术也需要它。埃吕尔梳理了现代国家所应用的超越传统领域的各种技术：所有订单的工业和商业技术（国家在更大程度上成为国家的主宰），保险和银行技术（社会保障，家庭分配和国有银行），组织技术（协调各部门之间的佣金，以及新的检查系统），心理技术（宣传服务、职业指导和心理技术），艺术手法（广播、电视、或多或少的官方电影工业、城市规划和管制旅游），科学技术（各科研中心），规划技术（包括一般经济规划、交通规划和城市规划），生物技术（人类实验农场、

---

① Jacques Ellul: *Technological Society*, New York: A Division of Random House, 1964, P252.

安乐死、强制接种疫苗和医学检查,以及社会援助),社会学技术(用于群众管理和舆论研究)。每一种方法都包括各种辅助技术、复杂的机制和专门的方法。由于国家在必要时应用这些方法,因此它本身只能是技术性的。国家是一个日益复杂的组织,它把现代世界的各种技术综合起来发挥作用。国家不再是共和国的总统加上一个或多个众议院,也不是一个拥有某些全能部长的独裁者。政治家由于国家所掌握的手段之多而被降格,看似是这一机制的核心,但所有部件和技术在没有他们的情况下显然也能发挥作用。

第三个结果,技术侵入国家机器涉及到政治家和技术人员之间的冲突。让技术人员发言是所有反对派刊物的主题。独裁制国家或者民主制国家都出现这种冲突。埃吕尔认为冲突不在于政客和技术人员之间,而在于不同类别的技术人员之间。在独裁统治下,政治家的目标是服从政治技术的要求。在民主制度中,政治人物只符合自己当选的技术要求,他对各种技术服务的掌握完全不够,他与无数的技术活动没有直接关系。而独裁体制下的政治家往往会成为一名技术人员,并且与其他技术人员在事实上发生冲突。技术人员和政治家之间的对立将政治家置于一个真正决定性的两难境地。在民主政体中,政治家要么保持现状,在这种情况下,他的角色与各种技术人员的角色相比注定会变得越来越不重要,或者政治家会走上政治技术之路,在这种情况下必然会出现适应危机。而他认为列宁和斯大林这两位政治家既不是传统意义上的理论家,也不是国家元首,而是一名技术人员。列宁的政治理念使政治成为一种技术,与其他技术相似,但实际上却优于其他技术,因为它基本上负责协调其他领域的活动。鉴于此,马克思主义不是教条,而是方法,是思想的方法,也是行动的方法。

在政客与技术人员的冲突中,腐败是一个更为严重的问题,而政治环境普遍腐败是毋庸置疑的事实。纯粹的技术代表着普遍的利益,代表着真正的政治,与代表腐败因素的政客是对立的。政治人物的腐败是阻碍国家全面转变为一个庞大的专门技术机构的唯一因素。与通常被描述为党派或理想主义的政治决策相反,公众舆论几乎一致支持技术决策。当前对政治的指责之一是,它束缚了技术的正常活动,而公众通常认为技术本身是好的。国家的转变和随之而来的技术人员的优势涉及两个因素。首先,技术人员对国家的看法与政治家截然不同。对于技术人员来说,国家本质上是一件需要管理的事情,因为他仍然充满了技术的私人起源,因此私人领域和公共领域的划分不当。技术人员所能考虑的就是他的仪器的应用——无论是为国家服务还是为其他事情服务,都是无关紧要的。对他来说,国家不是民意的表达,不是上帝的创造,不是人性的本质,也不是阶级战争的形式。它是一个拥有某些服务的企业,这些服务应该正常运作。它是一个应该盈利、生产效率最高、有国家作为其营运资本的企业。还在于他对政府和行政效率的判断。政治赋予目标,但是技术人员会把方法指示到最后一个点。整个管理系统只是一台机器,它的运行必须变得越来越严格。国家之所以成为技术国家的对象,是因为它提供了各种不同的物质基础:人、金钱、经济等。国家变成了一台旨在利用国家手段的机器。国家不再主要是一个人、地理和历史实体,它是一种经济力量,其资源必须投入使用,其收益必须得到回报。国家的转变和技术人员的优势所隐含的第二个因素是对技术进步的思想和道德障碍的逐步压制。国家的旧技术是纯技术因素和诸如正义等道德因素的综合。即使在今天,道德因素也不是完全可以忽略的,尽管它们绝不占官方话语中给予它们的荣誉地位。国家不仅负有维护法律和秩序的责任,而且负有在公民之间建立公正关系的责任。因此,它限制了私人的纯技术。但是,当技术成为国家技术,当技术工具落入国家手中,国家也忽视了道德。

第四个结果,技术改变了国家结构和政治理论。在技术的作用下,任何政权,无论其性质如何,都离不开国家技术。无论任何政权组织形式,从技术的角度来看,除了技术上最有效的管理之外,任何类型的管理都是不可能的。规划是政治体制的重要部分，整个经济必然是计划的，而且规划正在扩大到政治生活的所有领域以及所有国家政权。我们决不能忽视这样一个事实，即各国之间的联系越来越密切。此外，当一个国家进行规划时，必然会对其他国家产生影响，他们或多或少也有参与计划的义务。对一个要素的规划首先意味着理解，然后是对其他许多要素的掌握，再一点一点地规划其他要素，这一切都依赖技术。现代国家的结构及其政府机构服从于依赖于国家的技术。国家完全适应技术需要，变成一台巨大的机器。政治权力不再完全是一个经典的国家，而且将会越来越少。它是组织和决策有机体的混合体，而决策有机体的数量却大大减少，因为在技术的相互作用中，决策的空间越来越小。这种情况可与个人自动机器的消除相媲美，除了检查机器并看到机器仍然处于正常工作状态之外，它不会保留任何功能。政治权力就像任何经过良好调整的组织一样，以最少的决策发挥作用。技术状态直接对应于现代社会本身，因为它是技术建构的，存在于崇尚效率、秩序和速度的人的灵魂之中。

技术不但改变了国家结构，政治理论也被修改了。首先，政治理论和政治结构是一样的，有些适应技术的使用，有些则不适应。总的来说，新学说是适应的，这些理论因素与国家技术的发展完全一致。学说准确地表达了社会状况，被许多公民所信仰，它趋向于有效的应用，具有感染力。另一方面，传统的民主主义人权观、抽象的公民观念、平等的选举权、权力与自由的冲突与现代社会现实并不相适应。因此，我们正在目睹这些学说的迅速僵化和过时，保护他们变得越来越难。技术使传统的民主学说过时了。随着技术发展进入国家生活，曾经主导生活的教条也发生了变化，教条只是解释和辩护，它不再代表行动的目的和标准。行动的唯一标准在于知道是否正确地使用了技术，没有任何政治理论能解答。我们的结论是，今天的政治学说是为国家及其行动辩护的一种合理化机制。政治技术精确地确定了理论的作用，学说的任务就是用这种正义的外表来赋予权力。由于目前权力是一种技术,这些知识结构除了提供正当理由之外,已经没有任何用处了。

最后,技术使国家变成极权主义,完全吸收公民的生活。这是由于国家手中技术的积累而发生的。技术相互产生并因此相互联系,形成一个紧密包围我们所有活动的系统。当国家掌握这种技术网络的单一线程时,它会一点一点地吸引所有的事物和方法,无论它是否有意识地这样做。"即使国家是坚决自由和民主的,它也只能成为极权主义。它要么直接变成这样,要么像在美国那样通过中间人变成这样。但是,尽管存在差异,所有这些系统最终都会产生相同的结果。①"技术可以通过权宜之计产生极权主义,如军事方面,当今技术的作用使必要的战争成为一场全面的战争。民用技术方面,电影等暴力印象刺激人的心灵,总之国家技术的每一个因素一旦达到极限就会导致极权主义。技术才是极权主义,当国家变得技术化时,它也变成极权主义。

在埃吕尔这里,极权主义不是传统意义上的野蛮无节制的专制统治,而是完全技术性的极权主义,"在这种状态下,没有任何无用的东西,没有折磨,酷刑是精神能量的浪费,它破坏了可挽救的资源而没有产生有用的结果。没有系统地组织饥荒,而是认识到保持劳动力状况良好的迫切需要。没有任何武断,因为任意代表技术的反面,其中一切都"有理由"(不是最终的,而是机械的原因)。非理性似乎存在——但仅限于对技术一无所知的人,这就像试图告诉一个不知道收音机的人,尽管他听不到,但周围都有音乐。②"这里所谓的极权主义国家不一定拥有极权主义理论,甚至不需要,技术国家只是因为它利用了某种技术手段才是技术状态。他区分了民主国家和独裁国家对待技术的两种态度。在遵循同样道路的情况

---

① Jacques Ellul:*Technological Society*,New York:A Division of Random House,1964,P284.
② Jacques Ellul:*Technological Society*,New York:A Division of Random House,1964,P287.

下，独裁国家已经意识到利用技术的可能性，他们知道并有意识地渴望从中获得任何好处。对他们来说，规则是使用不受任何限制的手段。而民主国家没有达到这种意识，因此在发展中受到抑制。有关传统、原则、司法肯定、维护公共道德和私人道德的斗争——所有这些仍然存在于民主国家。独裁统治的优势完全源于对技术的大量利用，独裁国家以效率为目标，它遵守技术法则，因为它理解只有通过技术自由发挥才能从中获得最大的利润。

（三）对技术的反思

埃吕尔认为技术运动正在改变的不仅仅是国家。当国家与技术的接触变得更加明确时，技术的发展速度比以往任何时候都要快，这不仅是根据它自己的内在逻辑，而且是在国家权力和支持的帮助下。同时他发现国家对技术的挪用已经消除了许多我们熟悉的技术的神奇吸引力，人类逐渐失去了对技术的幻想和对技术的痴迷。人们开始意识到，他创造的不是自由的工具，而是一套新的枷锁，尤其是当国家利用技术手段时更为明显。埃吕尔不是简单地拒绝国家与技术结合的结果，而是从技术本身的变化开始考虑。

技术不受约束。一种新事物被社会接受必须纳入社会文化框架，要经受道德、舆论、社会结构、国家等多种力量的认可。道德作为文明行为规则，决定新事物的好坏，对创新事物给予承认或拒绝。舆论接近道德，包含一系列更为非理性的反应，这些反应并不一定与善恶相关。但在新因素是否得以承认方面具有决定性作用。第三种约束力是社会结构，包括社会形态和经济或法律结构。每当新因素有可能对其进行修改时，社会结构就会产生强烈反应。最后，还有国家，一个社会的特殊防御机构，它可以利用各种手段对付所有令人不安的力量。就技术而言，这几种束缚力都没有发挥抑制作用。从公众舆论看，现代人只对技术现象感兴趣，舆论完全以技术为导向，现代人只能用数字来思考，数字越高，他的满意度越高。在

第二章 雅克·埃吕尔的技术政治观念

这一过程中,人的思想和行动被外在的力量所束缚,他的自主权和个人主动性也会变得越来越小。因为现代人对技术力量的集体崇拜表现在每一种技术上,认为技术是唯一值得信赖的事物。至于社会结构正在被技术所渗透,生活的整个物质世界都依赖于技术基础。甚至,随着技术在特定社会中的进步,会重建新的社会结构。埃吕尔因此得出结论:无论以何种方式看待我们的社会结构都一致赞成技术的,而且几乎不能制约技术。对于国家,已经放弃了制约技术的功能,本身技术化。经过分析,埃吕尔认为就技术而言,传统上作为对创新力量的约束的每一个社会因素都被推翻了,发生了倒置,以前充当障碍的因素如今已成为技术的强大辅助手段。因此,技术不会遇到任何障碍或检查其进展。它可以随心所欲地前进,因为除了它自己的力量之外它不会遇到任何限制因素。

对于这样的技术,埃吕尔表现出非常大的担忧:"最令人不安的似乎是技术的特性使它独立于人本身。我们并不是说机器倾向于取代人类;这个事实已经众所周知了。重要的是,实际上,人类不再拥有采取任何行动来对付技术的手段。他无法限制它甚至无法定位它。[1]"因为制约技术的力量都因技术而改变,没有任何社会学特征可以限制技术,因为社会中的一切都是它的仆人,只有屈服技术尽量从中获益。技术包围着现代人,使人类进入封闭世界。人类"在征服的喜悦中并没有意识到他创造的东西从他身上带走了成为自己的可能性。他就像一个拥有许多财产的富人,在自己的家中发现自己是一个无足轻重的人。[2]"

国家在技术方面发挥着至关重要的作用。首先,国家行动对技术的基本影响是协调整个复合体。国家拥有统一的力量,因为它是社会中卓越的计划力量。在这方面,它起着真正的作用,即协调,调整和平衡社会力

---

[1] Jacques Ellul:*Technological Society*,New York:A Division of Random House,1964,P306.

[2] Jacques Ellul:*Technological Society*,New York:A Division of Random House,1964,P306.

量。它通过将迄今不相关的技术相互接触，它将整个技术组合整合到一个计划中。不同部门之间的联系越密切，一个部门的发现对其他部门的影响就越大，因此就越有必要把不同的技术联系起来。国家大致了解人类和技术的可用资源，并且可以承担协调员的胚胎功能。由于一个技术领域的发现在其他领域非常有用，协调员的作用必将变得越来越重要。第二，国家投资技术的权威成为其发展的一个因素。国家提供的材料远远超出任何个人提供的能力。国家促进科学研究，只有国家才能购买必要的科学设备，并且给科学家提供其权威不可或缺的支持。只有国家才有办法把技术所能提供给人类的东西付诸实践。因为这个国家本身已经变得技术化了，它不会随心所欲地行事。第三，国家为技术提供服务机构。国家继续创造组织以满足技术要求，并且出现了许多可能性。比如，国家科学研究中心的建立，产生了一些允许更多的技术完全利用国家的资源。国家要求任何科学进入"正常"发展的路线，不仅是为了公共利益，也是因为它的权力意志。国家很快要求技术信守承诺并成为国家权力的有效仆人。科研的目的在于应用，国家首先为科学研究分配一个精确的任务，发布指令，必须为某些紧迫问题找到解决方案。国家要求最好的科学家为其研究工作，考虑到国家的巨大需求，这些科学家几乎没有时间做其他事情，而且政府雇佣的工人越来越多。此外，公司用于研究的大部分资金用于技术研究。社会最重要的是禁止除国家意志之外的所有研究，国家已经技术化，这种可能性也就不存在了。埃吕尔通过一系列国家翔实的资料分析，得出结论："在未来的几十年里，技术将变得更加强大，并且通过国家机构加速其步伐。国家和技术——越来越相互关联——正在成为现代世界中最重要的力量；他们为了产生一个看似坚不可摧的完整文明而彼此支持和加强。[1]"埃吕尔认为国家成为技术有机体，说明技术在国家

---

[1] Jacques Ellul: *Technological Society*, New York: A Division of Random House, 1964, P318.

运行中的作用，但绝对化极端化。国家运行中的政治因素被完全忽略，所有一切都受技术摆布。

五、技术政治观的终极：人类技术

埃吕尔最后分析的技术，也是最后一种出现的技术，是直接重现给人类的技术。

（一）人类技术的出现具有必然性

首先，人类在技术社会遇到了前所未有的新状况，受到众多非传统生活方式的影响，生活节奏发生了根本变化。技术在人的内心暗示着一种理性，而不是传统意义上的存在，技术使整个人参与其中，并服从于它的必然性和目的。技术为人类创造了新的生活环境，远离自然蜷缩在城市建筑一隅，按所强加的规则进行工作生活。技术带来了它自己的意识形态，每一个技术上的实现都有它自己的意识形态上的理由。它是一套从具体的、技术的、真实的事实出发的思想建构。这不是技术的问题，是人的问题，是由于人和技术的接触带来的。人类为自己创造了一种理性和技术秩序的新宗教，以证明自己的工作是正当的。技术社会能够把人重新塑造成一个与一个世纪前截然不同的整体。它能够在较高或较低的点重新建立平衡，这些平衡都是通过技术重新创造的。其次，环境和空间的改变。埃吕尔认为技术已经渗透到人类最深处。机器不仅要创造一个新的人类环境，而且要改造人类的本质。人类所生活的环境发生了根本的变化，人类必须使自己适应。人生而具有的基本统一性被现代世界的各种力量所分裂。机器改变了与人直接相关的一切：家、食物、环境、未来等。第三，大众社会的创造。当代社会正在成为一个大众社会。现代人并不是自发地适应了新的社会形式。大众化的过程之所以发生，不是因为今天的人本质上是一个大众化的人，而是因为技术上的原因。在强加给他的新框架中，人变成了大众的人，因为他不能与他的环境长期保持不一致。当今世界的基本规则是

53

经济、政治和阶级竞争的规则,这种竞争延伸到社会和人际关系。这种新的社会群体结构及其新的文明标准,似乎既是必然的,又是不可否认的。它们是不可避免的,因为它们是由人类无法达到的技术力量和经济考虑强加的。它们不是思想、教条、话语、意志的结果。以人类为对象的技术,即所谓的人类技术,其目的是帮助人类找到最快的方法,平息他的恐惧,重塑他的心灵和大脑。大众参与分散了个人的痛苦,因为大众化的过程本身就是人类精神困境的根源。另外,个人对技术手段的调整。人类使用的大众工具既在物质行为领域,也在心理行为领域。如果目前我们希望对人施加影响,那么只有通过大众传播媒介,而且只有在人是大众的程度上,我们才能这样做。个体与集体的非自发结合是技术在社会中以特殊的社会学形式发展的必要条件之一。我们将看到,这种结合是献身于人类技术的最值得注意的成果之一。人类技术的三重基础:现代社会对人类的超人类需求,人类环境的彻底改造,社会结构的变化。人与他的宇宙根本不相符合,必须恢复与宇宙的和谐。

对于人类技术,埃吕尔最后认为技术发展到今天对人类有利与否并不是技术发展的初衷,也许确实符合了人类的利益,但不确保将来对人类不利,技术只是按照自身的利益而不是人的利益自主发展。技术人文主义根本谈不上,他甚至认为人类与技术世界的关系是分裂的。

(二) 技术改变人类的精神追求

面对技术给人类带来的种种问题与困难,人类在做各种尝试,也怀抱各种希望,但技术困难需要技术解决方案这一事实是不可避免的。人与技术之间的冲突所引发的一切问题都是技术层面的,非技术手段根本没法解决。"没有其他方法可以重新组合人类人格的要素:人类必须完全服从一种无所不能的技术,他的一切行为和思想必须成为人类技术的对象。①"一

---

① Jacques Ellul: *Technological Society*, New York: A Division of Random House, 1964, P410.

种旨在把人从机器中解放出来的技术的应用，结果却使人更加严格地服从机器，进一步完善了"人—机"综合体。人类的精神运动完全局限于一个技术世界，这种技术包括了当今社会的全部。人对文化、自由和创造性的尝试已经成为技术档案柜里的条目。

首先，技术具有行动的垄断性。思想或意志只能借用技术方式来表达。有任何决定价值的交流和活动都受技术管束，知识分子在技术政治支配下已成为一个纯粹的喉舌，受制于各种技术的要求。同样地，技术控制着对自然新生的热爱，过去个人自由决定的行为变成了纯粹的技术问题。技术机制干预人的政治活动。技术组织以统一、纪律和战术灵活性的方式组织集体，技术的铁律强加于个人内心使个人政治行动不再可能。其次，技术社会节奏加快的同时伴随着精神上的释放。在技术社会技术本来满足了拥有和支配神秘意志，没有必要唤起精神力量，但技术也鼓励和发展神秘的现象，促进对自我必要的不可缺少的疏离，技术以自己的方式允许社会出现"狂热"现象。但这种人类新的宗教生活完全屈从于技术。这种现象完全由技术组织、集中和扩散，看起来鼓励某些大胆的创新表达，但事实上这些思想受技术影响和行动完全分离。把思想完全吸收到技术框架中，使它们在物质上有效，在精神上毫无价值。这并不意味着思想对公众没有任何有价值的影响。它们有很好的效果，但不是它们的创造者想要的效果。技术的这种精神疗法，使局部现象普遍化，分散了少数人的反抗，从而平息了数百万人反抗的需要。"通过这些人类技术将本能和精神最终结合起来，技术社会的大厦就会建成。它不会成为一个普遍的集中营，因为它不会犯下任何暴行。这似乎并不疯狂，因为一切都将井然有序，人类激情的污点将在铬的光芒中消失。我们不会再有更多的损失，也不会再有更多的胜利。我们最深的本能和最隐秘的激情将被分析、出版和利用。我们将得到我们心中所渴望的一切。在技术需要的社会里，最大的奢侈将是给予无用的反抗和默许微笑的奖励。①"

小结

埃吕尔通过对技术的全面考察以及未来设想,表现出深深的担忧,这源于一个知识分子的良知和责任担当。不论别的,只要有像他这样的有思想有抱负的"人"的思考和行动或者呼吁,技术自主化的就会受到阻碍和减缓。我们可以从他的技术考察中提高警惕认清技术发展的来龙去脉及存在的潜在危险,不盲目乐观也不妄自菲薄,保持清醒头脑防患于未然。尽管埃吕尔一直强调大家对他的悲观主义批判有失偏颇,尽管他认为技术自主化思想的自然客观化,但他对于技术发展未来的过于担忧和技术框架控制的过于夸大,包括他站在他的时代对未来的设想,事实上我们的当下早已超越他所担忧的未来,面对技术我们要有忧患意识不能被其左右但也不能盲目乐观。在技术社会发展中,确实需要有思想力行动力的顶天立地的"人"。

(一) 技术变革的悲观论,严格的决定论

埃吕尔对技术社会的描述给读者留下了悲观的印象。理论界将埃吕尔归结为技术悲观主义者,对此埃吕尔进行了有力辩驳,"我既不是天生的悲观主义者,也不是教条上的悲观主义者,也没有悲观主义的偏见。我只关心事情是否如此。想要给我贴上悲观主义者标签的读者,应该开始反省自己的良心,问问自己是什么原因让他做出这样的判断。②"埃吕尔认为自己只是从事实层面客观地描述技术文明发展,对他来说,以自己的伦理或形而上学假设为基础对事实分析提出质疑是行不通的。

---

① Jacques Ellul: *Technological Society*, New York: A Division of Random House, 1964, P427.
② Jacques Ellul: *Technological Society*, New York: A Division of Random House, 1964, Pxxvii.

第二章 雅克·埃吕尔的技术政治观念

埃吕尔在描述技术增值时包含现代性的大多数属性——物力运动，普遍性，涵盖性，不可逆转，不可避免，以及明确的命运。将发展视为一元的，自我增长的，因而比通常的社会科学更深入。埃吕尔的结论是悲观的，他认为技术变革的方向对人类来说是不幸的。他质疑那些已发生的具体变革所带来的好处，并且坚持认为人类的自由、尊严以及福祉并没有因为这个历史洪流而得到加强。

产生悲观印象的第二个原因是认为埃吕尔是严格的决定论者，或者理论界称为强技术决定论。埃吕尔对此也有解释说明，他所进行的是一项技术社会反思工作，分析大群体和大趋势而不是个人行为，事实上，即使带有个人思想和倾向，个人的行为或思想不会对社会、政治或经济机制产生任何影响。个人只是在社会现实框架内描述社会现实并得出结论，或者说这种决定论不是埃吕尔得出的而是社会现实预先存在的，或多或少具有决定性。我们都受到技术文明这种新事物的制约。社会学机制对个人来说总是或多或少具有重要意义的决定因素，这些机制的压力非常大，它们在越来越广泛的领域发挥作用，并越来越深入地渗透到人类生活中，这就是具体的现代问题。面对这种社会现象，人会出现宿命论，产生无助感。但埃吕尔面对技术社会现实，承受着可能带来的各种非议客观地呈现出来而不是掩耳盗铃地躲避。他提出"如果人类——如果我们每个人都放弃了自己在价值观方面的责任；如果我们每个人都把自己局限于在技术文明中过一种微不足道的生活，把更大的适应能力和越来越大的成功作为唯一目标；如果我们甚至不考虑反对这些决定因素的可能性，那么一切都将如我所描述的那样发生，这些决定因素将被转化为必然性。[①]"面对技术社会发展现状，他不是宿命论者，而是指出了他认为最有可能的发展，这种可能性基础存在于社会、经济和政治现象中，存在于某些事件和序列的链条中。因

[①] Jacques Ellul: *Technological Society*, New York: A Division of Random House, 1964, Pxxvii.

此埃吕尔只是根据社会现实进行谨慎推断得出结论，只代表一种可能性。

另一个产生悲观印象的原因是埃吕尔对所提出的问题没有提出任何解决办法。问题被提出但没有得到回答，他被认为是悲观论者。对此，埃吕尔指出他确实有意不提供解决办法。原因之一是，解决方案必然是理论的和抽象的，因为它们在现有的事实中并不明显。他并不是说没有解决办法，只是认为在目前的社会形势下，技术上的必要性制度还没有受到破坏也就还没有解决问题的开始。这样的基础上，可能提出的任何解决方案都是理想化和空想的。从某种意义上说，提出解决方案甚至是不诚实的，在分析现状时不能理性地予以考虑。面对社会问题，他所做的工作是诊断而非治疗，而诊断是必要的也是治疗不可或缺的。技术是一种工作过程，在这一过程中给人类带来了许多问题，在我们能够正确地提出问题之前，我们必须对所涉及的现象有一个准确的描述，从而能够正确地提出问题。

在埃吕尔看来，现代世界，决定论最危险的形式是技术现象。这不是一个摆脱它的问题，而是，通过自由的行动，如何超越它的问题。技术渗透到社会生活各个方面的问题不仅是技术的自主决定性作用，而是人们心安理得的不自知，当他认为自己在自由中得到了舒适的安顿时，他就成了最受奴役的人。因此，埃吕尔的目的是唤起读者对技术必要性及其意义的认识，对个人责任感的唤醒，更是对"睡眠者"的呼唤。通过把握技术现象的真实本质，以及它在多大程度上剥夺了他的自由，从而作为一个有意识的存在，面对着盲目的机制。

总而言之，对埃吕尔的技术悲观印象，用他自己的话来说"崇拜技术的人无疑会发现这部作品悲观，而讨厌技术的人会发现它乐观。我只是试图通过全面的分析，对技术作出具体和基本的解释。"这也是他写作的唯一目的。

（二）自主技术统治的解决之道

埃吕尔对技术设计过程的深刻理解，指出技术设计并不是取决于通用标准如效率，而是一个社会过程。这种社会过程不是满足"自然的"人类需求，而是满足文化需求，因此技术是可以被处理的。不同的定义反映了现代社会可以用不同的技术选择实现不同的愿景。这三点说明了研究技术方法的合法性，运用解释学的方法，将技术定义扩展到包括社会意义和文化内涵，也指出了其解决之道。

埃吕尔从文化对技术的迷恋角度解释战争、集权主义或者其他事实，关注了那些有助于塑造现代技术社会的多种社会条件，有助于揭示现代社会运行方式上许多令人困惑的问题，对技术解决问题的狭隘追求远远超出统治或改造自然的界限，如何从技术统治困境中解脱出来依然没有答案，我们似乎一直在利用技术解决技术问题。但是，埃吕尔所罗列的因素全都成了单一现象的前提条件，而这一现象随后可用单一因素加以解释，具有还原论倾向。埃吕尔强调必须从一种绝对意义，而非相对意义上来理解技术这种最佳手段。理解技术的真正本质，也就是把技术描绘成一种彻底的单一现象，一种影响现代生活的统一力量。一旦认识了技术的这一本质，对此领域的一系列相关问题就可以认识清楚。埃吕尔在解决技术的问题的这条道路上是被动的，也就是承认困难的程度，并放弃在现实中采取积极行动。人们在人造产物的包围之中，无法突破技术外壳的束缚，无处可逃，使人看不到一点点希望。

尽管埃吕尔明确表达的是技术自主化思想，技术渗透到了社会生活的所有方面，社会生活都被技术化了。但从根本上埃吕尔还是渴望人类能摆脱技术自主性困境，寻求真正的自由，并且也暗示了这样的思想和行动。在阐明技术的自主性时，埃吕尔实际上多处暗示人的选择与行动终究是决定性的，并从对新伦理的寻求中做出回应。埃吕尔所关注的核心问题始终是人的自由。只是在技术发展考察中，技术从传统到现代发生了根本的转变，由人追求自由的手段变成了追求自由的背景和环境，在这样的背景下如何重新理解和审视人的自由，如何认识技术，埃吕尔从历史发展动态中认识自由和技术是可取的。但在自由的认识上趋于绝对化，以至于抽象和形而上学，应该从相对的意义上具体理解自由，进一步理解技术和自由的关系。人在丧失和减少传统意义上的自由的同时也在技术社会条件下增加了新的自由。埃吕尔虽然认识到，技术是作为人与环境相抗争的获取自由的工具而发展起来的，但由于他没有进一步揭示技术与自由的更深层的关系，以至于最终将技术与自由对立起来。在社会一切领域技术化背景下，人本质上也是一种技术性存在，人的任何自由都不可能。埃吕尔也向读者呼吁"如果人类自己不团结起来，并坚持自己的权利，那么事情将走向我所描绘的道路。"在技术发展沿着一条必然的路线汹涌向前过程中，埃吕尔呼吁人类的责任意识。

总之，对于解答人类如何才能征服失控的技术这一问题。埃吕尔先从揭示技术的本质开始说起，而后去探求人类是否以及如何可能成为它的主人。这个问题最终会被证明是毫无意义的。因为他认为技术的本质源于技术存在之中，人类永远不可能成为技术主人，最多只能做它的仆人。这种悲观论调是对技术的一种态度。埃吕尔自己被包围在技术之中不能自拔，尽管在揭示技术社会的问题中他认为只是一种客观描述，但始终表达的是他的技术自主化观念，或者始终为这种观念找依据，总之，他的思想观念使他的出路渺茫，他的技术思维方式限制了他的思想。也许他对技术宽容一点也就放过了他自己，技术社会还在发展，人还可以自由思想。

第三章

兰登·温纳的技术政治观

兰登·温纳（Langdon Winner）美国当代著名的政治学家和技术哲学家，1944年生于美国加州，曾担任美国哲学与技术学会主席。兰登·温纳承接了埃吕尔的技术自主论思想精髓，进一步深入了技术政治思想研究，从技术与政治关系入手，探讨现代技术变化中的社会和政治问题，提出技术自身具有政治性。曾被华尔街日报称为"技术政治领域的学术领袖"。他的技术政治思想贯穿于不同时期的经典著作《自主性技术：作为政治思想主题的失控技术》（1977）、《鲸和反应堆：探索高技术时代的界限》（1986）、《技术社会的民主》（1992）等。

一、技术政治观产生的背景

温纳的技术政治思想源自多年来政治和学术生活中对技术问题的认真思考。他的思想缘起和形成于其所就读的加州大学伯克利分校，这里有开放的治校方针，关注社会现实问题，将20世纪60年代及70年代初期的主要社会问题和校园里的理论知识贯穿在一起，社会政治和课堂学习紧密结合，给了学生充分认识社会问题和深入思考的宽广平台。这所大学不是象牙塔，老师们将学术兴趣同人类义务结合起来，给学生很大启迪。在老师的鼓励下，温纳将技术与技术问题作为研究焦点，在政治理论和思想史的研读中开始研究人类技术如何影响了人类生活，如何改变和克服科学技给人类生活带来的困境。他认为技术与政治问题已经成为时代重要议题，必须提上议事日程。但长期以来，由于激进主义、保守主义和自由主义思想中的意识形态预设，往往阻碍了对技术与政治问题的讨论。但是他发现随着技术的发展，不论愿意与否，出现了很多情况下使用技术的初衷与所观察到的结果相互矛盾的现象，原本所期望的技术与人之间的关系已经发生了彻底的改变。从表面看来，技术给我们的生活带来了高效、便利与进步。但实际上，技术早已在不经意中成为人类主宰，替代了人类的主体性地位。人类如何在机器运转中保持自由，如何面对技术社会带来的诸多问题，诸多现实困惑和问题促使他不断思考和研究。在五角大楼实习期间，他负责技术审查评估及防范工作，他发现不断升级的流血战争建立在无情的理性分析上，政治的利害分析源于严格的科学分析，技术与政治之间的关系使他困惑，并促使他深入研究。

温纳技术政治观的形成还源于技术给社会生活带来的巨大变化。他亲眼看见了二战后的十五年他的家乡及身边的社会因技术所发生的巨大变化，田园牧歌式的家乡环境在很短的时间内被高速公路、超市、电视、特效药、塑料、大量的电子产品等所影响，这些使人们的生活发生了翻天覆地的变化，带来了许多便利和惊喜，但面对生活方式的激进变化，很少人去审议和讨论，只是盲目地接受。他发现不是技术去满足人类的需要，而是人类需要越来越多地去满足现代科学技术要求。由于人类对技术的发展缺乏必要的审议和讨论，从而对技术造成的后果估计不足，由此带来了一系列问题。食物添加剂、杀虫剂、核试验造成的大气破坏、各种环境污染破坏等，人们习惯于技术带来的好处却忽略了所要付出的代价以及技术发展的限度。即便到信息技术的出现也没有给人类带来自由、民主和平等，只有失控的技术和越来越多的问题。特别要强调是，在这些技术和现代困境中对温纳影响重大的是近距离地审视鲸鱼和原子能反应堆，这是自然权利和人造物的两个代表，一方面是巨大的动物优雅的漫游在生态系统里的自然发展图景，另一方面是技术高速发展促使下的复杂机制决定的巨大装置。温纳认为反应堆存在着巨大安全风险和不可预知的未来，破坏了当地的环境，给公众带来了恐惧和压力，他提出核能发电厂存在的诸多问题并倡议改变其用途。他以鲸鱼和反应堆为突破口倡导探索高科技时代的限制。温纳从政治学的视角审视技术对人类的主导性和决定性以及人类面对技术的"梦游态度"，在此基础上不断探寻突破困境之路。面对人类面临的技术困境，他指出"有些制度你必须反抗并勉励更改，即使你对之还有相当大的眷恋。①"这也许是温纳最有力的技术政治宣言。正是在这样的一个技术背景下，温纳提出了"技术政治性"的理论观点。

二、技术政治观的出发点：自主性技术观的考察

（一）技术问题成为焦点

技术古已有之，并不是一件新鲜事物，但在过去的世纪中，技术手段在其自身发展和实践的界限之外无足轻重，长期被人们所忽视，而在当今社会突然把它当作新事物而被"发现"。温纳对此提出疑惑，为什么在当今社会技术成为研究焦点，现代技术的本质到底何为？技术作为一个正当其时的词语和议题成为多种社会和政治理论中备受关注的问题凸显出来。温纳认为首先是人们面临的困惑和迷失感。技术作为一个议题被分离出来，不仅是价值和信仰问题，更为重要的还有理解事物时的问题，也就是看待技术及其与人的关系的方式上出了问题。技术在这种理解中起到了阻碍甚至误导的作用，我们必须重新认识技术。"如今，人类自己造物的本质却作为真实困惑之源而显现出来。科学革命促成的技术世界本身成为新研究的焦点"。人们突然发现的事实只不过是"以多种形式呈现的技术，是人类世界的重要部分。"温纳进一步指出"技术的结构、过程和变化进

---

① [美] 兰登·温纳：《自主性技术》，杨海燕译，北京：北京大学出版社，2014年，第2页。

入人类意识、社会及政治的那些结构、过程和变化之中，成为它们的一部分。①"正是因为技术嵌入日常生活，技术的影响潜移默化而被人们忽略追问其本质，而只看技术对人类有用与否，好赖与否。温纳另辟蹊径，从社会科学和政治理论视角研究技术。温纳希望对技术的认识不要停留于以往的经验判断，因为这样的经验混淆人们的期望和判断，必须有新的认识方向。

温纳对技术的很多标准概念表示质疑，指出正因此而出现迷失状态。从技术一词的演变过程来看，由早期的具有特定概念到如今的含糊不清。早期技术具有特定、有限和没有疑问的涵义，基本上指的就是实际技艺，在18世纪和19世纪的文献中，涵义依然是清楚的，不需要考虑或分析，技术并没有重要到需要单独加以考虑。20世纪技术在内涵外延意义上都急剧扩张，温纳通过考察韦氏大词典的定义追溯这种改变"从某种相对精确、有限和不重要的东西到某种模糊、广泛和高度重要的东西。②"技术发展进展之快我们无法用准确语言表达它的涵义，这样造成的结果是关于高技术的政治含义出现善恶两极对立的立场，温纳试图寻找中间立场的替代方案，开拓理性对话的中间立场。对此，温纳将技术做了基本区分，像工具、机器、机械、用具、武器等这类技术的对象称之为"装置"，像技巧、方法、步骤、程序等大量技术活动统称为"技法"，像工厂、车间、行政部门、军队、研发团队等这样的社会组织统称为"组织"，表示技术的社会安排，"网络"表示大规模的系统，远距离联系组合人与"装置"。温纳深入技术内部解决当今社会的现实问题，以期达到"想要为至今缺乏秩序

---

① ［美］兰登·温纳：《自主性技术》，杨海燕译，北京：北京大学出版社，2014年，第4页。
② ［美］兰登·温纳：《自主性技术》，杨海燕译，北京：北京大学出版社，2014年，第6页。

的对话带来一种秩序。①"的目的。

（二）温纳以自主性技术观为出发点的原因

温纳以自主性技术观为其出发点，在考察阐明各种自主性技术观的过程中阐明自己的技术政治观。他的自主性技术概念直接源于埃吕尔，他发现这一观念已经从学术界的一小部分人发展到相当多公众的广泛关注，成为现代思想的症候之一，即"相信技术以某种方式摆脱了控制，独立于人的指导而沿着自身进程前行。②"这种观念的盛行给人类带来困惑和焦虑。温纳对此进行考察，他认为技术演进在先，产生了自主性技术，所谓的自主性技术"泛指所有那些含有技术业已失去人类控制之道的观念和评论。③"他所考察的理论基本上都主张："从真正意义上来说，技术如今掌握着自己的进程、速度和目的，人类要达到的理性目的远远没有控制住它。④"自主性技术这一概念的兴起，对于人类自主性观念造成持续不断的猛烈攻击，自主的人的关切、自由、责任都被怀疑甚至放弃，产生各种担心技术失控的抱怨。因为现代技术的发展，产生对机器的恐惧和憎恨。以这种消极方式认识世界，否认现代技术给人类带来乌托邦的可能性。自主性技术，接受技术失控观念的受众有限。对于现时代从技术系统中得到足够力量的人，不会在意技术的失控问题，这一观念只适用于一部分人，在技术使用和理解中受挫的人，或尽管技术使用中受益但认为有必要重新思考现状的人。温纳将自主性技术作为方法论试金石，通过对自主性技术多种观点的鉴别、分析、探究，从剖析这些担心抱怨的意义和有何道理出

---

① ［美］兰登·温纳：《自主性技术》，杨海燕译，北京：北京大学出版社，2014年，第9页。
② ［美］兰登·温纳：《自主性技术》，杨海燕译，北京：北京大学出版社，2014年，第10页。
③ ［美］兰登·温纳：《自主性技术》，杨海燕译，北京：北京大学出版社，2014年，第12页。
④ ［美］兰登·温纳：《自主性技术》，杨海燕译，北京：北京大学出版社，2014年，第13页。

发，研究现代思想中关于技术的困惑问题：技术物力运动、决定论、历史漂移、技术律令、技术专家统治，等等困扰现代思想的系列概念。

温纳研究的视角将技术当作首要焦点，视技术自主性为根本谜题。没有局限于技术之所以出问题，是由于技术自身在变革，并且随其发展产生了种种其他变革，是引起担忧的根源这一简单的问题溯源，而是进一步追究这些发明、革新以及技术变革所衍生的无数后果这些关键问题。在于对有关自主性技术的多种观点加以鉴别，研究它们的基本原理，并且探究他们所提出的问题。就此而言，自主性技术是一块方法论的试金石，是导向诸多更大问题的一条线索。温纳认为技术自主性观点是存在潜在危险的，从多种事例和论据这些关系自主性技术变革理论的实质内容出发，从存在的问题与症结出发指向了在现代社会经历变革的道路上，以及在我们关于这种变革之观念上的一些真正的两难问题。远非仅是表达出悲观和焦虑，真正的主题涵盖技术进化、决定论、漂迁和技术律令。

（三）自主性技术观分析

各种自主性技术观念产生的原因诸多，可能是对现代技术的矛盾情绪或不再相信技术发展与人类进步之间的关系。温纳更彻底地指出这是一种认识，即我们对技术领域所寄予的许多最为根本的期望不再有效了，长期以来认为人类应该具有控制能力的许多传统观念失效了。在我们的传统思维方式中，控制的概念以及主—仆关系的隐喻是用来描述人与自然、人与技术工具之间关系的最有影响力的方式。自动化得出的结论应该是随着工业技术的完善最终会把人类从辛苦劳作中解放出来。这其中隐含的观念是为了某种事物赢得解放，另一种事物必须被奴役。自主性技术观念想通过表明控制在实践中行不通，从而拆穿这一梦想。温纳概括了三种传统观念，一是人类对他们自己创造的东西最为了解；二是人类制造的东西处于他们牢固的控制之中；三是技术本质上是中立的，是达成目标的手段，它所带来的利弊取决于人类如何使用它。但对于高科技的情况而言这些观念都受到质疑。人们对于自己拥有的技术了解有多彻底？人类在多大程度上控制技术？技术是达成人类目标的一个中立工具吗？这些问题的回答都不再完全肯定，我们了解、判断和控制技术工具的能力衰退了，失控显而易见。温纳指出："正是在这种智识、道德和政治统治普遍消逝的背景下，自主性技术的种种观念找到了其根基所在。①"温纳的研究正是着眼于那些整日与技术打交道又与之相疏离的人而展开。

自主性技术观的最初表达是在艺术作品中。艺术作品通过象征主义手法把技术手段描绘成似乎有生命的某种事物，具备意识、意志和自发运动等生命特性，以之与人类社会相对抗。当科学和工业技术已广为人知的时候，艺术家们是率先对人造物出现的可能性加以思考的人。艺术作品中表达了"人类将他们自身的生命力——移动、体验、劳动和思考的能力——输入到了他们制造的装置中②"，也是对自主性技术最初的表达。19世纪，自主性技术观的表达逐渐发展成围绕人工智能研究而进行的极端复杂微妙的争论。具有代表性的是马克思的劳动异化理论，表明人类与工业技术之间具有深刻的病态关系。马克思相信只有克服劳动的异化，人类才能成为自由的生产性的社会存在。这要通过革命和共产主义制度得以实现。

（四）自主性技术变革理论

现代历史以不断变革的过程为特征。这一变革过程是以机器与其他新技术的具体表现形式为中心的，因为技术自身的变革和发展会引起其他方面的变革。温纳关注在这一变革过程中人类自主性和失去控制权问题。现代化的冲击是一种全球现象，向前变革的方向是不可逆的，技术和社会生活的新形态必然取代旧模式，因而变革的发生也是不可避免的。"现代化

---

① [美]兰登·温纳：《自主性技术》，杨海燕译，北京：北京大学出版社，2014年，第25页。
② [美]兰登·温纳：《自主性技术》，杨海燕译，北京：北京大学出版社，2014年，第28页。

时代被描绘成这样一个时代，个体群体国家以及整个文明都被卷入到一个技术变革过程之中，这一过程影响了生活的各个方面并且瓦解了先前存在的其它社会选择。"① 现代化所涉及的是从传统和前现代社会向一种技术及与技术相关的社会组织的总体转化。这种技术与社会组织是先进的、经济繁荣和政治相对稳定的西方世界国家的特征。温纳在现代生活经历中从技术变革失控意义上理解自主性技术。温纳没有停留于普遍的悲观或焦虑，而是指向自主性技术变革理论的实质内容——技术进化、决定论、漂迁和技术律令，这些问题是关于技术变革观念的真正困惑。温纳对自主性技术的认识不是简单的、通常的悲观或者焦虑情绪，而是深入考虑自主性技术观念的实质内容，以期解决现代化变革道路上以及变革观念存在的真正两难问题。

　　一是技术进化过程是自动化的。技术形式像生物的生命形式一样经历了一个进化过程，进入社会生存领域，数量和多样性都不断增加。这一理论将注意力集中到进化中的技术形式本身，人类仅被视为技术的载体。也就是技术作用处于主导地位，人类作用降低到明显的次要位置。这一理论有一个假设前提就是"人类的隐退"。埃吕尔将这种现代病称为技术的自我增长，是这种理论的典型代表。温纳指出这一观点的实质是想表明就技术作为一整体而言由群体或个人做出的具体选择无关紧要，这个整体是一个独特的实体。温纳据此看出埃吕尔自我增长立场的意义以及提出的重要问题，埃吕尔论述的目的在于确定技术创新事物的起源，即影响这一过程的总体环境。在这种环境趋势下，技术进步的速度成为一个"社会事实"，它有其自身的实在性并且将必然性强加给社会中的人们。这是对困扰了20世纪中很多科学家和技术专家的状况进行思考的方式之一，虽然他们感到劳动成果很有可能隐含对人类未来有害的意义，但实际中别无选择，只有

---

① [美]兰登·温纳：《自主性技术》，杨海燕译，北京：北京大学出版社，2014年，第44页。

继续下去。从其起源来看，技术好像是由因果关系推动而稳步向前发展的。这不是在否定人类的创造力、智力和有意识的愿望在引领事物朝这个方向而不是那个方向发展时所起的作用，所有这些都成为推动发展的条件。因此温纳认为"埃吕尔所称的'技术的自我增长'远非一个神秘的过程，而是由某些我们最为珍视的信念所支撑的科技社会中千千万万的个体正在进行的工作的一个反映。[1]"正如温纳所言："显然，技术上的成就已成了一种诱惑，已经没有理由指望任何人去抵御这种诱惑。某个事物在技术上已经成熟的事实，足以成为将世界置于危险之中的理由。[2]"

二是技术发展结果是决定性的。谈论技术变革时贯穿着一种观念，即技术方面的改变已经并可能继续是我们制度、实践和思想观念变革的根本原因。尽管对此观点充满异议，但温纳对此客观分析其合理成分。他以马克思的技术和社会变革观念为最有说服力的代表，马克思唯物史观是关于人类社会发展的根本理论，指出历史上所有事件发生的根本原因是物资的丰富程度，物质生活的生产方式决定社会生活、政治生活和精神生活的一般过程。温纳认为马克思在对人类、生活和行动的看法上具有决定论因素。马克思的决定论不是一般意义上的，将人类当做失去自主性的机器，他将人类视为一个积极的生产性的力量，但是会受到他所处的社会生活条件的限制，他所处生产方式形成整体的限制，从这个层面而言人类是不自由的。另一方面，马克思主张技术建构人类需求的方式，这与特定时期生产力的特定阶段的社会条件相关联并随之发生变化。与现代生活方式相关的"需求"伴随着一个更为复杂的社会经济分化系统而出现。于是原先曾经高度平等的社会几乎一夜之间变成了一个不平等和划分等级的社会。总之，温纳认为人类确实塑造了他们的世界，但是他们也被它塑造。面对这

---

[1] [美] 兰登·温纳：《自主性技术》，杨海燕译，北京：北京大学出版社，2014年，第62页。
[2] [美] 兰登·温纳：《自主性技术》，杨海燕译，北京：北京大学出版社，2014年，第63页。

种决定性结果，提出了对新社会条件的选择和适应问题。

　　三是技术变革目的是不确定的。温纳在考察中发现"技术变革的图景呈现出的不是一个受到规律严格限制的、势不可挡朝着一种必然结局发展的过程，而是一个来自多个方向的多种创新潮流向高度不确定的目的地移动的过程。①"这引起了温纳的技术漂迁学说。他认为随着技术革新的速度和广度的增加，技术以无数方式发挥作用和相互影响，社会面临各种可能性，出乎所有人和制度的预料。世界不是一个有着可预测的规律性以及消极可变性的世界，臣服于简单控制。它本质上是一个极度反复无常的世界，身处其中的行动者必须用最微妙的直觉和最巧妙的方法，以保持自己不被吞没。行动状况的这种不确定，无法预知和难以控制的根源在于世界复杂的相互联系性。行动后果的不确定和难以控制的性质对于所有技术规划而言都是一个主要难题。如果你不了解从一项创新中能涌现出来的全部后果，那么技术合理性的观念就变得完全成问题了。手段所产生的结果，远远超出我们有限的意图对他们的要求。我们的计划设计和考量的表面合理性，在范围更广的关系和事件中常常溃败。按照这种看待事物的方式，人类对世界的任何干预所带来的后果中，总有一些是无法预期和难以控制的。但是目前我们确实是"技术漂迁"的受害者，技术创新的"非故意后果"——污染、失业、城市拥堵等各种社会问题影响着现代人，与那些完全无法预料和控制的结果并存的是那些容许预测和控制但从未因此而受到限制的结果。温纳一针见血地指出"当技术后果的最终范围既没有被预料到也未受到控制的时候，他是最富成效的。②"也就是说技术做到的总比我们想要的多实际上是人类意图的一部分，每一个意图都包含了一种隐藏的"非故意"。这种随波逐流的漂迁被称为进步，与决定论相适应，温纳称他

---

① ［美］兰登·温纳：《自主性技术》，杨海燕译，北京：北京大学出版社，2014年，第76页。
② ［美］兰登·温纳：《自主性技术》，杨海燕译，北京：北京大学出版社，2014年，第84页。

为"随意决定论"。

四是技术变革的必要条件。温纳认为对技术进行创新和变革必须对其环境进行重建,也就是一种技术或者工具处于正常运转状态之前必须具备什么必要条件。这种预想的必要条件既可能是手段方面的也可能是经济方面的。手段方面的条件包括那些建造和维护设备本身的内部结构所涉及的条件。经济方面是那些与资源供应有关的条件——能源原料、劳动力、信息、道路等。温纳将其称为"技术律令",技术律令包含了一种逻辑:"你不仅必须提供这个工具,而且必须提供使这个工具能发挥作用的一整套手段。①"伴随着技术创新而来的变革过程触及了社会的每个方面。各种各样的风俗习惯,态度观念以及社会和政治制度都被卷入到技术创新之中,发生改变并进一步成为变革的基础。如果技术行为"非故意的后果"忽视了现代发展的某些方面,那么技术变革对社会产生强制律令的优势在于它识别出一个适应过程如何能够并常常先于要求这一适应的技术创新而发生,也就是"满足前提条件"。这样技术律令远非是功能性的要求,更是一个道德标准,区分好与坏、合理与荒谬、理智与疯狂的一种方法。但是,技术系统结构包含了要建立一系列复杂联系的内在趋势,还存在技术律令的特殊形式,并非总是预先知道一项新技术所包含的要求,即使最明智的选择也可能是盲目的。

三、一种技术政治观的考察:技术专家治国论

技术变革的影响无处不在,涉及社会中的每个人,在现代意义上可以理解,与技术和公共政治相关。以这种方式理解涉及技术的政治问题数量众多,我们考虑的好多问题都和政治相关。在社会政治发展中社会结构为了逐步吸收所积累的大量涌现的现代技术而重建自身时,对新的并且更复

---

① [美] 兰登·温纳:《自主性技术》,杨海燕译,北京:北京大学出版社,2014年,第87页。

杂的政治和政府体制的精心设计和创建。自主性技术的形象提醒我们要避免政治或技术观念中的狭隘性。在考察以往现代技术实践活动中关于技术过渡和失控根源的理论分析过程中，发现主要存在两种观念，一种是从文化上分析产生问题的各种因素，另一种是通过寻找一种新伦理方案，在我们的技术和科学实践中采纳一种新伦理，从技术上建立一种修正的道德立场，解决人与自然之间的紧张关系。温纳认为这两种探索存在很大缺陷：首先，技术的产生与发展是一个非常复杂的领域，技术社会是有非常复杂的社会条件塑造的，单一的、专断的假说只会专注没有意义的细节，不会产生合理的解决方案。其次，对人的存在本质的终极道德关怀，是没有方向的深度探求，人类良好的判断力和节制是没有依据的幻想。基于此，温纳转向政治伦理，在崇高信念和平凡事物的中间地带确定主题，探寻更富有成效的道路。

（一）技术专家统治基本观念

技术专家统治，也就是由科学和技术精英进行统治，解决科学与政治权力的关系。这是对惯常思想和实践形成的挑战，认为传统类型的政治阻碍发展。倡导技术是置于一个新基础之上的权力和权威，科学和技术机构是唯一适合实现管理工作的机构。温纳对历史的和当代的技术专家统治进行考察。培根是关于技术专家统治社会的首个代表，他的主题可能是将政治世界视为腐败和无能的，而将科学领域视为纯洁、智慧和有能力的。他预言在"伟大的复兴"时代，科学和技术机构是唯一适合实行管理工作的机构，传统类型的政治只能阻碍发展。温纳认为技术专家统治思想通常在两种情形下出现：一种是对未来世界的乌托邦设计，在这样的世界，人类事物通过理性的、和谐的计划得以完善。这是按照理想计划而有意建立的技术化王国。另一种是对现存政治体系的衰落加以评论时，他们发现无论如何，社会将必然转向由科技人员来统治。这是由于政治衰落和技术精英的兴起而出现的技术专家统治。圣西门、维布伦等对技术精英成员的资格进行了探讨，但温纳发现不管这些观念如何变化，社会中的大量民众始终被排除在外，大多数人被认定没有知识和能力参与技术社会管理。由技术专家统治是因为没有别的人有能力进行统治。

（二）技术专家统治和自由主义

技术专家统治与自由主义政治之间存在很大的张力。在技术专家统治论的理解中，科学技术不具备民主属性，只涉及真理和技术解决方案。真正的政府管理行为不应包括人民大众的参与，民众的真正需求已经被了解，公众只需要无条件接受就行。但自由主义政治理论反对这种观点，认为这不能为政府和社会安全提供保证。温纳针对这种观念，结合现实进行分析，发现这些观点与现实状况有很大差距。在技术专家统治论的著述中，"精英阶层通常被定义为一个旨在追求政治权力的有凝聚力的社会群体。[1]"具有相似的社会背景，共同的意识形态，对普遍权力的渴望，与其他成员沟通和一致行动的能力，通向领导职位的渠道。但是，在所有现存的自由民主社会中，社会学家们找不到任何符合这种描述的技术专家统治精英。实际上没有形成有凝聚力的统一的精英阶层，以对自由民主政府的运作方式施加干预。目前必须承认的是"对社会中的权力进行探索的人，没有在'顶部'发现一个单一的同质的群体。[2]"事实上，我们所面对的局面更加错综复杂。"

基于此，20世纪中叶出现了修正技术专家统治论，试图重新定义技术专家同政治权力和权威之间的关系。其一是普莱斯认为科学和技术在19世纪、20世纪的兴起已经改变了美国政府建立之初的基本规则和程序，他确信丈夫政府和高度技术化的企业本质上都是负责任的、善意的并且相互依

---

[1] ［美］兰登·温纳：《自主性技术》，杨海燕译，北京：北京大学出版社，2014年，第127页。

[2] ［美］兰登·温纳：《自主性技术》，杨海燕译，北京：北京大学出版社，2014年，第130页。

赖。他认为必须考虑各种类型的人在政治中的作用,这种考虑所依据的不是他们拥有的财产,而是他们都懂些什么以及他们所掌握的专业技能。普莱斯在经济与政治权力融合的同时,提出统治权的分散的新秩序,系统内分别有政治阶层、管理阶层、专业阶层、科学阶层四个发挥作用的群体相互制衡,但他所描绘的世界几乎完全依靠科学知识和技术设施而运行,根本不鼓励或期待公民参与,不依赖于任何有效的代议制过程。政府联盟对大规模技术企业做出非常大的让步,然后才开始为拯救代议制民主付出努力。其二,加尔布雷斯对当代巨大的技术复杂型企业中新技术阶层的兴起进行了探索。他将所有参与到群体决策中的人或形成的组织称为"技术结构"。他主张技术结构的基本目标是获得自主性,为了满足庞大的新技术系统的要求必须插手国家领域,这样科学阶层被视为人类拯救者。可见,建立技术结构自主性无法限制技术自主性。温纳认为这两位作者所描述的政治和社会影响力的范围已经非常庞大并在继续扩大。他们都涉及到了政治赋权问题,但支配性的前提是在一个以尖端科技为基础的社会,真正的表决权源自对技术的高水平理解。因此,自由主义的政治理论会以精英主义、非民主的结论告终。

技术专家统治对技术精英阶层的寻求是有局限的,局限在其理论本身的思维中,温纳渴求一个更高级的知识精英阶层的出现,一群明智的规划者、技术顾问、系统设计者等,希望他们使共和政体的发展回到一条智慧、人道之道上。自由主义社会学家和马克思主义者关于技术与政治关系的认识,形成了技术专家统治和社会主义两种不同的发展路径。两者的最大区别是"统治施行者不同",相对应的两者共同涉及的问题是"谁来施行统治",也就是说两种观点的分歧主要集中在身居权位的人和群体上,按照这些人的影响力和控制力程度进行比较。

四、新技术政治理论的开辟与主张

在技术与政治关系问题上,注意点主要集中在"谁"这一技术主体之上时，温纳认为遗漏了一个重要问题即"什么在进行统治"。"谁"是就主体人而言的，"什么"是就限定条件而言的，在自主性技术观念中这些限定条件超越了主体人的地位，成为政治和技术结合中最紧要的问题。也就是在高科技社会的运行中，真正起到有效控制作用的不是掌握权力的人，而是某些条件、限制、需要、要求或规则等限制条件。回溯之前的技术专家统治观念，他发现与有关科技精英的概念相并行的是一种技术秩序观念。技术精英的作用和行动已经同技术系统的结构和程序所确立的框架协调一致，自科学革命以来得以建立的技术秩序，现在覆盖渗透且合并了整个社会，人类必须遵守这一运行规则。按照这种认识方式，技术本身被视为具备了一种独特的政治形态。温纳甚至追溯到圣西门关于科学与社会的第一部著作中，如果根据科学原则来组织工业社会的构想取得了成功，那么由企业家、科学家和艺术家组成的立法机构所实现的统治，将会服从于这些科学原则本身的支配。这个新世界依赖于一个自我导向，自我维持的系统，人类参与所发挥的作用仅类似于关节之外的润滑剂。温纳发现在20世纪的社会哲学体系中的一系列相关著作中，尽管论证结论各不相同，但它们结合在一起，表达了一种尚未成熟的将现代技术作为其研究领域的理论。正是从这些传统观点出发，温纳扩展和澄清传统思想中有价值的论点，整合提出技术社会和政治的理论。温纳通过对社会发展中体现现代特征的发展趋势的研究，以期对人类当前社会发展中遇到的相关问题发出警告。

（一）技术政治的基础：技术社会

温纳的技术政治理论出现的前提是人类已经被一个技术社会包围，我们必须认识这个社会并学着接受技术社会带来的各种挑战。对此，他分析了各种传统认识理论，但大都陷入还原论和混乱的多因素论之间不能完整地探讨初期所关心的主题。温纳采用的研究方法不是对各种理论阐释进行概括或比较或探索其思想渊源，而是从新的视角进行技术社会批判。他从对传统理论的考察与澄清中吸取有价值的论点，集中注意力研究技术政治主题，通过考察和应用一些基本的范畴和主张，给予技术因素应得的位置，展现现存社会的社会关系图景，体现出这种现代特征的发展趋势，在这种发展趋势描述中认识当前社会存在的问题并进一步探索解决之道。

温纳从正视技术因素出发，阐明技术社会发展中的一些基本概念，提出技术社会构成中的一些术语并进行解释，包括技术的人工性、延伸、合理性、规模和集中、拆分、复杂的相互联系、依赖和互相依赖、中心、失用症等，作为技术社会批判理论的基础。人工性是技术的介入对人类世界的重新建造。人类社会进入一个与以往社会有着本质区别的新的历史阶段。人工改造的范围不仅包括对自然的重建也延伸到了人类社会，人类所生活的物质世界成了有人工重新合成的产物组成的世界，人类社会中的角色、关系、群体、甚至个体性格在很大程度上都服从于有意识的技术操控。人工性带来的"第二自然"需要人类维护和调整，人类的责任扩大。延伸是指技术设备延伸了人的能力，是人类个体成为地球上前所未有的存在。延伸的结果是人类远距离解决问题使人类在场成为不需要。合理性本指某种特定活动中的理性和智慧，与技术因素相结合，指的是技术因素运行中各部分有机组合，以一种适当的预计中的方式互相衔接。温纳指出，"在此意义上，合理性指的是能按规范的设计被塑造或者能按中规中矩的运作规则而加以安排。[①]"合理性的第二种解释是"手段之于目的的协调"，第三种也可被理解为一种效率。温纳指出这三者并非必然相容，一种制度、政策或实践活动按照一种含义是合理的，按照另外两种则是不合理的，规模和集中是从现代技术最根本的性质而言的，规模是技术运作的必然要求。如果要使系统能够发挥作用，数量庞大的各部分必须集中在一起被安排成一个功能上的整体发挥效能。同时，也与投入—产出的合理性

[①] [美]兰登·温纳：《自主性技术》，杨海燕译，北京：北京大学出版社，2014年，第155页。

相关联。在一定限度内，提高效率或降低成本需要通过扩大一项操作的规模，对所有实体的拆分是技术革命的基础，技术的生成过程就是通过将世界精确拆分并以生产的方式将它重新合成一体。精确拆分和复杂的重新结合相呼应，在所产生的系统中，运作的各组成部分之间存在着多重的、各种各样的相互联系，这种人造复杂性远高于自然的复杂联系，需要人类负责合成、调节和持续维护。作为技术整体的各组成部分之间具有相互依赖关系，技术系统需要彼此依存的各部分有序和有效地发挥作用，一个完全相互依存的技术社会将是一个没有等级和阶级的社会。但是在每个功能系统中，存在一部分比其他部分更为关键，这样技术秩序各组成部分就出现了等级分化。中心是大规模网络中不同部分的运行协调一致的需要，一个系统的中心和其他部分之间的区别既可能是地理位置上的也可能是功能上的。在一个有组织的等级结构中相对处于外围的部分和人依赖于一个制定计划和发布命令的中心。在大多数现代技术系统中，只有这种中心才能真正拥有自主行动的权力。失用症（Apraxia）是温纳创造的一个特殊名称，用来描述技术运行中的一种情形。大规模技术网络由复杂的相互联系和相互依赖关系的人造部件所组成，一旦技术系统中的重要一环停止运行，整个系统就会停止工作或陷入混乱。技术失用症是一个持久性的威胁。

（二）技术政治的本质

人类科技之梦的目的是获得无尽财富的同时从辛苦劳动中解放出来。但是人在实现这一梦想的过程中付出的代价是自由的丧失。温纳以20世纪关于自主性技术的重要结论，包括关于技术变革和技术专家统治论的观点，人类对技术造物病态依赖观念，技术手段以自身为目的运行观点，社会中复杂技术改变和控制人的思想和行为观念，技术作为一种整体现象构建了超出人类控制的"第二自然"观念，等等。温纳以此为主题阐述技术政治学理论。

温纳通过两种不同的思维方式寻找技术政治的本质。第一种是传统的技术专家统治论，这种理论认为在一个高技术时代由博学人士组成的新群体处于优势地位，他们注定要获得权力。这一视角的整个主题围绕精英和统治阶级理论的一个特殊问题。可以通过一步步探究这个精英同精通技术的群体的身份、社会基础和产生影响的情况找到技术的政治本质所在。第二种思维方式范围更加广泛、视角更加独特。"技术政治涵盖了技术对有生命及无生命对象加以改造、支配和调整，使之以纯粹的技术结构和程序完全相符的全部能力。它是一个充满秩序和统治的系统，与一个人工世界相适应。"它指出"技术的政治本质在于它对整个自然和人类文化的构成所施加的总体性影响。①"

温纳结合当代政治理论分析其产生的动机，这关系着占主导地位的政治行动方式。社会学家关注政治舞台上相互竞争的利益集团，马克思主义者注意阶级划分及阶级冲突现象，生产资料的关系决定社会意识和政治角色。技术政治学力求确定的是，当人们为了解决他们的问题而诉诸技术手段时阐明它们所包含的偏差并予以重组。温纳考察的结果认为在技术手段的支撑与发展面前，不管谁处于统治地位，无论其阶级根源和利益是什么，他们都将被迫采取大致相同的措施。也就是不管掌握权力的人最初的动机是什么，其最终的结果大致都是相同的。因为现代社会中几乎所有的事物都被卷入到支持和延伸大规模技术的活动中，因此遵守技术律令并服从主要生产系统的要求趋势完全被认为是理所当然的。这样无论无产者或是资本家的最初动机和目的如何，其最终的结果都是大致相同的。正如温纳所概括的"技术如今是这样一种管道，即无论你决定输入的是什么目标和意图，最终导出的都必然是一个特定的结果。②"总之，技术政治不同于任何传统意义上的政治理论，它本身不过是一种详尽的描述。在温纳这里

---

① ［美］兰登·温纳：《自主性技术》，杨海燕译，北京：北京大学出版社，2014 年，第 202 页。

② ［美］兰登·温纳：《自主性技术》，杨海燕译，北京：北京大学出版社，2014 年，第 237 页。

技术政治发展是不带有特定动机和目的的客观性发展也是在不自觉中自主性发展。

（三）技术政治的特征

技术政治是充满秩序和统治的系统，政治现实变成了受技术要求所支配而形成的一套制度和实践活动，并对整个技术化的世界施加总体性的影响。温纳的技术政治观念延伸了"政治"的内涵，现代技术条件的统治取代了通常被认为属于政治范围的方式，如构建、维持、选择、行动和执行方式等。温纳的技术政治观更像是一种比喻，比喻技术对有生命、无生命对象的改造、支配、调整使之符合技术秩序的能力犹如一种政治执行力。当然拥有这种能力就拥有了政治执行力，技术所施加的总体性影响远远超越政治范围，更像是一种文化。

第一，技术秩序的演化过程是潜移默化的。也就是人类自由的丧失是在经历几个世纪技术发展变迁不知不觉发展而来的，人类最初的目的是利用技术获得财富并从辛苦劳动中解放自己，但反而被技术手段所控制，付出了丧失自由的代价。而且由于技术以自动化为最高形式，人们对技术统治系统是配合和顺从的。人类处于对技术造物有着极端甚至病态依赖的境地，人们陷入病态完整性的关系网络中，从每个机器上能享有的益处是十分明显的但因使用它而受到的束缚却难以估计和不易觉察。遵循技术秩序成为一种生活方式。正如温纳给予自主性技术的最准确定义"自我生成，自我维持和自我规划的机制之统治。"技术秩序的演化过程中出现人与技术的主奴关系发生微妙变化的趋势。

第二，技术的反向适应和控制。温纳提出的技术系统指的是"由人类全部的存在行动和思考所组成的社会——技术巨型联合体。[1]"反向适应行为是这个联合体的一个属性。人们采用技术手段实现一系列转化最后导致

---

[1] ［美］兰登·温纳：《自主性技术》，杨海燕译，北京：北京大学出版社，2014年，第206页。

目标的转化，目的被改造成适应技术手段的要求，技术发展超过一定水平之后由不受控制、明确表达的目的施行统治就不再可能。因为高度先进的系统或网络的特点是技术元素各部分结合成一个有组织的整体而且主要功能各部分相互依赖，只有通过规划即公式化的技法，用来产生出具有高度确定性和可操作性的联系。明确的意图，远见和计算同可资利用的最佳行动手段结合在一起。在技术秩序的特定发展阶段，规划具有关键作用。系统目标的确立过程都必须遵循严格的运行标准、硬性的结构限制。温纳指出"系统对与其运行有关的市场进行控制[1]"，"系统控制和强烈影响那些貌似对其产出和运行状况加以管理的政治程序[2]"，"系统寻求一种与其技术能力相匹配的使命[3]"，"系统宣传和操纵那些他也为之服务的需求[4]"，"系统发现和创造危机已证明其扩张的正当性[5]"。"随着大规模系统开始对现代社会生活的多个领域进行统治，我们通常所采用的技术实践模式不再适用。反向适应将成为越来越重要的方式来决定要做什么以及如何去做。"[6] 这是技术政治学理论的基本前提。

第三，人在技术律令支配下的技术统治中隐退。温纳不同于技术专家统治的集权论者—精英论者观点，他认为对整个社会进行必然的统治必须遵循是的技术律令和反向适应，至于是谁负责这一律令或进行适应性调整

---

[1] [美]兰登·温纳：《自主性技术》，杨海燕译，北京：北京大学出版社，2014年，第207页。

[2] [美]兰登·温纳：《自主性技术》，杨海燕译，北京：北京大学出版社，2014年，第208页。

[3] [美]兰登·温纳：《自主性技术》，杨海燕译，北京：北京大学出版社，2014年，第209页。

[4] [美]兰登·温纳：《自主性技术》，杨海燕译，北京：北京大学出版社，2014年，第210页。

[5] [美]兰登·温纳：《自主性技术》，杨海燕译，北京：北京大学出版社，2014年，第212页。

[6] [美]兰登·温纳：《自主性技术》，杨海燕译，北京：北京大学出版社，2014年，第214页。

第三章 兰登·温纳的技术政治观

并不重要,任何权威或者精英的知识、职业或是旨趣都不重要。关键在于面对特定技术秩序的特定要求有识之士如何满足这种要求,这是由现有技术事务的特殊格局决定的。这中间出现了人的隐退,技术专家统治只是一种标签。技术律令作为普遍的需求出现在公众思考中证明技术网络的正当性,反向适应以特殊的目标和计划形式被广泛接受。技术律令和反向适应的社会目标的政治现实性不需要技术专家统治精英群体来推行,可以由外行的从政者或者适当时机中的公众来完成,这样会出现大规模系统内部权力分散的状况,因为技术律令和反向适应实施统治的方向,是从大规模技术系统到国家。温纳指出对技术事务做出重要决定的根本源头超越了任何特定的阶层或精英角色——无论是技术的、科学的还是管理的、政治的,而是追溯到技术事物的自身结构关系中。因此,人并不是技术事物本身的主导因素,而是受命于技术律令。按照温纳的观念,技术精英们也并非完全自由地运用其专业知识,无限制地追求其自身或阶级的利益。他们同样受到了他们工作于其中的技术系统的限制和约束。尽管拥有技术知识可以有机会在重要决定上施加更强大的影响,以获得更大份额的物质和社会回报,但这种局面本身并非必然导致一个新的统治阶级的至高无上地位的产生。人并没有成为技术的真正统治者,温纳指出"技术政治学理论本质上不是一个精英理论。他强调的是一个关于现代技术如何影响公共生活的更为广泛的看法。[①]"政治的主要议题来源于社会中的技术环境整体并决定解决方案的性质。技术控制的机会躲避着人类,也是令现代人难以接受和苦恼的。

第四,技术本身就是一种政治现象。在解决技术社会中的两难困境中,温纳指出技术形式确实在很大程度上塑造了我们时代中人类活动的基本模式和内容。从真正意义上说"技术就是立法"。这样政治就成了一种

[①] [美]兰登·温纳:《自主性技术》,杨海燕译,北京:北京大学出版社,2014年,第223页。

活跃的、特殊形式的技术,"技术本身就是一种政治现象"。因为现代技术在为人类存在状况立法方面比传统意义上的政治发挥的作用大得多。技术结构塑造了一个新政体,即我们确实是以生活于其中的高度技术化的社会。而这种建立过程是各片段以新方式不知不觉中构建起来的新秩序,技术政治是以非决定论为特征,在中立论、工具化的掩盖下出现的。尽管温纳对于技术政治现象的描述主要从出现的一系列问题出发,但是他更注重重新界定真正的政治并彻底重建能实践技术政治的社会新环境。他将技术视为立法,然后按照这一洞识向充满希望的方向发展。

(四)责任意识和出路

人们通常会认为人类对任何事物的了解都不如对他们的创造物了解得那么充分。但是像温纳这样的技术控制论者关于自主性技术的描述中人工产物似乎具有了自己的灵魂,从它的真正本质来看这个灵魂不是提前规划好内置于机器中,而是"从那个由无数的部件组建和连接在一起所形成的整体中涌现出来。[①]"对于技术的这种特性,技术秩序中的成员在多大程度上了解他们的人造环境,关系着人类如何为自己的人造物负责以及为人类负责。

温纳在自主性技术阐述的最后提到了人类的责任问题。他发现了在我们所面对的技术组成的日常复杂现象与人类对他的充分理解之间的能力之间存在空缺,而这一空缺被大家所忽视,他认为这个问题关系着技术和人类的发展。这种复杂现象包含显现的社会复杂性和隐藏的电子复杂性两种,总之,在技术社会人们实际上对维持他们生存的根本结构和程序了解得越来越少。因此,指引技术系统朝着被清醒地认识到、经过有意识的选择、广泛共享的目标发展,就变成了一件越来越没有把握的事。大多数人陷于对其日常事务的狭隘关注与其对文明成果感到迷乱困惑的矛盾之中。

---

① [美]兰登·温纳:《自主性技术》,杨海燕译,北京:北京大学出版社,2014年,第239页。

超过某种限度之后，他们就根本不了解或不关心那些发生在其周围的事情。这一局面的最重大的后果是整个社会的运行从根本上脱离了轨道。人和机器大规模联合造成的结果的责任问题变得模糊，因复杂系统的行为而受到表扬和指责变得难以确定。技术系统的复杂性产生了道德主体问题，技术的复杂性不是给人类提供推卸责任的机会而是要有明确责任意识。

温纳通过分析雪莱的小说《弗兰肯斯坦》阐述了弗兰肯斯坦人工造物中的过程：创造、责任、疏忽以及造成的后果。他关注的实质问题是已经被创造出来但并未受到足够关注的事物的困境。他认为弗兰肯斯坦难题已成为涉及整个文明社会的问题，以此为突破口解决技术社会复杂性的现实问题。"起初，所有技术的发展都最大限度地反映出人类在智力、发明创造力和关切心方面的最高品性质。但在超出了特定时刻之后，这些品性对最终结果产生的影响就开始变得越来越小了。……正是从此时开始，一种深刻的无知和对理解的拒绝、不负责任以及盲目的信仰成为了社会针对技术所采取的倾向性态度。[1]"当然，温纳非常明确技术给人类带来的益处，他只是基于对技术的深入了解重新评价人类与技术之间关系。他认为正如雪莱小说描述的那样，我们正在处理的是一个未完成的创造物，它基本上被遗忘或未受到关照，被迫在世界上开辟自己的道路。这个包含人类生命要素的创造物是自主的，没有完全受到人类的控制，建立和维护技术秩序的人该重新思考自己的工作。在技术社会必须重新恢复责任感，技术必须具有人文色彩。按照温纳的洞识，技术本身作为一种政治现象就可以立法，这样解决之道也应运而生。

技术立法的原则是"要实现不同的社会生活和政治生活理想，必然需要有不同技术的存在。[2]"这种技术可以是适于个体成长发展的，也可以是

---

[1] [美] 兰登·温纳：《自主性技术》，杨海燕译，北京：北京大学出版社，2014年，第269页。
[2] [美] 兰登·温纳：《自主性技术》，杨海燕译，北京：北京大学出版社，2014年，第279页。

强化技术精英的或使人无能为力的，但我们可以朝向充满希望的方向发展。为此，温纳提出需要开始寻求新的技术形式，避免现存技术结构中出现的一系列问题。这些技术形式的开发要通过那些关心其日常应用和后果的人直接参与而进行，也就是说技术的规划、建造和控制过程应该尽可能向那些注定要体验最终产品和全面社会后果的人敞开。并且提出了具体原则，技术规模和结构应该被可能影响到的非专业人士所理解，技术应被构建的具有高度可塑性和可变性，按技术造成的人类依赖程度判断技术优劣，造成更大依赖性的技术是较差的。最后提出应该回归技术作为一种手段的原初点，在对什么是适宜的有可靠认识的情况下，技术才会得以运用。但事实是技术已经存在，占据着可用的自然和社会空间，并利用这可用的资源。面对这种情况，温纳指出我们可以对已经存在的技术进行重新组合，对于有缺陷的技术系统可以拆开，以研究它们之间的相互联系以及它们与人类需求之间的关系为目的，剖析有问题的技术。温纳认为这种拆解技术的做法是重新发现那些深埋的我们文明所依赖的本质的一种方式。在某种情况下，为了给认知创造空间和机会，将一个技术系统拆解开或断掉它的电源或者是有益的。温纳的解决之道是一种思想意识和认知的解决之道。他深知技术秩序最令人感兴趣的部分不在于技术物质结构中发现的那些东西。他认为"重要的技术实际上就是生活方式，即适应于理性的生产性的方案的人类意识和行为。[①]"温纳对技术问题的调查和解决最后落脚于现代社会技术中涉及人的部分的联系。在现代技术社会人类摆脱特定技术的控制和依赖，审查技术网络所塑造的日常生活形态和社会活动模式，创造一种崭新的社会技术生活形态，就是解决技术社会两难问题的最好出路。也许用他在《自主性技术》一书中最后一段话最能代表他对现代技术世界的忧虑和对未来解放出路的希翼："现代人已经使世界充斥着大量最

---

① [美]兰登·温纳：《自主性技术》，杨海燕译，北京：北京大学出版社，2014年，第284页。

奇异的发明和创新。如果现在出现的情况是这些成果不能从根本上加以重新考虑和改造，那么人类就已可悲的面临着一种永久的处境，即受到其自身发明产物之力量的束缚。但如果我们还能设想可以去拆解、学习和重新开始，人类就会有解放的前景。或许可以找到办法，使人类社会摆脱我们自己制造的苦痛。①"

五、技术政治的核心：技术民主

技术对于发达国家的民主政治实践的影响是当代技术政治的核心问题。温纳在他的编著《技术社会的民主》里汇集了一系列令人印象深刻的哲学家和政治理论家来讨论二十世纪末最重要的话题之一——技术对于发达国家的民主政治实践的影响。广泛借鉴了哲学、历史和社会学的观点探讨这些问题，比如民主与技术之间有什么关系？这种关系应该是什么？尽管观点与立场分歧明显，但他们的共同点是渴望重新思考：在一个日益受到科技体制和实践力量影响的时代，民主政治的视野。

（一）技术发展与民主实践之间的关系

技术发展与民主实践之间的关系一直处于紧张状态，温纳认为紧张的根源主要有两个方面。一方面，现代政治结构和实践与工业技术的力量本来是齐头并进的，民主革命和工业革命就像一对孪生兄弟，但他们从一开始就生活在麻烦不断的现实中。民主的平等性要求科技进步对全体人民有利，但国家内部权力造成的工业财富的集中。传统观念认为平等的民主原则在工业社会扩大物质生产方面可以得以实现，过去只有少数贵族才能拥有的商品，现在可以为广大人民生产了。技术进步有望消除实现普遍共享财富的障碍。这一成就将使民主自治更加稳定，因为广泛的工业化生产的财富将消除阶级冲突的根源，而阶级冲突曾在古代困

---

① ［美］兰登·温纳：《自主性技术》，杨海燕译，北京：北京大学出版社，2014年，第287页。

扰着民主。但事实上，从早期开始，民主工业主义的希望就被长期不平等的证据所困扰。正如19世纪工人运动和社会主义者所指出的那样，问题不仅在于机器的成果分配不均，而且在于新社会的整个物质和制度体系是以有利于部分人利益的方式组织起来的。很明显，这一事实具有政治和经济意义，因为国家内部的权力显然与工业财富的集中有关。科学和技术进步将对全体人民一律有利，对自治的可靠援助的概念很快成为持续攻击的目标，表现在哲学批判、乌托邦式的猜测、群众政治运动和政治改革的尝试中。当代社会，关于民主平等主义原则对组织和控制工业生产的要求的争论长期以来一直是民主和技术的辩论的中心问题。另一个长期的紧张根源是科学和技术精英不断发展的力量与公民参与决策的欲望之间的张力，这是明显的技术政治问题。一个先进的技术社会的复杂性将不可避免地把它置于一个由训练有素的专家组成的社会阶层的治理之下。对于这样的技术社会，许多思想家担心普通人所使用的传统理解模式将会被操作现代社会技术系统所需的各种迅速增长的科学和技术知识所淹没，担心一个民主国家的公民不再理解作为关键决策基础的基本原则，这个国家将会变成什么样子。

（二）技术民主化道路

温纳认为面对一个统一、自觉的技术精英阶层崛起，缓解之道在于使技术选择民主化。在一个技术发展遍及全球、影响世界的时代，公民有权直接参与影响他们的技术选择，在实践上发挥民粹主义社会运动的作用，支持公民在技术政策制定和技术设计方面的其他各种参与。对此，他总结了技术民主化的几种方略：首先，技术话语的政治方面，在环境政策、工业规划、卫生保健、危害和"风险"评估、军事事务等领域，许多关键争端取决于决策演变时采用的分析和评估类别。一些学者研究决策过程中常用的技术应用概念，询问哪些方法符合平等、自由和参与的规范。以期寻找民主和技术发展的共存方式。其次，关注新技术对公民生活的结构及其对真正自治的影响。在当今许多名义上民主的社会中，公民活动的范围已被削减到最低限度。公民身份只包括纳税、守法以及在必要时参军。新技术对公民生活的影响，并不都是对立或是破坏当代公民活力的，政府、政党和利益集团的运作中存在的一些根深蒂固的问题造成了普遍的疏远情绪。技术在这种不断演变的困境中扮演着独特的角色，以强有力的方式定义了社会成员，在一定程度上，人们不把自己看作是公民，也不把自己看作任何有意义的公众人物，而是把自己看作是正在进行的以技术为中心的生产和消费过程中的人的组成部分。公民的幸福只存在于物质上的满足。在发达工业社会，大多数成年人的自我认同缺失的是任何参与公共生活的愿望，或任何认为这种活动可能带来内在回报的感觉。在技术作用下，公民出现了逃避民主责任的现象，技术的范围和效力产生了人类历史上前所未有的力量。在政治民主道路上必须重视技术力量。有学者将当代技术力量称为"第四次革命"，它建立在早期发生的技术和文化革命的基础上，但又从根本上扩展了这些革命。他将第四次革命描述为"技术政治化，集中力量制定技术政策决策，并在国家、国际和跨国范围内运用这些巨大的技术力量。"第三，解决技术社会面临的挑战。面对西方政治机构中民主的丧失，提出了技术社会变革建议——发展公民能力，恢复自治的传统美德，平衡世界范围内的生活水平，探索社会变革的乌托邦愿景。在影响技术变革过程的公民行动的理论和实践维度上，提出在全世界范围内发起进步运动的社会改良策略，还可以通过与工程师、科学家进行对话影响技术设计解决技术政治问题。

小结

温纳通过对现代技术社会存在问题的描述分析揭示现代技术问题，以寻求技术与人类适宜和谐的崭新社会技术生活形态为目标。这是一条漫漫长路，正如他所言，所通向的结论仅仅是一个开端，他对研究过程中出现的逻辑问题加以评论的尝试,为他进一步付诸行动打开了大门,这个思想的结论及行动的开端正是他面对技术社会种种问题的高度责任心的体现。尽管好多想法是不切实际的,但有意识地关注人类的技术生存方式本身就是行动的开始。有意识地克服目前技术政治现象,一种符合技术与人类良性发展的"真正的政治技术"必须取而代之。

温纳研究的出发点就是对技术自主性的预设,研究技术自主性的各种观点出现的原因及意义。所选择的研究途径是片面的,而且没有包括很多在政治和社会生活中非常重要的东西。技术自主论通常被归为技术决定论的一种。技术自主论认为技术是一种自控的力量,按其自身的内在逻辑和规律自主的发展,并决定、影响社会系统的发展。温纳与埃吕尔都认为技术是自主的。埃吕尔的技术选择自动化就是技术理性批判。埃吕尔认为"技术已成为自主的;它已经塑造了一个技术无孔不入的世界,这个世界遵从技术自身的规律,并已抛弃了所有的传统。[1]"温纳的思想直接源于埃吕尔的自主技术,并以各种方式主张"从真正意义上来说,技术如今掌控着其自身的进程、速度和目的,人类想达到的理性目的远远没有控制住它。"理论界关于技术决定论的两种倾向:第一种是强技术决定论,认为技术是绝对自主的,技术变迁是社会变迁的最重要原因。第二种是弱技术决定论,认为技术是影响社会变迁,但技术是相对自主的,也附和着一定的社会,政治和伦理价值,是社会变迁的唯一因素,代表是温纳。温纳的技术自主思想承接了埃吕尔的技术自主发展的思想,并在此基础上做出改进,形成其独特的温和技术自主论。并非一味地突出技术的自主性,是从技术人工物入手,由人工物的政治性发展出技术的内在政治性。温纳无论是从技术的研发,还是技术的应用,很大程度上与特定价值系统有关。有时技术的影响和作用甚至深入政治机构和立法中,也影响了政治与社会结

---

[1] [美] 兰登·温纳:《自主性技术》,杨海燕译,北京:北京大学出版社,2014年,第12页。

构的变化。温纳与埃吕尔不同的是他没有将技术的强势发展态势，作为唯一趋势、唯一走向，而是通过技术规范，技术的反向适应等，走到技术的政治性。把技术放在全景大环境下考量。温纳在社会政治条件下讨论技术，其对社会政治因素的重视程度甚至令人疑惑，他是否是技术决定论者？这种怀疑不无道理，温纳与技术的社会形成论者之间关键性的区别在于他是承认技术自主性的。

温纳的研究途径反其道而行之，不是经过各种研究推论得出技术自主性的结论，而是从技术自主性这一鲜明的外观着手，揭示隐匿状态中的政治与技术问题。从症状出发，进一步做出合理诊断，正是温纳得出明智结论的方式。他借用马克思等的部分观点为他所用，可谓"六经注我"，形成了独特的技术民主政治观念。

第四章

尤尔根·哈贝马斯的技术政治观

尤尔根·哈贝马斯（Jürgen Habermas，1929年6月18日—），是德国当代最重要的哲学家之一，法兰克福学派第二代的主要代表人物之一。历任海德堡大学教授、法兰克福大学教授、法兰克福大学社会研究所所长以及德国马普协会生活世界研究所所长。1994年荣休。哈贝马斯理论建树丰富，思想庞杂而深刻，体系宏大而完备，被公认是"当代最有影响力的思想家"，在西方学术界占有举足轻重的地位。其主要著作有：《公共领域的结构转型》《理论与实践》《作为意识形态的技术与科学》《认识与兴趣》《合法化危机》《交往与社会进化》《重建历史唯物主义》《交往行为理论》《现代性的哲学话语》等。

哈贝马斯以晚期资本主义社会发展为背景，对法兰克福老一辈代表人物的科学技术观批判反思，根据社会发展新趋势对马克思的某些基本理论做了新的解释，并提出了促使科学技术正确发展方向和发挥正确社会作用技术政治设想。

一、产生的背景：晚期资本主义的合法性危机

晚期资本主义是相对于早期自由资本主义的历史发展阶段而言的。哈贝马斯根据二战后垄断资本主义经过自身结构性调整和机制转化所呈现出来的新变化、新特征将此称为晚期资本主义。这一时期资本主义的组织原

则和社会结构也出现新的特征，主要涉及两类现象"一是企业的集中过程和商品、资本和劳动市场的组织化；二是国家对日益增长的市场的功能上的漏洞的干预。①"在对晚期资本主义社会分析中，哈贝马斯认为尽管资本主义进入了一个新的阶段，但根本性质没有发生变化，由国家管理的资本主义也是充满矛盾或曰蕴含着危机的。衡量社会危机的标准主要是三个方面：社会成员的社会认同发生质变，社会系统的控制功能失效，社会的组织原则遭到破坏。

（一）合法性问题

在哈贝马斯看来，晚期资本主义的危机是普遍的、全面的，已经由经济系统转向政治系统，以合理性危机或者合法性危机的形式表现出来。"合法性的意思是说，同一种政治制度联系在一起的、被承认的是正确的和合理的要求对自身要有很好的论证。合法的制度应该得到承认。合法性就是承认一个政治制度的尊严性。这个定义所强调的是，合法性是一种有争议的公认的要求。统治制度的稳定性，甚至取决于对这种要求的（起码的）事实上的承认。②"简言之，合法性问题就是一个政治制度的权威和尊严是否得到社会成员信任和承认的问题。一种制度只有保持人民群众的忠诚守护，得到人民的支持与厚爱才能不断前进。合法性的冲突可以使政府失去合法性，这对一个政权来说具有产生危机的后果，可能进一步改变社会结构发生革命。合法性问题是政治统治国家必须具备的，合法性要求和维护社会一体化的力量相一致，证明现有制度是否得到认可。合法性问题存在于一切阶级对抗和阶级冲突的社会，而不是晚期资本主义社会特有的现象。哈贝马斯从合法性基础方面来区分不同的社会形态。传统社会依

---

① 哈贝马斯：《重建历史唯物主义》，郭官义译，北京：社会科学文献出版社，2000年，第298页。

② 哈贝马斯：《重建历史唯物主义》，郭官义译，北京：社会科学文献出版社，2000年，第262页。

赖的是文化传统的合法性，以资本主义为典型的现代社会确立了经济的合法性。自由资本主义时期，国家和社会分离，市场完全自由化，科学和技术仅仅只是一种经济手段。而晚期资本主义随着国家干预的加剧，科学技术出现了新的发展趋势。

(二) 合法性危机产生原因

在晚期资本主义社会，市场功能出现了日益严重的问题，需要国家出面解决。那么国家作为拥有合法权利的一种制度，需要群众的普遍的忠诚去维护。哈贝马斯运用经济学概念，将国家执行的决议称为"输出"，将群众的忠诚称为"输入"，"输出"和"输入"都可能造成破坏性的危机。"输出危机具有合理性危机的形式：行政系统无法完成从经济系统那里接收来的控制性的任务，于是生活领域发生混乱。输入危机具有合法性危机的形式：合法性的系统无法维持他要求群众表现的那种忠诚水平。[1]"也就是国家调节的资本主义社会制度的合法性基础十分虚弱，它把群众的忠诚紧紧同非政治形式的社会补偿（像收入和休假）联系在一起，以保证民众对解决实现较好的和美好的生活实际问题不感兴趣。这种手段是消极的不是积极的。

在晚期资本主义社会，国家要协调资本家的个人利益、资本家的整体利益、居民的普遍利益之间的关系，而在国家的干预下所创造的社会财富的扩大超出了合法性的需要，国家给予的补偿不能满足人们提出的愿望，也就是晚期资本主义社会政治的组织原则和形式不能得到广大群众的普遍认同。这样就会产生危机，合法性危机是一种直接的认同危机。哈贝马斯认为合法性危机是由于"履行政府计划的各项任务使失去政治意义的公共领域的结构受到怀疑，从而使确保生产资料私人占有的形式民主受到质

---

[1] 哈贝马斯：《重建历史唯物主义》，郭官义译，北京：社会科学文献出版社，2000年，第308页。

疑。①"首先，晚期资本主义的冲突使自身陷入无法克服的悖论之中。晚期资本主义通过实行国家干预解决市场经济难以解决的经济危机问题，从而减轻危机给群众带来的危害以得到群众支持和拥护。但同时国家干预政策从宏观领域渗透到了个人生活的微观领域，这与资本主义意识形态的核心在于个人"私"的领域的神圣不可侵犯相矛盾，因此，在意识形态方面来看，促使社会成员与现行制度合作的动因不足。这是晚期资本主义潜在的"合法性危机"。其次，国家的干预和行政命令突破经济领域进入文化领域，而文化领域是包含教育系统也包含世界观、价值观等主体文化积淀的文化系统，国家行政监督无法实现文化系统的要求甚至与文化系统要求相悖。

哈贝马斯合法性危机理论非常深刻地表述了晚期资本主义社会的实际问题，但资本主义未因此而崩溃而是依然表现出平稳的发展态势，这其中最重要的问题就是科学技术在晚期资本主义社会发挥的重要作用。晚期资本主义社会呈现出一种技术化的统治，科学技术成了资本主义经济和政治系统中的决定性因素，并且日益政治化。科学技术的发展越来越被政治力量所左右，国家通过委托大规模工业研究项目，尤其是军事领域的科研规划研究，开始掌管科学技术本身。

二、基本出发点：技术理性批判

技术理性批判是法兰克福学派的基本观念，第一代代表人物将对科学技术的批判和意识形态结合起来，而哈贝马斯则是在与前辈特别是和马尔库塞的辩论中进行技术理性批判，形成关于科学技术已经成为新的合法性形式的观念。

对科学技术的批判是早期法兰克福学派的主要指向，其中马尔库塞通过"单向度的人"描述了技术理性统治下现代人的生存境遇和生存状态的

---

① 哈贝马斯：《合法化危机》，刘北成译，上海：上海人民出版社，2000年，第65页。

异化。他认为，在现代社会，科学技术本身和以科学技术发展为根基的技术理性的发展状态都呈现出两重性。一方面，科技发展提高了社会生产力，增加了社会财富，另一方面科技发展又导致技术理性统治的新统治形式的出现。因而技术不是中性的。技术理性的统治是通过技术与政治的结合而实现的，形成了现代社会的极权主义统治。技术理性将人"整合"和"同化"到现存社会体制中，消解了人的否定性、超越性和批判性，工人不再作为社会的反抗阶级，人失去超越维度和批判维度成为"单向度的人"。这样一种新的异化的生存方式出现在技术理性形成的新的统治体系中。要想改变这种极权统治形式，就要扬弃技术理性，使技术中拥有新的价值来代替统治阶级的片面价值。那么"这些新的目标，作为技术的目标，不仅在机器的利用中，而且在机器的设计和制造中都将起作用。①"这样才能实现政治的彻底转变。他的思想在西方社会引起强烈反响，成为1968年法国等国学生运动的指导思想，他本人也成为运动的精神领袖。

哈贝马斯的《作为意识形态的技术和科学》也是技术理性批判的代表性阐述。他通过此文借纪念马尔库塞诞辰70周年之际与马尔库塞展开辩论。他反对青年学生在马尔库塞思想指导下所采取的极端行为，针对马尔库塞的"技术的解放力量转而成了解放的桎梏"展开辩论。首先，哈贝马斯关于发达工业社会中科学技术具有意识形态性质的见解，更多地强调科学技术作为"第一生产力"对社会的推动作用。而对技术的意识形态分析上认为意识形态因素较少，不像马尔库塞认为技术成了极权统治的社会力量。不赞成马尔库塞关于技术成了统治的得力工具，技术的特征是政治的观点。哈贝马斯认为科学技术作为统治的合法性基础，是非政治的，是科技进步的成果满足了人的需求而换来对制度的忠诚。其次，二者的主要分歧在于揭示技术异化的根源上。马尔库塞认为科学技术成为统治形式，异

---

① [美]马尔库塞，《单面人——发达工业社会的意识形态研究》，左晓斯等译，长沙：湖南人民出版社，1988年，第198页。

化的根源在于价值和技术的整合,组成一种新的科技理性。因此要解决此问题就要从根源上解决社会劳动的组织方式。在哈贝马斯看来科学技术的异化是由科学技术本身的性质和发展造成的,和人们的价值选择没有直接关系。他认为马尔库塞关于科学技术异化的原因不是根本的而是在科学技术之外寻找客观原因。在他看来,现代发达工业社会条件下,技术本身性质发生了变化,以科学技术为背景的劳动的"合理化"导致了交往行为的"不合理化"。因此,要从根本上扬弃技术的异化,就要真正建立起主体间的理解,以"交往"取代"劳动"在人类社会和社会历史理论中的核心地位,实现交往行为的合理化。

哈贝马斯将科学技术的意识形态功能放在晚期资本主义社会中并结合合法性理论来理解。晚期资本主义打破了自由资本主义以公平竞争为基础的合法性形式,需要新的合法性形式作弥补。科学技术的发展与融合适应了这种需要,国家委托科研任务和大工业相联系,介入经济社会的各个领域,掌管科学和技术,形成大规模科技体系,使科学技术成为第一生产力。科学技术在经济增长中取代人的活劳动成为提高生产率的根本手段以及推动经济增长的主要动力。科学技术成为第一位的生产力,不仅改变资本主义的经济层面,而且也影响着大众对政治层面的看法和态度。这样,科学技术成为一种独立的力量推动社会发展,似乎社会系统的发展是由科技进步的逻辑来决定的,晚期资本主义社会抓住科技发展的这一内在规律作为自身存在的新的合法性基础,正如哈贝马斯所言,"第一位的生产力——国家掌管着的科技进步本身——已经成了(统治的)合法性的基础。(而统治的)这种新的合法性形式,显然已经丧失了意识形态的旧形式。[1]"

---

[1] 哈贝马斯:《作为意识形态的技术与科学》,李黎、郭官义译,上海:学林出版社,1999年,第69页。

三、根据：技术统治的意识形态批判

技术统治作为一种意识形态不仅限于政治系统之中，而且可以渗透到非政治的文化生活领域，从而拓展了合法性的力量。并且以技术和科学的模式来取代社会生活领域中的人们之间的交往活动，出现人的自我异化而非人对社会生活世界原本意义上的文化理解。技术统治作为晚期资本主义的意识形态实质上将社会文化的生活领域和技术的社会劳动的生产领域隔离开来，技术表现为目的理性活动的子系统。技术统治"作为意识形态，它一方面为新的、执行技术使命的、排除实践问题的政治服务；另一方面，它涉及的正是那些可以潜移默化的腐蚀我们所说的制度框架的发展趋势。①"技术统治这种意识形态，在为政治服务的过程中，要么排除社会生活实践活动对之置之不理，要么将社会生活实践活动纳入技术范围规避或腐蚀使其变质。

与以往的意识形态相比，技术统治这种新的意识形态具有自己的独特之处。一方面，更具有欺骗性和隐蔽性。因为"技术统治的意识同以往的一切意识形态相比较，'意识形态性较少'，因为它没有那种看不见的迷惑人的力量，而那种迷惑人的力量使人得到的利益只能是假的。②"技术尽管给人类带来了一个物质生产更加发达，生活更加便利舒适的社会，但是实质却掩盖了人们对建立平等交往基础上的真正合理的，能够使人的各方面得了充分发展的社会的追求和向往。另一方面，更具有操纵性和难以抗拒。技术统治的意识形态通过科技的迷人合法形式，渗透到社会生活领域的各个方面，渗入到大众的各种意识观念之中。技术统治的观念对人和社会的控制更加直接和全面，任何人都不可能摆脱技术的影响和控制。"当

---

① 哈贝马斯：《作为意识形态的技术与科学》，李黎、郭官义译，上海：学林出版社，1999年，第64页。
② 哈贝马斯《作为意识形态的技术与科学》，李黎、郭官义译，上海：学林出版社，1999年，第69页。

今的那种占主导地位的，并把科学变成偶像，因而变得更加脆弱的隐形意识形态，比之旧式的意识形态更加难以抗拒，范围更为广泛。因为它在掩盖实践问题的同时，不仅为既定阶级的局部统治利益做辩解，并且站在另一个阶级一边，压制局部的解放的需求，而且损害人类要求解放的利益本身。①"第三，更具有辩护性，形式多样化。技术统治的意识形态掩盖了目的理性活动和相互作用之间的差异，以技术问题来取代消除实践问题，压制甚至扭曲了社会生活文化领域中的交往实践。实质上它表达的恰恰是资产阶级的意识形态，通过镇压有限的交往的基础上，制定了使其愿望得以实现，使其补偿得以满足的标准。技术统治的意识形态阻碍了人们对美好生活的设想和对社会问题的反思批判。技术统治的结构条件确定了维护社会制度的任务，即确定私有经济的资本价值增值形式和确保群众忠诚的、分配社会补偿的政治形式。只是表现为在确保群众忠诚的政治分配模式上，得到改进的剥削和压迫，形式不断得到改进和变换。"新的意识形态把辩护的标准与共同生活的组织加以分离，即同相互作用的规范的规则加以分离；从这种意义上说，是把辩护的标准非政治化，代之而来的是把辩护的标准同目的理性活动的子系统的功能紧紧地联系在一起。②"

哈贝马斯将技术统治意识同交往行为理论相结合，认为技术统治排除了全部"道德"，使日常语言的相互作用的坐标系失去作用，在畸形的交往条件下没有社会反思的状态中自我异化。新的意识形态损害了同由日常语言交往所决定的社会化和个体化的形式联系在一起的兴趣，技术支配力量消解了我们的实践兴趣，"这种兴趣既涉及到维护主体通性的理解问题，也涉及到建立一种摆脱统治的交往问题。……因此，向新的意识形态挑战的反思，必须与历史上既定的阶级利益（阶级兴趣）脱钩，并且必须把正

---

① 哈贝马斯：《作为意识形态的技术与科学》，李黎、郭官义译，上海：学林出版社，1999年，第69页。
② 哈贝马斯：《作为意识形态的技术与科学》，李黎、郭官义译，上海：学林出版社，1999年，第70页。

在形成的类的利益关系（兴趣关系）显示出来。①"

四、设想：技术民主观念的构建

哈贝马斯认为，尽管技术在晚期资本主义社会里有各种各样的问题，但仍然是一个完整的社会框架所必需的，因而不能彻底地否定技术在现代社会中的作用。立足于交往行为理论，针对晚期资本主义社会的技术新变化，把技术纳入到话语原则的框架之中，试图在技术进步和社会生活实践之间建立一种辩证互动的民主对话机制，实现技术的合理化和民主化。

（一）科技进步与实践哲学的脱离和联合

科技进步对人类社会发展产生的影响，在哈贝马斯看来，科技进步不是像启蒙运动和工业革命那样简单地理解为就是人类文明、道德和政治的进步，代表社会的进步。他从人的解放这个长远目标出发，发现在历史哲学方面已经失去了反思的维度。于是他从技术手段和技术规则两个方面认识科技进步对社会的影响。作为技术手段的作用是帮助人们有效地实现目标，同时减轻劳作。通常与工具、机器和自动化等联系在一起。技术规则指技术采用的战略和工艺体系，和目的理性活动相联系。他"把一个社会系统的制度框架或者社会生活的世界（社会生活的世界似乎包含在社会系统的制度框架中）和前进中的技术系统加以区分。②"制度框架是确保统治延续的文化体系，但在技术进步中被裹挟着前进，有外在的力量和因素所控制而失去反思的能力。因此，在哈贝马斯看来，科技进步在当今社会的最大影响就是导致反思的维度的丧失。政治制度和文化传统之间出现历史的断裂。这一现象实质上是技术与实践，科学与民主的关系问题。

---

① 哈贝马斯：《作为"意识形态"的技术与科学》，李黎、郭官义译，上海：学林出版社，1999年，第71页。
② 哈贝马斯：《理论和实践》，郭官义译，北京：社会科学文献出版社，2004年，第373页。

科技进步的实践后果在晚期资本主义社会体现得最为明显的地方在于，技术系统渗透到了社会生活实践领域。技术系统的入侵导致失去批判性的反思，交往行为出现扭曲，生活实践被技术化了，实践问题成为技术问题。在哈贝马斯看来，应该从技术入手，技术具有合理化的潜能，可以将近代以来的科学技术纳入到交往实践的境遇之中，通过言语行为实践扬弃片面的目的合理化从而实现一种真正的交往合理化。借助技术进行交往实践活动，给技术赋予交往实践的意义，科学技术就具有了实践哲学的意义，也就是把科技进步和实践哲学结合起来。"如何能够把技术上可使用的知识转化为社会的生活世界的实践意识。……实际上是科学化的文明的一个生活问题，即如何对技术进步和社会的生活世界之间今天仍然处于自然状态的关系进行反思，以及如何把这种关系置于理性争论的控制之下。[1]"生活世界的实践要求现实状况的合理性反思，社会生活实践中的问题也要求进行平等的对话和讨论，而不是仅仅依靠技术的手段和目的行为规范。哈贝马斯在对科技进步的实践后果的批判与反思中建立起技术与实践的联系，并进一步重塑理性的民主对话方式。

（二）技术的生活实践化

晚期资本主义社会实证化的经验科学通过技术控制自然及社会，鉴于此，哈贝马斯从交往行为理论出发，坚持认为社会的日常生活实践是一个言语行为的交往过程，生活世界的问题必须通过交流和谈判来协商解决。科技高度发达的当今世界，哈贝马斯把民主对话的机制引入到科学和技术活动中，将技术放在民主对话的实践哲学的坐标系中进行理解，就是要在技术与政治之间进行合理的讨论和对话，以此摆脱技术发展片面的目的合理性达到更为全面的交往合理。具体而言，就是通过讨论和对话启发社会的政治人物，按技术的规则纠正自己传统的不合理的行为方式，同时，根

---

[1] 哈贝马斯：《作为"意识形态"的技术和科学》，李黎译，上海：学林出版社，1999年，第87页。

据讨论和对话所体现的生活实践的实际状况,合理地控制和发展科学技术。就是要妥善处理好社会使用技术的能力和生活实践的意愿之间的关系。

哈贝马斯认为当今社会没有认真对技术能力与生活意愿的辩证关系进行批判性反思。反思是生活实践的范畴,也就是全体公民的理性讨论和民主对话,任何有效的技术都无法取代反思的解放和自由的力量,这不是技术专家职责范围内的事情。所以要消解晚期资本主义社会的技术化统治,就必须在全社会建立普遍而自由的对话机制,并在此基础上形成相应的政治意识。也就是说,只有以技术的生活实践化为桥梁,才能重建一个合理化的民主政治社会。

(三) 科学的民主化

科学与民主的关系是哈贝马斯密切关注的问题。面对晚期资本主义社会,科学技术已经渗透到了各个领域,作为民主实践的政治也科学化了。作为西方马克思主义者强烈的社会责任感,使他必须对这种现象进行批判性反思,从而处理好科学与政治民主的关系。他认为民主不仅仅体现为政治领域中的制度设计,更是一种交往行动中主体间的商谈制度形式,即话语民主。试图通过言语的相互理解建构一种个体充满自由和无强制共同生活的激进民主理想。话语民主指交往行动中主体之间通过对话而达成共识的过程,它强调共同体内所有主体的参与,充分体现了主体的平等、自由和权利。交往行为理论立足于主体间的话语交往原则,通过平等的对话交流相互协调理解,达成共识。合理化是平等主体之间相互对话交流的结果。交往活动依托生活世界领域来展开,哈贝马斯认为生活世界是指靠日常语言进行交往及由此而进行行为调整的社会领域。生活世界主要包含三个要素:文化、社会、个性,构成生活世界三个层面的结构,分别贯穿在交往行动中。通过语言沟通、理解,以求达成共识,从而实现文化的同一性和社会整合。生活世界意味着同一文化群体内主体间认可的共同世界,共同进行交往的世界。

哈贝马斯运用实用主义的模式,将科学与民主处于以生活世界的交往实践为基础的辩证互动关系中。他的科学民主化的可能方式主要是:首先就科学家而言,要处理好作为科学家和国家公民双重角色所面对的角色冲突,必须对所从事的研究可能带来的实践后果进行深刻的反思。其次,科学家和政治家之间必须有一种讨论和对话的机制,因为如今科技进步与政治意志和社会利益密切相关,他们之间健全的交往网络有助于科技进步更好地服务于日常生活实践,也可以依此制定科学的发展规划。第三,科学家与社会公众之间的对话可以让所有公民了解和反思科技进步,保障科学和技术具有生活实践的维度。

其中,科学和公众舆论之间的关系最为重要。因为,"科学与政治之间的转化过程最终关系到公众舆论。对转化过程来说,这种关系并不是表面的,他考虑到了宪法的有效规范,这种关系是内在的令人信服的,从技术知识和技术能力同依赖于传统的自我理解的对比的要求中产生的,需求作为目的可以从依赖于传统的自我理解的角度得到解释,而目的则以价值的形式被实体化。[1]"在科学与政治的转化关系中,必须接受以自由平等辩论为基础的社会公众舆论的批判性反思。但是,在晚期资本主义社会,为了统治的需要,国家能够影响和控制公共舆论的导向,公共领域成了国家执行政治决策的工具,公共舆论再也不是公民意志和理性辩论的结果,也无法体现社会生活世界的需求和状况。在这种情况下,科学与政治之间的自由交往关系被破坏,无法实现转化。因此哈贝马斯只能寄希望于未来社会是一个充分开放、科学信息能够自由交换的社会,才会有进行辩证反思的公众舆论,只有如此才能在科学、政治和社会之间建立起一种自由沟通和交往的互动机制。

---

[1] 哈贝马斯:《作为"意识形态"的技术和科学》,李黎译,上海:学林出版社,1999年,第110页。

小结

第一,从学理层面上。哈贝马斯脱离了法兰克福学派第一代学者特别是马尔库塞的影响,不再形而上地谈论技术,而是立足于社会行为理论,将技术划归为目的论行动,以此为前提实现交往合理化。晚期资本主义社会,科学和技术走向一体化,科学的发展越来越依赖于技术,现代技术已经渗透到社会领域的各个方面,与人类生活息息相关。哈贝马斯不仅从社会层面关注科技对人的影响,而且更加关注技术对人的精神层面的影响。

哈贝马斯与马尔库塞之间的争论的结果是以哈贝马斯获胜而告终的,有人认为造成这种结局的原因是20世纪60年代以后,批判理论淡化了乌托邦立场,马尔库塞的观点在20世纪70年代末和80年代被遗忘了。出现一种新客观主义或"新的清醒",而哈贝马斯的观点正适应了这个驯化渴望的时代,因而哈贝马斯的影响上升,而马尔库塞的影响下降。哈贝马斯的胜利对技术哲学研究产生了巨大影响。因为哈贝马斯将技术工具化,对技术本质的理解是保守的,不能寻求现代技术可选择的设计来批判技术统治。而马尔库塞即使不能富有成效地发展他的洞察力,但他毕竟声称技术是由社会决定的。于是有一种选择就是将马尔库塞和哈贝马斯观点连接起来进行互补综合。将批判理论与社会建构论相结合。从哈贝马斯的立场看,技术在自身领域是中性的,只是在此领域之外引起了现代社会的各种病态。对于科技发展中出现的严重问题,尤其是给人类社会及世界生态环境造成的灾难问题。哈贝马斯寄希望于呼吁人们,特别是科学家,技术人员,社会领导集团,对科学技术的发展方向和他的实际运用问题的积极反思,展开政治上有效的、将技术潜力与人们的实际需要联系起来的深入讨论,还希望政治家和技术之间建立互相批评取长补短的友好关系。也提出了科学家考虑技术产品实际后果时求助于社会舆论,而不是积极参与。马尔库塞虽然确实受到阿多诺甚至海德格尔的影响,经常被误以为是技术恐惧论者，但他并不是。可以肯定的是，他认为技术理性有历史偶然性，而不像阿多诺和海德格尔，他认为人类行为可以改变划时代的技术合理性和来自于它的结构设计。一种新型的原因会产生新的、更良性的科学发现和技术。我们将与自然和谐相处，而不是与自然相冲突。马尔库塞是个雄辩的倡导者，但是今天政治的科学转型概念有很少的支持者并且诋毁了他的整个方法。哈贝马斯反对马尔库塞对现代技术理性的历史解读，认为科技的特定历史形式依赖于制度安排，是可变的，他们的基本逻辑结构建立在目的理性行动的特定本质上。哈贝马斯的技术是非社会的存在，而马尔库塞认为技术的本质处于生态改革中。最主要是哈贝马斯不是真正懂技术的，他的理论中包含技术但逐渐淡化，为了显示技术的中立立场他甚至在《交往行为理性》的索引中都不包含"技术"这个词。他在中立理论掩盖了技术的社会层面基础上展开批判。

哈贝马斯的科学技术批判影响深远，并得到进一步延伸发展。法兰克福学派的芬伯格既不同意马尔库塞形而上学浪漫的科学批判，也反对哈贝马斯工具主义者的技术中立。提出了技术改革的第二条方法，就是设计批判。设计批判认为，社会利益或文化价值观影响实现技术原则。对于马尔库塞提出的"技术理性"可以将其解读为通过技术文化而得以内化的最基本的社会需要，这样一种解释，似乎还说得过去。这就是在建构主义的框架内，称为"技术代码"。技术代码就是与基本社会形态相关的，都体现在技术系统中，出自文化并加强其基本的价值，在这个意义上的技术可以说是"政治的"。马尔库塞的理论在这些术语上的设想产生了好的建构主义者意义。在技术文化具体的历史形式文化水平中，有各种不同的"理性"空间，在马尔库塞的社会具体意义上，它是由人们来判断它们之间的关系并选择出最好的。它们没有一个是真正的"中立"，甚至它们没有现代科学为基础的技术。每个都体现了一种历史的项目，体现技术上设备和系统的设计证据不足方面的决定。哈贝马斯的立场，混淆了抽象的纯技术原则与具体的社会现实。从抽象的原则看技术是非社会的。他们的观点之间的真正区别在于沿着不同方向。芬伯格建议可以将马尔库塞设计批判的正确观念放在哈贝马斯的交往理论观点的框架内进行重建，使哈贝马斯的交往理论观点被修订为包含技术内部。

哈贝马斯强调科学技术能够走向以语言为核心的交往合理化，因为在他看来科学和技术都是言语行为或以言语展示的行为，科学强调的是理论化抽象化的语言，而技术以语言为工具和手段达到技术行为目的。这样的语言交流是有所偏失的，民主对话的机制来补充。哈贝马斯对当今社会中科学技术的反思是深刻的，他突破了传统悲观论者和乐观论者的思想局限，没有盲目乐观地认为科技的进步必然导致一个合理化的人类社会，也没有像一些悲观主义者那样采取"大拒绝"的态度，彻底否定科学技术。而是持一种理性化、客观的态度，相信科学技术尽管给人类社会产生众多负面影响，还是具有走向合理化的潜能，从实践哲学角度另辟蹊径提出了独特的解决之道。合理化的生活世界需要良性运行的社会交往实践。这一切都是以辩证的态度对待和反思现代科学技术的结果。

第二，从方法论层面上。他的技术政治观念为我们反思、批判当今社会科学技术的影响提供了方法论依据。他以实现人类自由解放为目标，辩证地分析晚期资本主义社会的技术生活殖民化现实，从多层面分析技术，引导出技术走向合理化的潜能，并以此为突破口结合交往行为理论，为我们描绘技术民主化的美好图景。这种反思、批判且乐观的态度对于我们认识纷繁复杂的现代技术社会具有方法上的指导意义。他的交往行为理论运用于技术化的生活世界，进一步把技术纳入交往的合理化之中，技术的进步不再理解为征服自然，进而征服社会控制人，而是和人类解放的目标相一致，提高社会生产力和人类自由解放的能力。技术所涉及的范围已经远远超越技术范畴本身，关系到政治文化、社会生活等人的全面而自由发展的方方面面，这种联系起来扩大视角和眼界看问题的方式为我们指出一种新的认识路径。他的话语民主理论,展开了主体间的广泛对话模式来解决问题,话语民主以言语行为的有效性为前提,和社会生活世界、文化价值相联系,为我们建立和谐平等的对话机制提供了具体方案。话语民主为解决不同文明之间的争端和分歧提供了可供借鉴的有效途径。

第三,存在的理论问题和缺陷。首先,他对科学技术的理解上存在偏颇,他认为科学技术是一种商谈活动,一种特殊的言语行动。诚然,科技发展中离不了言语交流和互动,但它有其自身特有的客观规律和本质,有其自身特有的研究方法。他所提出的科学和技术都是商谈基础上的共识,把科学技术的合理化向度归结为话语民主,显然有悖于科学技术自身的特点和规律,因此,离开科学技术的客观性和普遍性谈论技术有附和自己的理论本身之嫌,也不利于科学技术本身的健康发展。其次,理论上存在自相矛盾之处。在技术与民主的关系处理上提出技术包含技术手段和技术规则,通过技术规则难以解释技术与民主的关系,因为技术规则本身是非民主的,通过"非民主"过渡到民主,通过话语民主的对话机制似乎不能改变事物的本质,这条路就难以行得通。理论上的自相矛盾也许就是芬伯格所指出的他不懂技术,不能真正从技术角度解决问题,只能流于技术表面或外围思考解决技术社会困扰生活世界的问题。最后,具有浓重的乌托邦色彩,难以付诸实践。对于科学技术的理解上,一方面提出科学技术已经渗透到社会生活的一切领域,又在交往行为理论基础上赋予科学技术商谈活动的内涵,具有交往合理化潜能,有望走向技术民主化。在此对于话语民主和公众舆论作用的发挥不切实际,而且在他的论述中公众舆论已经完全被晚期资本主义社会所控制,只能寄希望于未来社会是一个充分开放、科学信息可以自由交换的社会,这样的前提条件怎么达到,他所需要的前提条件恰恰是努力实现的社会目标。对于交往活动的实现上主要是通过一种言语行为,言语行为需要的三大要求:真实性、真诚性、正确性,实际上是一种理想的真空环境,无法达到也永远无法实现。而且在此语言环境中，所有人都可以自由发言表达自己的意愿，而所有人都深入了解技术是不可能的。对于技术知识转化为社会生活实践意识的策略，他把科技进步放在民主政治意志形成的坐标系中加以考察，在科学和政治、公众之间建立起一种公开自由的对话机制。对此他提出了三方面的要求，对于科学家的双重角色更多体现的是伦理道德上的要求和约束。对于科学家、政治家与社会公众要求坦诚、公开和平等的对话和协商，这一点如何达到，他所谓的"开放社会的纲领首先要求科学信息的自由交换"，这完全是伦理道德方面的要求，根本不可能做到。

第五章

安德鲁·芬伯格技术政治观

安德鲁·芬伯格（Andrew Feenberg，1943—），法兰克福学派当代的代表人物，当代西方著名的技术批判理论家。加拿大西蒙·弗雷泽大学信息与传媒学院教授，技术哲学研究会主席。曾任教于加利福尼亚大学，圣地亚哥州立大学，杜克大学等。近年来曾多次来中国参加学术交流与研讨，引起中国学术界广泛关注。在安德鲁·芬伯格的研究历程中，形成了非常丰富的理论成果。20世纪80年代出版了《卢卡奇、马克思和批判理论的来源》一书，20世纪90年代，芬伯格推出了他的三部技术批判理论专著：《技术批判理论》《可选择的现代性——哲学和社会科学中的技术转向》和《追问技术》。这三本书的共同立场是关于技术的本质与社会的关系问题。21世纪，在"技术批判三部曲"的基础上于2002年又推出了《技术批判理论》的第二版《转化技术：重新回顾批判理论》，此书是技术批判理论思想总结并升华的结果，体现了三本书的观念变化。2005年，芬伯格又推出了《海德格尔和马尔库塞：历史的灾难与救赎》，此书主要侧重于哲学的阐释。2010年，他在麻省理工学院出版了《在理性与经验之间：论技术和现代化》。此外，还编辑出版了《马尔库塞：批判理论和乌托邦的承诺》《技术和知识政治学》《现代化和技术》《数字时代的社区》《（重新）发明互联网》《实践哲学：马克思，卢卡奇和法兰克福学派》《理性和经验之间》等。自20世纪80年代，主要是90年代以来，芬伯格为技术批判理论提供了一种从技术与社会的相互关系中把握技术的崭新研究视角。在技术信息全球化的时代背景下，深入技术内部把人类行为在技术领域中的作用以及技术是否中性作为判断标准，揭示资本主义导致异化和统治的根源，揭示社会各因素在技术发展中的形塑作用，着力于批判基础上的重建。通过重新形成技术与民主之间的关系，来探索在工业社会中社会主义作为一种文明替代方案代替资本主义的真正激进改革的可能性，以此诠释他的技术政治学的主题。

一、技术政治观产生的起点

芬伯格技术政治观产生于现代技术广泛应用的背景下，真正激起他对技术政治的关注与思考的是已有技术观念基础上的具体事件。对传统技术理论的批判与反思成为芬伯格技术政治观产生的逻辑起点。发生在法国的"五月事件"以及西方资本主义社会的政治运动促使芬伯格思考技术和政治的关系问题以及技术进步、社会主义社会的组织等问题。并由宏观政治学转向微观政治学，由马克思主义转向后马克思主义立场。而时隔20年之后的苏东剧变促使他重新思考技术进步与社会主义的关系、技术的民主控制等问题，由后马克思主义立场转向技术的社会建构论立场。着重思考如何把马克思主义、技术批判理论、社会主义等相结合，实现技术政治学的建构。除了两大历史事件之外，法兰克福学派内部马尔库塞和哈贝马斯之间的一场争论也同这两大事件交织在一起成为芬伯格技术政治思考的导火索。

（一）逻辑起点：对传统技术理论的审视

芬伯格对现代技术的政治批判以及技术政治观念的形成是从对技术领域中已经存在的技术理论的扬弃中开始的。因为他意识到技术哲学正在适应技术政治学的出现。传统的技术批判理论都源于探索现代社会中技术问题产生的根源。传统的技术理念中主要存在两种相反的立场，一种非批判

<<< 第五章 安德鲁·芬伯格技术政治观

的接受技术进步的乌托邦主张,或者坚决抵抗技术的敌托邦力量。在分析考察传统的技术理论观念的过程中,芬伯格认识到其存在的问题实质。继这种区别趋于瓦解之后出现两种新的观念,一种是后现代的观念,消解了对异化的一切抵抗,把人类和机器融化在一种新的总体性中。另一种是出现一种新情况,就是在激烈的转变中带来了新的希望,当人类被拉进体制的轨道时,已经使自身暴露在新的抵抗形式面前,人类并不是无能为力的。因此,芬伯格要表明"现代技术既不是救世主,也不是坚不可摧的铁笼,它是一种新的文化结构,充满着问题但可以从内部加以转变。①"这种对技术的概念及其理论的哲学理解成为技术政治观念得已形成的逻辑起点。

芬伯格认为造成理论的不同主要与人类行为在技术领域中的作用以及技术是否中性有关,而这些理论中蕴含着丰富的政治内涵。工具理论认为技术与政治无关,只是一种促其发展的工具或手段,通常给予技术很大的期望,并预示着一种美好的社会未来。技术决定论是西方技术政治领域影响颇深的技术理论,它包含政治领域的技术统治论以及对其进行批判的各种形式,而与工具理论相关的技术统治论把技术视为中立的、无价值的。事实上资本主义的技术统治论内涵了技术与政治的关系,使政治技术化,在现代政府和政策科学中占主导地位。实体理论揭示了工具理论的虚假中立本性,指出了技术发展状态下技术统治论的本质。认为技术构成一种自主的文化体系,整个世界将处于这种文化体系的控制中。实体理论透过资本主义发达的现实指出技术带来的负面效应,揭示技术内涵的政治偏好,但仅陷于对技术的否定和悲观中不可自拔。芬伯格对以往的各种理论采取了扬弃的态度,认为技术负载价值,具有可选择性,利用技术建构论方法,使两种态度在一定基础上相互补充,通过重塑技术发展方式,形成关

---

① [美]安德鲁·芬伯格:《可选择的现代性》,陆俊、严耕等译,中国社会科学出版社,2003年,第2页。

系技术政治未来的技术批判理论。

芬伯格认为,技术发展是一个社会斗争的舞台,在这个舞台上各种相互竞争的群体都试图推进他们的利益和相对应的文明规划。资本主义工业社会的技术只是工业社会的一种特定情况而不是一种普遍范式,这与占主导的资本主义文化有关。因而也证明了不可能对所有社会都有效,它的经验不可能穷尽工业主义的一切内容和含义。因而芬伯格认为技术不是决定性因素,而是受社会、政治、文化因素的影响,也就是说技术前进的方向不是自主的,是由许多人文因素决定的。在对工具理论与实体理论的比较基础上提出了自己的技术批判理论。首先,与实体理论一致,技术批判理论认为技术内涵文化价值,不管使用者的意图是什么,技术秩序在事实上构成了世界,我们的任何选择都渗透了技术。但反对实体主义悲观的认为自主的技术可以决定文明的选择的宿命论观点,而是认为人类的行为可以影响文明的选择。在公众参与技术决策及工人劳动力重新获得控制资格的基础上,可以创造一种不同于西方的替代形式。其次,批判理论与工具理论一样,反对埃吕尔与海德格尔的宿命论观点,不会因技术的发展而退缩回原始状态或者处于绝望状态。但批判理论反对技术的中立性,正如马尔库塞所言"技术合理性已经变成政治合理性",特殊社会体系的价值及其统治阶级的利益已经融入到技术设计中。

(二)历史起点:两大历史事件与一场争论

法国的"五月事件"以及西方资本主义社会的政治运动使芬伯格受到极大震动,促使他思考技术和政治的关系问题以及技术进步、社会主义社会的组织等问题。他亲眼目睹并参加了法国"五月事件",这一事件使芬伯格对传统马克思主义的宏观政治学在西方社会的适用性产生怀疑,于是由宏观政治学转向微观政治学,由马克思主义转向后马克思主义立场。而时隔20年之后的苏东剧变促使他重新思考技术进步与社会主义的关系、技术的民主控制等问题,由后马克思主义转向技术的建构论立场,着重思考如何把马克思主义、技术批判理论、社会主义等相结合，实现技术政治学的建构。除了两大历史事件之外，法兰克福学派内部马尔库塞和哈贝马斯之间的一场争论也同这两大事件交织在一起共同促成芬伯格的技术政治思考。

1. 法国"五月事件"

20世纪60年代后期所经历的危机是由专家掌握事务向考虑公众意愿的转折点。这一时期在整个西方世界出现了声势浩大的新左派抗议，在西欧、北美等发达资本主义国家出现了一场既不满意资本主义社会又反对十月革命道路的学生造反运动。其中法国1968年的"五月事件"因影响与规模最大而成为新左派运动的高潮。一种新的抵抗形式也应运而生，这些新社会运动通常根据参与者来界定，像女性运动，同性恋权利运动，环保运动、专业人士、工人运动等。这些新的运动与技术的广泛使用相结合，涉及到与工业污染、分娩惯例、艾滋病的治疗实验对人的生命、健康和尊严所产生的后果进行论战。芬伯格将新社会运动的方式引入技术，认为新社会运动的意义在于在各种领域改变技术，如计算机、医学和环境等。60年代末70年代的新社会运动弥漫着一种反对技术统治论的意识形态。整体的工业文明再次受到挑战，而不是仅仅批评它没有实现自己的富裕和平等的理想。"五月事件"创造了一种新政治，反对技术统治论的斗争在每一个领域都发挥了重要作用。

2. 马尔库塞和哈贝马斯之争

芬伯格作为法兰克福学派的直接后裔，促使他思考技术政治的主要动因是法兰克福学派内部马尔库塞和哈贝马斯之间关于先进技术社会本质的一场论争。哈贝马斯在纪念马尔库塞诞辰70周年之际以"作为意识形态的技术和科学"一文与马尔库塞展开辩论。马尔库塞通过"单向度的人"描述了技术理性统治下现代人的生存境遇和生存状态的异化。他认为，在现代社会，科技发展一方面提高了社会生产力增加了社会财富，另一方面又导致技术理性统治的新统治形式的出现。因而技术不是中性的。技术理性的统治是通过技术与政治的结合形成了现代社会的极权主义统治。只有扬弃技术理性，使技术中拥有新的价值来代替统治阶级的片面价值，才能实现政治的彻底转变。哈贝马斯针对马尔库塞的"技术的解放力量转而成了解放的桎梏"，更多地强调科学技术作为"第一生产力"对社会的推动作用，认为技术的意识形态因素较少。二者的主要分歧在于揭示技术异化的根源上。马尔库塞认为科学技术成为统治形式，异化的根源在于价值和技术的整合组成一种新的科技理性。因此要解决此问题就要从根源上解决社会劳动的组织方式。在哈贝马斯看来科学技术的异化是由科学技术本身的性质和发展造成的，和人们的价值选择没有直接关系。要从根本上扬弃技术的异化，就要真正建立起主体间的理解，以"交往"取代"劳动"在人类社会和社会历史理论中的核心地位，实现交往行为的合理化。这场辩论对芬伯格技术思想观念有深刻影响。在他看来，马尔库塞将技术放在他的分析中心而哈贝马斯逐渐忽略它。他建议可以将马尔库塞设计批判的正确观念放在哈贝马斯的交往理论观点的框架内进行重建，使哈贝马斯的交往理论观点被修订为包含技术内部，使社会利益或文化价值观影响技术原则。

二、技术政治观的基本内容

（一）具有批判和重构技术政治功能的相关概念

1. "技术代码"理论

"代码"原本是一种计算机术语，安德鲁·芬伯格在社会学的背景下解释了这一术语，认为在各种人类活动中包含交通代码、经济代码、技术代码、社会代码等。正是以"技术代码"理论为阿基米德点，芬伯格展开了对资本主义技术统治的批判和未来技术政治的重建。

（1）技术代码的两重性

在芬伯格看来，技术的发明过程不单纯是技术的，抽象的技术要素必须进入一种社会限制的情境中。因此，技术进步具有两种不同的社会含义。一种是"维护等级制度的原理"，这解释了发达资本主义社会的权力连续性。一种是"民主的合理化原理"，这解释了技术的主动性，它常常伴随工会、环境和其他社会运动所追求的结构性改革。这样，技术就具有了"两重性"的社会价值，不仅在技术体系的使用中，而且在技术体系的设计中都会包含社会价值，技术成为"斗争的舞台"。当然，真正的问题不是支持或反对技术，而是深入技术内部使技术具有多种可选择性。当代社会以计算机为媒介引起了人类互动关系的变化，这使得人类主体行为得到很大扩展，也为那些控制系统的人提供了各种新的可能性。

（2）资本主义的技术代码

资本主义技术代码就是聚合在资本主义的"技术合理性"中的资本主义的社会需求和技术需求，而这种技术合理性使技术体系的构造适应了统治体系的需求，反映了盛行于设计过程中占统治地位的价值和信仰。换言之，资本主义霸权是技术代码的一个结果。资本主义技术代码的确立是"黑箱化"的，对技术发展起决定作用的技术专家、政治领袖、政府官僚等通过技术代码来代表他们的利益。因为他们提供或控制资源，将技术作为他们的社会表达方式，把技术纳入适合自己利益的现有技术秩序，给现有技术手段强加发展方向。资本主义技术代码可以通过体现资产阶级利益的"社会关系网图"和体现技术要素特殊配置的"技术关系网图"，定义为社会关系网图和技术关系网图的一般规则。其中，最重要的社会因素是作为非所有者的工人与企业福利无关的假设，这一社会因素通过技术代码渗透到技术合理性解释中。这是资本主义从战略上形成代码的技术特点，权力的不平衡通过技术代码显而易见。

（3）技术代码理论的意义

首先，突破了技术合理化观念。在技术决定论和技术工具论的观念中，效率是最基本的唯一原则。然而，芬伯格用"技术代码"来解释技设计中的一般规定性，同时也预设了对技术问题存在不同的解决方式。不同的技术观念有不同的基本原则。其次，技术代码预示了技术和霸权关系的可调节性。技术发展的关键是看各种技术要素的配置。技术的社会特点不在于内部运作的逻辑，而在于该逻辑与社会情境的关系。因此，技术代码可以将应用与霸权目的相结合，这就开启了在被统治者与统治者之间进行争论的可能性。这样新技术可能威胁到统治群体的霸权，直到新技术从战略上形成代码。再次，技术也应受到和其他政治制度一样的民主标准的衡量。按照这种标准，设计过程应该考虑各方面的利益，应该是公正的。具体到技术设计中，要更多体现普通公民的影响力，而不仅仅是少数技术专家、政府官僚决定技术代码。

基于此，技术的进化不能再被认为是一种自主的过程，而是根植于利益和社会力量。资本主义技术进步的概念是以资本主义利益为中心，使工人个性全面发展受压抑。与此相反，工人还可以创建一种新的技术进步，以工人利益为核心，废除体力劳动和脑力劳动的分工及相关的工资体系，克服一切社会异化，创建一种与个人全面发展相适应的工业社会。这也证实了马克思关于不同的社会情境可以决定工业发展的不同道路的观点。

2. 技术的形式偏见

根据马尔库塞和福柯的观点，具有一定中立性的基本技术经过技术代码的选择，与一种特殊的社会利益相对应。为了说明这种中立性与偏见的共存现象，芬伯格提出了"形式偏见"的概念。

芬伯格借用了韦伯的合理性理论，将技术偏见划分为"实质的"偏见和"形式的"偏见。实质的偏见经常与成见联系在一起，拥有一套区别对待不同的阶级、种族、性别或国家的人的清楚的规范，建立的应用标准就是不平等的。而形式的偏见没有暗含成见，也没有一套建立在个人偏好基础上的事实判断。是在一定的情境范围内，用同一标准公平地对待所有人。但在这种情境内，体系表面上的公平掩盖了另一种形式的不公平。资本主义社会市场显示的是公平合理性,与普遍中立的科技知识观念相结合产生却是一种具有偏见的后果。马克思方法论的革命性意义在于分析这种合理性形式的深层社会维度。资本主义社会系统的最基本的偏见不是注入宗教或封建主义对待不同的阶级、种族、性别或国家那样的非理性方式,而是资本主义社会贯彻公平理性原则时的特定方式。因而,形式偏见是现代资本主义社会的特点。

芬伯格的技术形式偏见内涵了一种技术政治的功能。"形式偏见盛行之处,合理化的系统或建制的结构或境况就偏袒一个特殊的社会群体。①"关键是看与行为和制度相关的范围。"形式偏见的本质是在时间、地点和由相对中性的要素组成的系统的引入方式上存有成见的选择。②"那么这种形式偏见可以存在于任何孤立的认知范围,也可以向更大的体系范围过渡。这样的技术选择就能再生出一种统治关系。芬伯格通过技术形式的偏见重新回到了技术的进步方面,在重新建构技术基础中,可能会与新的社会形式相结合。

3. 技术设计理论

在以技术决策为中介的现今社会,技术的形态决定人类是什么和将会变成什么,因而技术的设计是一种充满政治后果的决策。传统技术决定论观念为了解释为何所有的发达国家都彼此相似,且发达国家是发展中国家的未来发展的榜样,从而形成了科学知识在每一阶段只决定一种可能的社会发展模式的观念。芬伯格的技术设计观认为技术设计是由技术系统和社会各种因素共同决定的,存在各种社会发展的可能性。

(1) 技术设计的方法论基础是合理性的多样性

芬伯格意识到合理性不是单一的,而是多元的。资本主义具有为新的

---

① [美] 安德鲁·芬伯格:《从技术批判理论到合理化的理性批判》,高海青、李建华译,《哲学分析》,2010年,第2期。
② [美] 安德鲁·芬伯格:《技术批判理论》,韩连庆、曹观法译,北京:北京大学出版社,2005年,第98页。

统治形式所建立的技术合理性，别的社会形式也可以在一定基础上建立不同的合理性。芬伯格指出技术合理性包含两个方面：技术意义和社会意义。技术设计本身体现与之相符合的社会条件。技术设计不是来源于专家的自主选择，在一定程度上体现了生活观和价值观。技术不是独断专行的，可以诞生于人类世代利用智慧努力创造出的一系列可行选择中，理性的技术决定源自这一范围并将其扩大。

（2）技术设计的标准

技术设计长期以来普遍承认以效率为标准。芬伯格指出技术设计的标准不是单一的，而是由一个复杂的社会过程决定的，这其中包含了传统的、经济的、意识形态的、宗教的等统称为文化标准的限制。技术系统设计者的战略主要取决于分级管理和无限扩张，只有有效的管理才能实现和谐的工作。无限扩张系统会受到外界环境的影响，就需要通过系统扩张将这些外界环境融合成自身的一部分。因而技术设计选择必须慎重，一旦确定下来就会沿着预定轨道前进，改变发展方向是要付出代价的。技术设计包含了广泛的社会价值的预设，技术设计是许多参与者之间共同协商的结果，设计过程是一种空间，纳入适合自己利益的轨道，对技术设计施加着各种影响。

（3）技术设计的功效

技术设计成为技术转化的关键环节，主要体现在技术设计的功效上。首先，技术设计中可以融入社会权力。在资本主义社会，统治阶级将社会权力融入技术设计中，这样技术就可以服务于维护他们霸权的特殊目的。那么技术设计中也可以融入统治阶级所忽视的社会价值，设计主体的变化可以改变设计的目的。因此技术设计成为不同社会价值显现的内在领域。芬伯格认为对技术的不同设计，可以保护等级制度，也可以实现民主的合理化。其次，对技术的设计就是设计一种生活方式。技术设计的过程也是技术与人类相互塑造的过程，在这种相互塑造中形成我们的生活世界，因此技术设计理应让越来越多的人参与到这种生活世界的塑造中,而不是生活在少数人塑造好的生活世界中。技术设计本身就蕴含了突破和改变的功能。只有将技术设计的参与者的利益和价值诉求融入到技术设计中,技术设计所塑造的世界才能体现更多人的利益和价值。

4. 双层工具化理论

芬伯格对技术政治的重构依赖于对技术本质的揭示,而这种揭示来源于对工具理论两个层次的解释。他将工具化分为初级工具化和次级工具化两个层面。初级工具化是与现实最原始的关系,是面向现实的技术倾向,而次级工具化是以社会为条件的一种设计和实施的行为。次级工具化理论使初级工具化在社会情境中付诸实践和发挥作用。这两个方面形成一个完整的技术定义,实现技术面向现实的倾向性特点与技术在社会现实中的行为的结合。芬伯格从这两个层面分析技术的目的在于"将本质主义对面向世界的技术倾向的洞察和批判的、建构主义对技术的社会本质的洞察结合起来。[①]"这将表明通常表现为相互竞争的理论,事实上是同一复杂对象的不同层次。在这种综合的概念中技术是辩证的,初级工具化和次级工具化相互补充。技术就是从与世界脱离到与世界重新整合的过程,从简化对象到重新把对象整合到社会情境中。

资本主义与技术的这些方面有一种独特的关系。因为资本主义霸权是建立在形式偏见的基础上,所以尽量将对技术的理解定位于去除情境和控制的初级工具化层次上,去除技术的其他方面。在资本主义社会为了实现对劳动力的技术控制而阻碍了技术辩证法,次级工具化随之也受到阻碍。这些障碍融入到技术代码中,就决定了在形式上带有偏见的设计,这样就防止了企业将变得依赖于工人的想法。次级工具化将技术作为一项社会事业,与其他行为体系相联系,位于技术行为和其他行为体系的交叉处。资

[①] [美] 安德鲁·芬伯格:《技术批判理论》,韩连庆、曹观法译,北京:北京大学出版社,2005 年,第 221 页。

本主义所压制的是技术的综合潜能，它们可以对初级工具化的一些消极方面做出补偿。一旦受到压制的潜能在批判资本主义的形式偏见中被发现，就可以开辟更大的工作情境来释放技术的综合潜能。技术批判理论揭示了释放技术的综合潜能的障碍，因此成为连接政治话语和技术话语之间的桥梁。

芬伯格创建的"技术代码""技术设计""形式偏见""双层工具化"及其相关理论体现的共同特点是技术的辩证法。证明了技术不是一种不可更改的"天命"，同时也建立了现存技术的社会相对性，技术统治是一种可争议的霸权而不是一种存在的天命。技术可以服务于特定阶层的技术霸权，也可以超越这种阶层，服务于更广泛的群体。这些概念与理论观点为芬伯格技术政治的批判奠定基础，也为其重建提供了可能性。

(二) 对资本主义的技术政治批判

芬伯格对资本主义技术政治的批判主要集中于对资本"霸权"的实质揭示，在技术广泛发展的现代社会资本霸权主要表现为一种技术霸权。对于这种实质的揭示表明资本主义社会并不是人类社会发展的终点，作为一种文明形式在维护资本主义统治的局限表现出来而又无法克服的时候也宣布了自身的终结。

1. 资本霸权产生的基础：资本主义技术代码

根据技术代码理论，技术代码是社会需求和技术需求聚合的结果。那么，资本主义技术代码就是聚合在资本主义的"技术合理性"中的资本主义的社会需求和技术需求，而这种技术合理性使技术体系的构造适应了统治体系的需求。反映了盛行于设计过程中的占统治地位的价值和信仰的那些技术的特征。资本主义霸权是技术代码的一个结果。技术代码通常是看不见的，设计结果似乎是理所应当的。资本主义技术代码的确立是"黑箱化"(black boxing)的，因为它的定义一旦被普遍接受，就没有人去问技术"内部"还有什么。正因为如此，技术代码在成为日常生活中普遍的加以接受的特征时，也包含了技术目的的基本确定性。设计过程是一个空间，对技术发展起决定作用的技术专家、政治领袖、政府官僚等通过技术代码代表了他们的利益。因为他们提供或控制资源，将技术作为他们的社会表达方式，把技术纳入适合自己利益的现有技术秩序，给现有技术手段强加发展方向。

资本主义技术代码可以通过拉图尔的体现资产阶级利益的"社会关系网图"和体现技术要素特殊配置的"技术关系网图"，定义为一种社会关系网图和技术关系网图的一般规则。其中最重要的社会因素是作为非所有者的工人与企业福利无关的假设，这一社会因素通过这种技术代码渗透到技术合理性解释中。例如，装配线就是从技术上强制实行劳动纪律战略将其它各要素结合起来的黏合剂。这是资本主义从战略上形成代码的技术特点，权力的不平衡通过技术代码显而易见。

2. 资本霸权实施的依据：操作自主性

"操作自主性"是芬伯格在揭示资本霸权得以实施时提出的一个新概念。"技术统治论"作为一个广泛的管理系统，在控制技术和人的过程中能使对立面沉默使自身合法化的秘密在于资本家对技术的"操作自主性"（operational autonomy）。现代社会的合理化是由资本家或政府官僚这些主体所完成的，操作自主性是这些主体的主要特征。资本家和工人是资本主义劳动分工中形成的两个基本阶级。资本主义通过在独立的个人之外建立劳动力和市场的方式，资本家将自己从所有传统规则和家庭限制中解放出来，具有比传统的前资本主义的领导人更大的行为自由，芬伯格将资本家获得的对生产的自由支配的权力称为"操作自主性"。操作自主性主要不是一种个人的所有权，而是可以动用一系列微观技术组织的所有权。这种权力是资本家出于自身利益考虑的结果，不顾及下层行为者和边缘共同体的利益。通过前面所阐述的"去除技能"，通过逐渐地重新设计技术使劳动人民的依赖性提高，这种自由支配的权力也随之提高。资本家通过以集体的名义在协调集体活动中所实施的权威及提供设备工具的作用,进一步提高了自己的等级地位。操作自主性就在这种活动中不断再生与加强。这样,"整体通过其中一部分人的活动统治了整体的组成部分。①"资本家通过对技术的控制而实现对工人的有效管理,进而控制整个社会。

操作自主性作为资本霸权存在的基础,必须在自由活动中具有再生性,以维护资本主义统治。资本主义的操作自主性是资本家的一种自由选择的权力,不需要考虑外在因素、通常的惯例、工人的抉择。所有在社会体系中的所实施的一切战略都要以再生出操作自主性为目的,也就是每一个实际问题的解决方式事实上都有明显的偏向。就技术而言,在资本主义社会中,就是要建立一个满足资本主义利益的日常技术活动框架,将恒定的操作自主性的统治战略嵌入到技术的程序、标准和产品中。资本霸权在很大程度上就建立在通过技术抉择再生出自己的操作自主性的基础上。芬伯格认为这一点通常能够实现的原因在于现代社会中的权力可以通过技术控制而得以掌握。以洁净的空气为例,这是一种技术政治问题,他们在客观上不如利润或消费品更能吸引人,空气污染是因为城市设计是以高度污染的专用客车运输为中心付出的必然代价,而这种专用客车运输是获取利润的唯一运输方式。而一种不同的城市设计可以建立在公共交通和混合使用基础之上,将空气质量作为另一种技术问题。这样的社会目标融入到技术代码中的社会将呈现一种完全不同的形式。社会目标的实现不必牺牲生产力,将会被个人自发地作为他们的自身福利的一种实际成分来追求,而不会作为与自身利益相对立的人为激励或政治高压来施加。

根据技术工具理论,行为主体可以独立于他们的手段,如工人和国家看起来与技术手段没有直接的关系。按照这种观念,工人可以在技能的新领域中将资本主义的技术基础工具化,"社会行为者和首先形成社会行为

---

① [美]安德鲁·芬伯格:《技术批判理论》,韩连庆、曹观法译,北京:北京大学出版社,2005年,第50页。

者的劳动分工之间的相互作用在概念上是不一致的。[①]"同样的矛盾出现在资本主义试图自发地进化成一个共享的、以技术的为基础的社会以便消解社会矛盾的过程中。这些说明了试图通过自上而下的控制进行技术的转化是不可能的,因为正是使用技术的行为再生了需要转化的东西,社会技术的转化不能根据工具范畴来理解。也就是说从上层进行改革,技术从根本上就偏向了特定的霸权,所有在这种框架中从事的行为都倾向于再生出这种霸权。

3. 资本霸权的实现：资本主义的技术设计

从资本主义技术设计的劳动过程来看,是从上层引进控制,将劳动纪律施加给与企业没有利害关系的劳动力。一旦这种设计被确定成为一种普遍原则,这种更顺从的、没有技能的工人代替有技能工人的新控制形式就形成了。这种设计过程同样适用于教育体系,为了给资本主义的工业制度提供所需要的工人类型,教育必须适应劳动分工。事实上,资本主义的技术设计蔓延在社会生活的各个领域,塑造了总体的文化和社会生活。通过对技术设计过程的分析,芬伯格揭示了资本主义技术合理性中的社会价值因素,也揭示了技术统治论合法化的秘密。

资本主义技术设计过程具有一种非民主的技术决策底线,这些决策偏向于中心化和等级制。从资本主义发展来看,资本主义没有为追求自身利益而阻碍技术进步,他们只是把进步导向了符合自身利益的特殊方向,也没有对进步实施专制独裁。在市场的作用下,实现了许多重要目标和社会的广泛需求,但这不等于技术的民主控制。因为它们缺乏与民主行为相联系的公共性质、讨论的环境和有意识的协作等东西。芬伯格认为这样的消费者并没有拥有主权,即使拥有强大的国家调控,他们也不可能突破技术资源的森严壁垒和现代企业的财政力量。事实上,技术决策的控制很少体

---

① [美]安德鲁·芬伯格:《技术批判理论》,韩连庆、曹观法译,北京：北京大学出版社,2005年,第77页。

现在市场上。设计程序的非民主化是通过特殊参与者决定的技术代码,保持了他们的技术主动性对他们所创造的制度的控制。技术设计为阶级结构提供了一种客观基础作用,资本主义条件下劳动过程降低技术含量的历史,在受机器控制的生产系统中达到顶点。这种强势利益影响的技术设计偏见表明,异化在很大程度上不是因为追求效率,而是因为争夺管理权。这些情况表明,由于有影响力的参与者试图维护他们在所创造的系统中的技术自主权和控制权,就要建立非民主的设计程序。建立在这些基础上的技术决策偏向了中心化和等级制方向。不论技术和管理发生什么样的变化,最终的不平等在当代资本主义社会中并没有被超越。即使劳动力在现代发展中一些方面明显得到好处,但整体上不会变化。因为技术设计的偏见是技术决策的底线,设计阶段是排除在公众力量的关注之外的。这些揭示了设计过程中的意识形态和技术系统的缺陷。在这样的资本霸权统治下,被压迫者和弱势群体的利益被忽视,技术的多种潜能显露不出来,还造成了生态环境等公共利益的破坏,这是资本霸权的必然结果。

4. 资本霸权的特点和实质

资本主义利用技术在对效率和权力的追逐中组织工作,并不断扩大到社会体系的其他领域。"资本霸权不是依赖于一种社会控制的特定技巧,而是在更根本上依赖于从技术上将资本霸权运行于其中的整个社会关系领域进行重新建构。[①]"并且第一次充满了整个社会,成为一种普遍的"人类天命"。芬伯格这种天命可以总结为技术实践的四种具体的成分,这四种成分建立在资本主义形式偏见基础之上,技术被尽量定义在工具化的初级层次上。每一种成分还对应着一种补偿的综合成分,每一种补偿的综合成分被严格限制以便适应资本主义。资本主义最广泛的应用这四种主要的成分,同时部分的压制技术关系的次级成分。资本家的权力已经表现在生

[①] [美]安德鲁·芬伯格:《技术批判理论》,韩连庆、曹观法译,北京:北京大学出版社,2005年,第230页。

产、管理和劳动、家庭和家庭生活、经济和政治等各种社会领域的分裂中。他们从上层统治组织资本主义制度。芬伯格通过资本主义技术行为的这些特点在集体劳动和自然中的应用表明资本主义霸权的实质。

第一种是"去除情境化"和系统化。资本主义通过将技术要素从特定情境中抽取出来重新组合到任何可以促进霸权利益的情境中,并把这些要素结合起来,进行与此相对应的系统化,以便形成新的设备和技术组织,促成这些联系的次级工具化。第二种是简化法和中介。简化法是通过把复杂的总体性简化为能够从上层进行控制的要素,将对象简化成他们的有用方面。资本主义区分了生产与审美和道德,对给人类和自然产生的影响漠不关心。这种人为分离也是各种系统危机的根源。第三种是自主化和职业。主体化是指主体和对象的分离,也就是说自主化技术的行为者与行为的直接后果的分离,与此相对应的职业投入是指行为者所从事的技术行为使得行为者将这种技术行为当作一种职业。第四种是定位和主动。定位是指主体在战略上处在或者将自身定位在驾驭对象和控制对象的位置上,与此相对应的主动领域是指处于从属地位的对象享有一定的策略上的自由活动。[①]

芬伯格通过分析资本霸权的实现揭示资本主义技术政治的实质。资本主义霸权的实质就是技术统治论,是一种资本主义的技术控制。芬伯格认为资本霸权是建立在初级工具化基础上,尽量压制具有补偿的综合成分的次级工具化。在资本主义社会中,这些综合形式只有在政治抗议或竞争压力中强制实行时,才能得到技术实践的支持。资本主义去除情境化预先将技术设定为服务于资本主义权力,资本主义只是代表部分利益,这些利益与丧失了的情境相一致,技术就是从这些丧失的情境中抽取出来的。这样就使技术对象丧失了"第二性质",即丧失了承受技术行为的社会和自然

---

① [美]安德鲁·芬伯格:《技术批判理论》,韩连庆、曹观法译,北京:北京大学出版社,2005年,第224页。

方面。在资本主义社会由于工人不能参与最初的技术选择，工人的利益只能在设计之后的调控来融合进来，而这种调控有时表现为反对技术的发展，这与技术进步的方向相冲突。工业决策者根据资本主义占主导的技术代码设计技术，一旦有缺陷的技术在社会中实施造成污染，反对污染的政治抗议只能以外在调控的形式出现。资本主义调控不能替代物化，而是在物化的范围内，建立在实现控制的社会秩序之上，实现对资本主义统治总体性的认可。总之，"资本主义利用集体劳动者和为他们提供工具的过程本质上是分裂的。①"造成这种分裂的主要原因是此处的技术是反映资本主义的社会要求的。要消除这种分裂就要从根本上重新整合技术和社会，在一种新的技术代码中实现一种新的综合，将资本主义社会许多被当作外在性的联系内在化。资本主义现有技术设计具有社会偶然性（contingency）。技术没有理由不能遵照社会主义社会的价值来重新建构。

（三）技术政治批判转向重构

正是因为资本主义技术霸权本身的不合理给社会发展带来重重障碍，芬伯格"通过重新形成技术、合理性和民主之间的关系的概念"，形成技术政治观念的主题，解决资本霸权的存在状态。芬伯格的技术政治批判立足于马克思的立场上，既深化了法兰克福学派的社会批判又结合迅速发展的技术公共争论，他的技术批判理论是要创造一种技术转化的政治学，彻底丢弃资本主义框架下的民主，重新形成社会主义的民主观念。他指出技术批判理论必须首先跨越激进知识阶层包括法兰克福学派的遗产与当代世界的技术专业知识分离开的文化障碍，使二者达到融合。在此基础上，探索如何重新设计现代技术，以便使它适应更自由的社会的需要。

1. 批判转向重构的桥梁——潜能

潜能，顾名思义就是潜在的能量。一个美好社会的目标应该是人类充

---

① ［美］安德鲁·芬伯格：《技术批判理论》，韩连庆、曹观法译，北京：北京大学出版社，2005年，第233页。

分实现自身的潜能。芬伯格认为现代社会占主导的技术规划限制了人类发展，现代社会存在着被压制的潜能，也就是没有使人类潜能得到充分发挥。人类潜能的实现是芬伯格在增进人类发展与完善中始终追求的目标。对于人类潜能的理解，首先，人类潜能是人类自由的自我实现的能力，存在于人类历史中，从已知的历史产物中我们可以发现这种潜能。人类美好生活的实现就体现这种循序渐进的能力展现中，因而人类潜能的实现就是在参与依然未完成的历史中进行。其次，如何使现在还没有被注意到或者受到压制的人类潜能得以显现，芬伯格运用了自己的"参与者的利益"的概念予以阐述，人一旦参与到技术网络中就有一些特殊的利益表达，现存的技术规划常常是个人的利益被忽略、压制或受到威胁。当他们有机会和能力表达自己的利益时，就可以在更广泛的范围内根据人类需要重新构造技术体系。第三，潜能是现实的而不是想象中的。潜能要根据自然和历史的限度来确认，对技术体系的改造不是任意的而是很大程度上受制于现存技术的发展，只有植根于具体现实中才不至于使潜能的实现流于纯粹的乌托邦。马克思将社会主义看作资本主义的一种潜能，潜能就是在特定的社会情境中寻求如何推进更伟大的人类事业。

芬伯格认为技术企业本身应该包含这种潜能要求，但被现有的资本主义社会人为删减了。技术潜能的存在要求技术在一种新文明规划中重新设计来实现人类潜能。利用潜能的概念芬伯格要在理想主义与还原论之间找到一条更好的道路。这样可以使以道德形式出现的潜能在一种有效的自身利益的意识中得以最终实现，同时能够转化技术的代码。在根本的文化和社会变化将受到压制的技术潜能释放出来的地方，经济进步就从一个阶段过渡到下一个阶段。出现这种未实现的潜能不能充分利用的现象，主要是占主导的经济文化限制了技术和人的发展。只有打破资本主义文明的经济前提建立一种改变了投资和消费模式的新文化，才能产生一种更好的生活方式，而实现它需要一个过程。未实现的潜能是作为大量局部最优化（suboptimization）来出现的，这种主要资源的未充分利用需要一种新文明形式的出现。① 文明的变化重新定义了人性，我们比前人更重视人的生活，特别是更重视劳动人民的生活。通过改变人性也出现新的持有财产的方式。社会潜能同时以经济形势和道德形式被提升到意识层面上，文明变化的过程建立了一种同时带有伦理含义和经济含义的新的生活方式。社会主义将从这种类型的协调变化的整体系列中出现。经济文化的责任揭示了在一种福利的革新标准中，社会运动是如何将理想和下层人口的利益联系起来的。

2. 重构的依据：技术的双面理解

芬伯格认为一种能更好地洞察当代世界的技术政治理论源于对技术的双面解释。技术是一种双面现象：操作者和操作对象处于相对的两面。当社会围绕着技术来组织时，技术力量就是社会中权力的主要形式。社会分为两种群体，技术控制领域的实施权力的管理者和国家行政人员处于操作者地位，受技术控制领域的从属于那种权力的人处于操作对象地位。芬伯格认为相应地也出现两种群体的战略，处于操作者地位的管理者和国家行政人员的战略与处于操作者地位的从属人员的战略，前者有实施权力的制度基础，而后者因缺乏合法性而只能进行一些非连续的微观政治的抵抗。管理者战略立场根据市场供给优先考虑控制和效率。被管理者的战略立场比管理者丰富，它有一个现代社会的日常生活世界，设备在其中形成一个近乎总体的环境，个人在这个环境可以确认和追求意义。尽管多数情况下抵抗是暂时和局部的，对权力的威胁也是无关紧要的，但芬伯格认为这种力量不可忽视，一旦大量的个人卷入到技术体系中，技术就能影响技术体系的未来设计及其产品配置。实体主义正是因为单纯地接受管理者的技术战略立场忽视了技术作为一种生活世界的被管理者的立场，从而导致了消

---

① ［美］安德鲁·芬伯格：《技术批判理论》，韩连庆、曹观法译，北京：北京大学出版社，2005年，第183页。

极的判断。这也最终解释了海德格尔希望纳粹能够从上层来转化我们与技术的关系以实现其目标。相反,芬伯格倡导一种来自下层的民主转化。马尔库塞的单向度就是根据传统的正义、自由、平等观念批判上层技术权力的困境,但技术权力的实施中引发了来自下层的抵抗,受技术控制的地方影响技术的进步,因此芬伯格意识到新的控制形式能够使技术沿着新的途径发展。芬伯格正是在对技术的双重解释中开启了技术政治理论。

这种来自下层的受技术控制领域的转变是否可能?芬伯格认为现代工业社会的公民已经不同于20世纪60年代对"逃避自由"的盼望,随着世界范围的环境危机的问题暴露,公民的责任意识在发生变化,有可能盼望扩大自由的范围。他倡导一种"责任文化①"的出现来改变非经济的制度与性别角色。这种新文化避免在美德与繁荣之间进行艰难选择的两难困境,文明的选择可以通过转化经济和技术代码来超越明显的两难困境。技术政治就是重新设计技术使参与和效率、环境主义和生产力这些目标协调起来,而不是付出昂贵的交换代价。美德与繁荣兼备是文明选择的方向。社会群体解释方式的不同及使用对象不仅仅是外在的而且产生不同的对象本身的性质。技术不能确定,关键在于社会群体的不同解释导致了进一步发展问题和解决方案的不同。对团体而言对象是什么,最终决定它的命运。它决心成为它被修改的。如果这是真的,那么科技的发展是一个社会过程,只能被理解为是这样的。

3. 重构的主体:机动边缘的参与者

芬伯格遵循马克思的观点,将利益作为分析的起点,因为在历史发展过程中,利益是直接的、强有力的和持续的动力。然而利益不是真正独立的因素,总是和一定的社会联系在一起。马克思认为,在资本主义社会将资产阶级利益作为普遍原则,具有欺骗性。建立在资本主义操作自主性基

---

① [美]安德鲁·芬伯格:《技术批判理论》,韩连庆、曹观法译,北京:北京大学出版社,2005年,第19页。

础上的管理，自然是抵制众多参与者利益的。这种抵制表现在技术设计中就是去除技能、破坏、污染或损害技术权力之外的人。芬伯格要打破这种普遍原则，优先考虑这些处于下层的公众利益，提出了"参与者利益"的概念。"参与者利益"顾名思义是参与到某一技术体系中所具有的特殊利益。这种参与者利益是否能够得到实现与技术体系密切相关。现存的资本主义技术体系通常使下层的个人利益受到忽略、压制或受到威胁。下层要想实现参与者利益，就必须在更广泛的范围内根据人类的需要重新构造技术体系。这显示了参与者利益这一概念具有辩证特点。技术代码的观点预示了对技术问题有不同的解决方式。技术设计中除了效率原则还有许多其他因素，"技术是由效率标准和许多其他利益所'待决定的'。"①而且，各种利益的介入并不一定降低效率，反而有可能将效率成果转向有利于下层利益的实现。

  大多数主要的革新都创造了民主化的可能性，但这种可能性能否实现，技术进化中参与者利益尤其是被统治者利益能否实现？为此，芬伯格提出了"机动的边缘"的概念，认为这些取决于被统治者的机动的边缘。一种新的社会模式首先需要塑造社会成员的社会权力及其引起的反抗。机动的边缘是相对于作为统治结构基础的操作自主性而言的一种不同类型的自主性，可以用于以技术为中介的组织的各种目的，这包括控制工作速度、保护同僚、生产的即兴创造、非正式的理性化和革新等。② 也就是说，边缘的行为有可能削弱统治的方式或者重新构造更高水平的统治方式，这些都是从战略层次上开启的机动的边缘而不是策略上的，抵抗作为战略新方式开启新的政治。这样技术政治学中为获得同一性而做的斗争就是一场相互矛盾的潜能之间的一场博弈。技术的应用在本质上是不确定的。资本

---

① ［美］安德鲁·芬伯格：《技术批判理论》，韩连庆、曹观法译，北京：北京大学出版社，2005年，第23页。

② ［美］安德鲁·芬伯格：《技术批判理论》，韩连庆、曹观法译，北京：北京大学出版社，2005年，第103页。

主义管理的强弱取决于操作自主性的大小。一种强有力的管理可以取消策略的机动的潜在的、颠覆性的、长期的影响。但如果管理被迫长期与下属妥协，下属就可以通过反复的策略回应来转化技术的过程，这就会逐渐削弱管理的控制和改变管理的战略路线。机动的边缘可以用来改变在劳动分工和技术中形成的代码的战略。对技术传统的两重性的应用就在于保持和扩大机动的边缘，以达到社会主义体系的实现。

4. 重构的实现：重新设计技术

技术革新性的重新设计是为了将参与和效率、环境主义和生产力这些目标协调起来，以避免各种目标之间的不相容而付出高昂代价。技术是由效率标准和许多其他利益所"待确定"的。芬伯格在技术设计中引用了社会建构论的这一核心概念，"待确定"原则表明了技术这一看似理性的系统具有社会特征，因而技术选择具有社会相关性。在技术选择中要协调好对设计有直接影响的不同社会集团的利益，他们的生活方式对技术选择具有导向作用。在这里各种利益的介入不但不会降低效率，而且还可以考虑更多方面，根据更广泛的社会纲领将发展的成果偏向需要的方向。

由于设计过程是一种空间。各种社会行动者参与其中，代表多方面的利益，是许多参与者之间共同协调的结果。因而技术的重新设计目的在于代表更多的参与者的利益，在技术设计之初就将各种利益通过技术代码表达出来，取代代表资本主义霸权的技术代码，实现技术的重构。与此同时利益与权力的转向也实现了技术政治的重新建构。

5. 重构技术政治的特点和实质

芬伯格对技术政治的重构建立在对技术的辩证性认识基础之上，他利用工具化的两种类型分析了技术的本质。资本主义只在初级工具化上考虑技术，使技术实践具有了前面所论及的四个特点：去除情境化、简化法、自主化和定位。与资本主义四种主要的成分相对应的技术关系的次级成分都被严格限制以维护资本主义统治。而次级工具化将对象和情境、第一性质和第二性质、主体和对象、领导层和群体之间进行重新整合。芬伯格认为技术具有综合的潜能，必须将初级工具化和次级工具化结合起来，使资本主义状态下被削弱的初级工具化和次级工具化共同发挥作用。与资本主义社会不同，社会主义社会的技术将在设计之初内含综合的原则和步骤。这样技术实践就像曾经适应资本主义的需要一样适应社会主义社会的需要，因为这种新的形式的特征是从物化向重新综合的转化。

重新将实践情境化是重构的开始。因为技术被去除情境化是资本主义预先设定的服务于资本主义权力的，因此在社会主义首先必须改变技术的特定阶级应用，恢复所丧失的情境要素。这就可以克服资本主义技术初级工具化的四个主要成分，改变对次级工具化相应的综合成分的限制。相对于第一点"去除情境化和系统化"，一种重新情境化的实践，不像资本主义只是代表部分人的利益，而是导向广泛的利益。这些广泛的利益反映了被资本主义所忽视和压制的人类和自然的潜能。这些联系就是次级工具化的建立所需要的"系统化"。系统化的过程具有克服去除情境化的破坏效应的潜能，技术设计在这种潜能中能应对范围足够大的情境。相对于第二点"简化法和中介"，社会主义技术代码倾向于将资本主义技术主体和对象二者的情境和第二性质重新综合起来，内化为工程技术的目标。这个目标可以通过在设计中考虑技术对象的本质特点、环境的需求以及操作者、消费者和客户的需要来实现。相对于第三点"自主化和职业化"，社会主义针对资本主义主体自主化出现的主体与对象的分离，在更高层次的技术情境中恢复主体与对象相互作用的关系。这种关系超出了外在的操纵，将工人作为肉身的主体与共同体的成员包含其中，创造出一种社会主义技术。相对于第四点"定位和主动"，资本家通过定位限制和疏导消费者和工人主动性，工人和消费者的机动的边缘被简化成偶然的策略回应，随着机动的边缘在社会主义发展道路上的扩大，将在努力协调中产生自愿协作。一种称为"共同掌权"的实践使个人拥有了对社会的责任，通过有意识的协作来代替来自上层的控制,经过改革和推广,达到克服异化的目的。在社会主义社会体系中,将克服资本主义社会中劳动、消费和社会决策的物化的分离。劳动对技术设计的设计产生直接的影响,在工人参与设计选择的最初阶段工人的利益就融入进来。这样,劳动重新成为技术要素,并且按照新的技术代码的要求将重新组合。类似的情形也适用于环境。处于社会角色的个人在一开始就参与到工业决策中,占主导的技术代码一开始就注意到不能对环境造成破坏,而不是出现问题再进行外在的调控。随着技术在新的技术代码基础上再生,资本主义社会由于物化被当作外在性的许多联系也被内在化,改革从资本主义继承下来的技术。

  对技术的具体化。芬伯格借鉴西蒙栋的技术的"具体化"概念将社会主义的技术进步加以理论化。具体化是相对于抽象而言的,如果将每一部分松散的设计称为抽象的,那么在技术发展过程中,由于被重新设计产生综合的变化,各个部分在结构上相互作用,产生一种具体的技术对象,并且形成一种体系,而不再是各种技术要素的简单聚集。具体化就是使技术与它们的各种环境之间相协同,以此来克服资本主义的物化。也就是"最精密复杂的技术利用它们的各种环境之间的协同作用来创造一种维持它们自身功能的半人造的环境(semiartificial environment)。"[①]技术对象所适应的多重环境被西蒙栋称为"关联的环境"。这种关联的环境是人造的技术要素和技术对象得以在其中发挥作用的自然要素之间的中介。从而使得技术在其中处于连续的、循环的和因果相关的相互作用中。具体化理论表明了技术进步对当代的技术问题的处理,是通过在更大的情境中将人和环境的需要融合到机器结构中来实现的。具体化使技术成为自身产生的环境的有机组成部分,而这些环境在一定的意义上成为机器的组成部分。人也是一种操作的环境,操作者的能力包含在情境中,现代机器就需要适应一种

[①] [美]安德鲁·芬伯格:《技术批判理论》,韩连庆、曹观法译,北京:北京大学出版社,2005年,第234页。

智能和技能环境,这种环境就成为操作者自我发展的基础,社会主义技术代码可以将工人再一次置于技术体系的核心位置。对于自然也一样,将自然包含在体现自然结构的"具体技术"中而不是仅作为技术进步的"征服"对象。技术进步是技术力量和自然力量的协同作用,技术就重新与自然相融合或适应了自然。总之,"从抽象技术的开端到具体结果的过渡是技术发展的一个普遍的综合趋势,它克服了资本主义工业制度的物化传统。①"通过这种重新情境化,实现了操作者的自我发展和自然的和谐。

总之,社会主义的技术发展逻辑不是一种外在于技术的逻辑,而是体现技术发展的内在趋势。在不损害环境和人道的技术之下,致力于建构自然、人类和技术要素的协同作用。这样的技术发展将社会主义需求融合到技术结构中将不会出现生产效率的下降。选择什么样的技术发展道路在其本质上是政治的,一种加强对人类和自然剥削的精英权力在形式上带有偏见的体系将会在未来发展中步履维艰。而另一种对技术原理的具体化的综合应用的新道路,考虑到技术发展的更大的情境,一种新的社会组织才能实现人类的潜能与价值。

三、技术政治的核心:技术民主化

技术民主在芬伯格的技术政治观中处于核心地位。他利用改进的建构主义方法发展了民主的技术变革理论,意味着彻底地重新构造现代社会的技术基础。要达到此目标,必须建构一种新的技术设计的社会斗争理论。他认为资本主义歪曲了科学技术的成就,资本主义社会最大的问题是为了维护特权阶层的利益而压制大多数人的发展潜能,是不民主的。它的出路在于尽可能地保障每个人尤其是边缘群体受压制的潜能得到充分发展,实现真正的民主。芬伯格以真正的哲学家高度的社会责任感,解决技术社会

---

① [美]安德鲁·芬伯格:《技术批判理论》,韩连庆、曹观法译,北京:北京大学出版社,2005年,第235页。

的民主化问题,对激进民主进行理性重建。

(一)技术民主的基础:技术民主潜能

芬伯格在对技术的历史考察中发现技术本身具有产生民主的潜能,应该将技术纳入民主领域内部而不是置于其外。他认为我们要想创造出一种不同于西方资本主义的新的文明,必须从技术本身着手,揭示技术中立性的迷惑,深入技术内部创造出一种新的技术。这种新技术产生的过程就是芬伯格的技术民主化过程,其中内在地包含了新文明的基本要求和发展要素。芬伯格将技术民主作为一种新型的"生产力",通过转化技术在未来的社会主义社会中实现"革新",形成一种更全面的体现更多人利益的新的技术。这种从技术内部着手改变技术本身从而创建新文明的观念为技术民主化提供了可能。

芬伯格在批判技术决定论与技术中立论过程中意识到对技术设计过程的不平等介入会助长社会的不公平。技术设计偏见与否的背后是特定的阶级和阶层,也就是造成技术不民主的根源在于人对技术的设计与使用,资本主义技术统治由于对技术的控制使技术的设计和使用偏向于特权阶层,随之而来的结果是现代技术倾向于特定的阶级与特权的利益而忽略其他阶级的利益。因此,我们使用的技术本身具有特定的局限,这种局限性不在于我们所拥有的知识,而主要在于技术产生和应用中出现的有偏见的权力结构。芬伯格技术批判的关键就是要立足于技术政治学视野,最大限度地释放和挖掘技术的民主潜能,在激进民主的基础上实现理性重建,摆脱这种被奴役的状况而获得解放。

技术民主合法化是技术步入民主领域的门槛,通常在一些新兴技术公共领域直接采用技术官僚权力而没有代表公众利益的民主形式的参与,造成卷入技术问题的公众正当权力不断遭到侵犯,直接削弱了公众的民主生活。但是在一些建设性的公众参与的实例中,公众对设备和系统设计的参与已经产生了影响。可见技术选择不是固定不变的是待确定的,可以根据不同社会集团的利益决定技术设计过程及结果,选择最适合的技术。技术民主合法化首先要赋予公众参与技术设计的权利,使那些缺乏经济、政治或者文化资本的人可以参与到技术设计过程中。技术设计过程提供了一个空间,对技术发展感兴趣的各种社会行动者都可以参与其中,这样技术设计就是许多参与者之间共同协商的结果,以便实现技术民主合法化。

芬伯格通过对技术领域的系统分析,发现了技术民主潜能的存在,这为技术民主化的进展提供了可能。在任何给定的配置中,技术资源可以用许多不同的模式被配置,通过对技术加以改造,将正确的价值和利益转化到技术中去,技术资源在已实现的技术水平下可以实现某种潜在的价值,为未来的技术进步和技术利益的实现保持了可能性。对于一些未实现的技术潜能可以作为已有体系的一种衡量手段,当我们对比是什么以及可能会成为一种什么样的政治问题时,技术资源在公众压力下将会被重新配置。就是通过技术进步建构适应自然环境和兼顾道德的技术系统。芬伯格认为未来的社会应以技术为中介最大限度地开发民主的潜能,一种新的不同的世界文明能够从技术变革的逐渐民主化中产生。

(二)技术民主的核心:"民主合理化"

在人类历史发展中,"合理性"被确认为衡量一切事物合法性的根据,更是一种社会存在的理论依据或基本特征,并且总是和特定制度或阶级相结合,具有历史性和阶级性。芬伯格为了从理论上说明技术民主化的可行性,在批判技术理性并揭示其实质的基础上,提出了技术的"民主合理化"观念来代替资本主义进行专制统治的技术合理性。从而把技术研究的观念推广到社会合理性批判语境中,为长期被"敌托邦"思想压抑的激进转变提供了可能性。

1. "民主合理化"理论的提出

芬伯格在分析技术理性的内涵和特征基础上,发现技术理性不仅仅包含着效率,而且还包含着技术设计者的目的和意图这些价值因素,因而可以通过公众参与技术的设计而形成新的技术理性。他把"理性"与"民主"相结合，提出了与技术统治论的技术合理性相对的技术的"民主合理化"。他认为在技术的进步和社会力量的分布之间没有独特的关联，技术既可以保护等级制度也可以实现民主的合理化。这种观念揭示了技术的主动性，它常常伴随工会、环境和其他社会运动所追求的结构性改革，意味着会有合理化社会的民主而不是集中控制的方法。民主合理化就是利用了技术本身的矛盾和张力，说明现代技术和民主之间的内在关系。

2."民主合理化"的内涵

芬伯格的"民主合理化"就是在激进民主的基础上进行理性重建，把维护资本主义的不民主的技术合理性，改造成富含民主与人道的新理性，在此基础上那些被系统忽略或拒绝了的技术潜能才有望实现。他从技术本身的后果，从动员与技术相关的人出发，深入技术内部改变技术霸权，让被压抑的利益得到表达。芬伯格认为要实现技术的民主合理化，就要挖掘公众的技术民主潜能，深入技术内部在技术设计中发挥公众的创造性，影响、破坏和改造既有的技术代码，破坏现行技术体系，挑战根植于现代技术的不民主的权力机构，为新技术代码的形成及"机动的边缘"的扩展创造条件，在技术设计中使公众利益得以实现。民主合理化理论的目的在于技术设计过程中通过人与人的交流，反映不同社会地位的人对技术的需要和设想，进行创新性对话并创造性地使用技术，以便满足更多人的需要和利益。这样技术民主化所要实现的就是以技术为中介的制度的民主化，一种新的文明的社会形态。

4."民主合理化"的特点

第一，"民主合理化"观念不是保守的而是开放的，不是保护技术的传统价值观而是打开一个可能的未来。在传统的技术价值观念中，社会等级制度在新技术被采纳的时候可以通过技术专家策略保存和复制。这就保持了资本主义社会过去一个多世纪的权力连续性。而技术民主合理化观念认为新技术可以用来破坏现有的社会阶层或迫使它满足被忽略的需要,打破固有的权力连续性,指向新的未来社会。第二,民主合理化关涉社会生活的众多领域。民主合理化可以反映众多现代性问题,包括生态环境、健康、人权以及工作质量等。这个原理解释了技术的主动性,它常常伴随工会、环境和其他社会运动所追求的结构性改革。因此,民主合理化可以深入社会生活的一切领域。第三,民主合理化实现社会的关注转向。民主合理化通常采用创新的交际策略,实现由技术官僚社会转向对公共议题的关注,由集中控制的问题转向对合理化社会的民主问题的关注。芬伯格民主合理化的本质就是从内部破坏专家管理,在颠覆破坏原有管理控制形式的基础上进行理性重建。

(三) 技术民主的实现:设计的公众参与

1. 技术公众领域的形成

技术的公众参与是实现社会目标的途径也是良好社会形态的标志,资本主义的技术操作和安排限制公众民主潜能的发挥,也影响了人类的开放民主式发展。技术政治预示着技术将从公众协商中出现,作为一种社会"立法"影响着我们生活的方方面面。技术的公众参与就是让更多的"行动者"加入技术决策过程中,包括参与到技术网络的所有人。这些"行动者"有各自独特的发展观,个人的自由和机会得到充分的尊重和考虑。他们的经验和主张是从社会下层揭示社会现实的各方面知识,这些知识长期被权威者所忽视,正所谓福柯的"被压抑的知识"。这样所有参与者可以基于公开、互惠的原则,参与到技术系统的设计中,合理地论证他们的行为,影响审议的过程,使审议结果更具有合理性,更符合人类发展的需要。因此,芬伯格认为技术发展过程中公众必须参与到技术体系内部,显示每个人的民主权利,实现技术民主。

2. 技术民主化方式:技术微政治

芬伯格的技术民主化采取技术微政治方式。这是一种更小的干预社会生活的政治，是一个基于局部知识和行动的情境政治，通常被称为"微政治学"。"微政治学"不是总体的变革策略也没有提供对社会的全球挑战，在技术领域尤为如此。技术微政治化包括许多不同的汇聚长期颠覆性影响的活动，是不同于传统政治的全新方式，他们挑战的是技术网络。传统政治方式通过投票和规则将技术与制度相结合，在现有的社会框架内将技术作为一个行政问题来对待。这是由于国家和政府是几个世纪的官僚结构集中制的产品，是与特定的技术代码一致的，代表着特定阶级的利益，在某种程度上这些代码在本质上是独裁的。技术民主化的现代技术中介组织不是对财富的分配机构也不是正式的行政机关，而是涉及交往实践的结构。技术民主化必须有公民的积极参与，而技术用户的干预与挑战根植于现代技术的不民主的权力结构，必须建立不同于官僚机构的新的代表公众利益的技术代码，从而实现从下层而不是上层的彻底改变。芬伯格的"民主合理化"强调用户代理的公众影响，采用技术政治的微观方式力图达到一种宏观的政治目的，实现技术民主的公众利益。

3. 技术民主的具体斗争形式

技术民主化是政治权力现实化的过程。芬伯格技术民主化的具体斗争形式是技术争议、创新对话和技术创新。这成为当代政治生活不可避免的特点，也打开了一般民主讨论的技术问题并为官方"技术评估"制定了参考。

首先，技术争议是技术民主的一种实现途径。技术争议主要是针对设计中不同利益主体因技术方案发生利益冲突时产生的争议，而争议的结果是促成一种双方妥协的技术方案的采用。它的公共行动者主要是受特定的技术决策影响的个人，根据形势需要非专业人士可能会主动学习足够的专业知识进行技术干预，因不同利益需求产生技术争议，迫使企业和政府机构在公众监督下运作，促成一种双方商议妥协的技术方案的采用，打破技术专家统治论，使技术朝向有利于公众的方向发展。由于结果的改变有可能产生一种新的政治。其次，芬伯格结合技术发展现实提出创新对话和参与设计为外行和专家之间的冲突提供了一个基本的解决方案。创新对话是通过交流和对话解决技术争议中的不同观点和看法，参与设计让技术相关的人参与到技术设计中解决问题。从长远来看，通过创新对话不断地改进和提高技术也会吸收不同的价值，反映更广泛的利益和更民主的愿景。最后，技术创新是更为直接和彻底的一种技术民主实现方式。技术创新是指在一项技术的应用过程中，其使用者在技术的原创者或推广者预知的前提下，将技术用于新的目的或者使用了全新的方式使用它。这种创造性的再利用之所以可以是因为技术具有解释的灵活性。

4. 公众参与的结果

公众参与的直接后果是带来了各种重大的技术改进，使他们的利益和价值可以得以表达。但是在技术统治论主导的社会，公众参与在现实社会中经常被看作是病态的、非理性的恐惧或希望而被忽视，这种恐惧和希望在最好的情况下被看成一种可恶的东西，最坏的情况下被看作是对进步的一种严重威胁。芬伯格也看到了对环境保护主义、反核运动、艾滋病患者的斗争等诸如此类活动的通常反应暴露出来的蒙昧状态。要想真正期待普遍的民主积极性，必须改变对技术的习惯看法，这样才能实现重大的社会—技术转变。

四、技术政治目标："社会主义"的现代性重建

芬伯格的技术政治理论通过揭示现代社会技术问题的根源，寻求建构一个合理社会的途径。他将社会建构论的方法运用到现代性问题的研究上，突破了技术社会学的狭隘观念，在微观的技术研究和宏观的现代性问题之间架起桥梁。这也实现了芬伯格由"后马克思主义立场"向批判的建构论立场的转变。在技术问题研究的基础上提出了"可选择的现代性"及其"社会主义"的现代性重建。

(一)"可选择的"现代性

芬伯格的现代性观念是建立在现代技术之上,深入各种技术系统生活内部进行辩证的批判,并揭示各种未加探索的可能性。可选择的现代性描写了未来尚不确定的世界,建立在非决定论的立场上,反对技术决定论观念,破解了各种抽象的现代性概念。这样技术发展就依赖多种社会因素,而不是由一种普遍的合理性来决定。因此,技术应该像其他领域的社会行为一样可以实行民主化。可选择的现代性的目的就是激发一种解放的思想,主张把更多的行动者包容到技术决策的过程中,扩大各种可能性。在反思中重建现代性,使人类朝向更合理的社会,这是芬伯格的目的所在。

1. 现代性批判方式的转变

现代性即现代社会的本质特征。迄今为止对现代性的理解是根据技术在社会生活中各个领域的渗透来确定的,是建立在一种西方传统的美国化的技术决定论的观念之上的一种普世观念。这样的一种现代性观念已经引起知识分子的挑战,这种挑战主要是建立在把一切事物当成既成事实的基础上对技术的纯粹否定。20世纪的许多社会思想都建立在一个现代性的悲观观念之上。马克斯·韦伯的合理性理论为其创立了经典表达。根据韦伯,现代性的特点是增加的计算角色并控制社会生活,这一趋势导致他所谓的官僚机构的"铁笼子"。这一奴役概念由理性秩序激发了悲观技术哲学,这样人类已经成为纯粹的社会机器的齿轮,在很大程度上与原材料和自然环境一样成为技术控制的对象。尽管芬伯格也发现越来越多的社会生活确实被技术社会中介组织结构化,如企业、国家机关、监狱和医疗机构、融入社会的技术等级制度和政治等级制度。但他反对已有的现代性观念及其对批判性观念,因为在他看来各种激进的意识形态都没有触及其根本。他认为我们必须面对现代技术深入我们社会生活的事实,深入各种技术系统生活内部,在一种技术批判理论的立场上对现代性展开批判。不像纯粹否定的批判,他认为这样的批判能够揭示各种未加探索的可能性。只有这样才能破解技术决定论的现代性。

2. "可选择的现代性"产生的依据

从理论上来看,芬伯格根据社会建构主义理论,在现代性的哲学反思和科技研究正在展开的领域首先建立了联系。社会建构主义所提供的经验证据表明,"技术发展并不是宿命论式的由一种普遍的合理性来决定的,而是依赖于多种多样的社会因素。①"芬伯格的可选择的现代性就是建立在这种非决定论的立场之上。可选择的现代性认为未来世界是不确定的,各种社会运动、不同的伦理和美学价值以及各种有差别的民族文化都能影响现代性的界定。"现代化本身就是经受剧烈变化的种种技术和文化因素的偶然结合。②"

实践依据方面,芬伯格亲自参加了计算机在线教育规划以及主持了有关计算机通讯界面设计的项目。从与这种新兴现代技术的密切接触中,芬伯格学到了关于可选择现代性的知识,即计算机的发展方向并不是由设备的性质决定的,而是用户的选择决定的。计算机已经不是一种给定的事物,在网络行为的扩展中已经成为一种交往方式,并以各种难以预料的方式改变社会交往的世界。

3. "可选择的现代性"的目标

"可选择的现代性"就是激发一种解放的思想,反思现代性并进行重建,使人类朝向更加合理的社会是其目标所在。这种思想认为,社会的未来并不仅仅是现有基础之上的数量扩张。通常技术性的事物的发展以数量为标准,如更强的计算机,更多的汽车,更多的电等,而量到质的转折点却被忽略了。如随着计算机能力的增强,从一种专业劳动工具向消费者技术的转变。可选择性建立在各种可能性范围扩展的基础上。其中对于技术

---

① [美]安德鲁·芬伯格:《可选择的现代性》,陆俊、严耕等译,北京:中国社会科学出版社,2003年版,第4页。
② [美]安德鲁·芬伯格:《可选择的现代性》,陆俊、严耕等译,北京:中国社会科学出版社,2003年,第9页。

决策而言就是在技术决策中包容更多的行动者，这里的行动者包括工人、用户、技术进步副作用的受害者或者受益者等，就是那些参与到技术网络之中的所有人。这些行动者可能都会有自己独特的发展观，但长期被压制，被福柯称为"被抑制的知识"，这是来自下层的揭示现实各个方面的知识，而这种知识通常很少得到来自上层的权威人士的关注。芬伯格关于"民主的技术政治学的本质就是促进各种被抑制的知识与计划者和执行者的官方技术知识之间的交流。[①]"

（二）现代性的替代方案："社会主义"

芬伯格把现代性看作建构一个合理社会的方案。根据技术的两重性，技术既可以保护等级制度也可以形成民主的合理化，这样根据技术的潜能所指向的不同路径至少存在资本主义和社会主义两种文明方案。在资本主义制度下，为了维护资本家追逐利益最大化，忽略了社会中受到压抑的潜能，社会主义作为一种文明替代方案，考虑到这些因素。社会主义就成为资本主义的一种潜能，是资本主义的文明替代方案，潜在于现行文明中又突破现行文明。作为新一代法兰克福学派的代表，芬伯格技术政治始终以马克思的社会主义为目标。社会主义无疑是其对现代性的优化选择。他在总结苏联解体原因和总结马克思的社会主义观念的基础上，结合技术广泛渗透下现代性的不断推进，提出了不同于传统马克思主义的社会主义观念。他对社会主义做了重新解读，将社会主义描绘成是对被压制的技术潜能的实现。

1. 社会主义是一种框架

芬伯格在总结公有制和计划调控在苏联的运用及整个发达资本主义出现复合经济的基础上，提出一种新的"社会主义"概念。即在优先考虑民主化的前提下，更进一步地扩大国家控制的范围，为管理和技术中激进的

[①] ［美］安德鲁·芬伯格：《可选择的现代性》，陆俊、严耕等译，北京：中国社会科学出版社，2003年，第7页。

变化提供一个框架。主要强调社会主义不是一种固定的模式和政策，而是为社会的进一步发展提供一种框架。① 这样的社会主义突破了市场经济范围，把非市场的目标作为优先考虑的对象，这些目标的实现运用更广泛的调控和公有制。需要特别指出的是，这里的社会主义与我们所说的资本主义并不是相对立的，而是从现有的资本主义福利国家出发的一条可能道路。因为不同资本主义各种模式之间具有很大张力，为社会主义提供了可能性。比如，美国人嘲笑欧洲福利国家的过时，而欧洲人反感美国的"自由市场"资本主义，并拒斥将之强加于欧洲。这些模式之间的张力为社会主义替代提供了可能。有些资本主义社会在福利社会管理上明显优于其他社会更容易转向社会主义。但是，即使最发达的福利国家也必须超越资本主义的界限，而且必然要发生巨大的社会和政治变化。尽管这些是可能的，但不能很快发生。这要寄希望于现存资本主义社会中大量不满意的公民。

2. 社会主义是一种从下层创立的社会运动

这一点主要强调是社会主义不是一场政治革命而是一场社会革命。社会主义革命作为一种有意识的规划，代理人问题至关重要。对革命主体的不同回答出现了政治革命和社会革命两种不同的形式，政治革命的行为主体来自上层的控制，为意志的异化主体。社会革命的行为主体来自下层的控制，为需求的"人类"主体。芬伯格通过对马克思不同时期的著作如1844年《"普鲁士国王和社会改革"的批判注释》《巴黎手稿》《法兰西内战》及恩格斯的《论权威》等的考察，发现马克思在革命主体上有自己的观点，马克思认为政治在无产阶级革命中只能起到消极的作用，暴力反对暴力，压迫被压迫所终结，工人阶级需要一种"社会的"革命来有意识地转化他们的异化的相互作用和展示他们的力量。马克思也试图用社会活动取代政治，但还是由于巴黎公社的短暂实践而且之后再没有出现类似的克

---

① ［美］安德鲁·芬伯格：《技术批判理论》，韩连庆、曹观法译，北京：北京大学出版社，2005年，第30页。

服异化为主题的激进斗争而搁浅。因此，尽管马克思和恩格斯暗示了将经济民主化的可能性，但他们却主要将社会主义作为一场政治运动来进行。革命的主体最终成了政治主体，而它的意志构成了法律。

3. 社会主义是一种文明替代形式

芬伯格在将社会主义描绘成是对被压制的技术潜能的实现时，反对将社会主义作为一种政治的替代形式，而是作为一种文明替代形式。重新阐释社会主义的概念取决于为了使劳动力重新获得资格所需要的文化和技术条件。正是在这一点上，马克思的社会主义概念就是指向一种根本的文明变化，而不仅仅是一种政治的替代形式。社会主义是在一定文明基础上经过自己的努力向新文明的成功转变。他认为未来是不能预测的，但是可以尝试勾画出一条发展的连贯道路，这条道路在适宜的环境中导致一种适当的社会主义的结果。也就是要打破一种通常的必然性政治信仰的观念，回归到一种可能性的探索中。

芬伯格遵循了马克思的观点，认为社会主义是一种新的文明规划，不同于一般的政治运动。一般的政治运动的目的是在现存文明的框架内实现一些变化，这些变化会被现存技术体系的需求所限制。效率是资本主义技术发展的核心，利润是资本主义社会中效率的最重要的衡量标准。而社会主义将是一种新的文明，这种新文明将拥有新的价值、新的生活方式和新的组织原则，社会主义社会不是致力于简单的经济增长而是人的能力的实现，将更直接和多样的物质福利作为衡量标准。这将产生一种和谐的、充分综合的新型的社会体系。这种新的社会体系将突破原有的技术框架，创造自己的技术体系。因此，社会主义作为一种新的文明替代形式而出现。社会主义社会可以发展一种包含现存的社会系统所忽视的目标的经济文化，如教育、环境质量和工作的满意程度等。而且这样的社会主义社会可以通过更多方式使经济得到跨越式发展，这些方式包括人际关系的处理、对残疾人的保护和教育的完善等。

这种社会主义概念打破了传统社会和现代社会之间常有的二元对立。马克思提出三重体系来代替这种二元对立的模式。马克思认为,"从传统向现代性的过渡不再需要完全根据现代术语来理解为是通过将一个最初有机的社会整体分裂成它的具体的部分而实现的社会理性化过程。社会的分裂在一个更高的阶段上引起了综合,这是现代性的结果在一种新的、有中介的总体中实现的综合和具体化。①"这段哲学意味很浓的语言说明了进步的社会主义概念可以开启一种新的社会发展未来。社会主义是一种文明变化的过程,这种文明变化将是一种非常复杂的民主改革过程,这种民主改革将影响政治、经济、文化并最终影响现代社会的技术。社会主义不是确定的某种模式,而是充满不确定性的发展轨道。这种不确定性意味着向真正的社会主义过渡的资格是需要艰难抉择的,真正的社会主义是经历艰难的文化和技术正确选择的结果。

社会主义作为一种文明变化,是在社会秩序的基础上实现的一种连贯的转化。它的目标是"在劳动力和其他附属的社会团体的文化层次上实现一种有意义的增长,以及由此在工业社会成员的人的类型上引起一种变化。②"芬伯格认为重新建构通向社会主义的马克思主义理论,必须实现社会化、民主化和革新三者的融合,缺一不可。其中与生产方式的社会化相伴随的是在早期资本分配与生产力大规模发展中计划对市场的代替,直至市场在下一阶段的最终消失。激进的民主化是通过取消作为阶级社会特征的广泛的经济、政治和社会不平等来实现的。革新是通过建立一种技术进步的新模式,以克服作为资本主义特征的脑力劳动和体力劳动之间的明确分工。芬伯格认为三个方面统一起来才能称作是马克思主义的社会主义概念。单独在第一种或第二种成分基础上形成的社会主义概念都是非马克思

---

① 安德鲁·芬伯格:《技术批判理论》,韩连庆、曹观法译,北京:北京大学出版社,2005年,第169页。
② 安德鲁·芬伯格:《技术批判理论》,韩连庆、曹观法译,北京:北京大学出版社,2005年,第186页。

主义的。他通过强调这三个方面的统一来维护社会主义概念。

(三)"向社会主义过渡"的重新阐释

芬伯格向社会主义过渡理论就是通过一种现代化文明形式的选择,实现对两难困境的超越。

1. 前提:突破技术决定论的现代化

首先,突破技术决定论将现代化局限在资本主义的文明之内的观念。现代化最主要的观点是建立在技术自身具有发展的自主逻辑这一决定论假设的基础上。技术是一种不变的要素,一旦被引入到社会中,就会使接受它的社会体系屈从于它的律令。这样,现代性被限定在资本主义的社会文明内,排除了所定义的社会主义,向社会主义过渡只能在资本主义限定的文明范围内迂回,不可能建立新型现代社会。只有对存在社会主义的"潜能"进行论证,提出一种实现现代化的新方法来理解社会主义。打破技术决定论所定义的现代化的决定性与普遍性,揭示其偶然性,建立新型的现代化才可能向社会主义过渡。作为一种社会文明规划,资本主义可以支持资本主义文明规划,向社会主义过渡也可以出现一种相应的社会主义规划的逻辑。

其次,突破技术决定论将向社会主义过渡限定在一定的规律中的观念。在决定论的阐述中,过渡的过程是合乎规律的。这一规律暗含了社会一旦被稳固建立,自身的内在意志将自主地推动它朝向共产主义进程的下一个阶段。但这种自主的内在动力何在,难以成功解释。曾经认为公有制和计划经济将释放一种自主的社会主义动力的观念,在苏联的试验中失败了,这也否定了这种过渡规律。芬伯格认为过渡必须以一种非决定论的样式重新构想,这样社会主义就参照一种可能的文明变化的动态的模式,就是通过一种发展的轨道实现的文明规划。

2. 理论依据:技术的"聚合"功能

芬伯格认为技术聚合了社会功能和技术功能,在此基础上产生了技术的设计、两重性和技术政治理论。设计批判认为,这种聚合影响了统治集团权力基础上形成的技术。设计批判赞同机器和产品体现了价值这一技术实体主义的观点。不同于实体理论将体现在设计中的价值等同于技术本质,导致现代社会只有一种结果,不能实现过渡。设计批判将体现在技术中的价值与社会霸权联系起来,使根本上不同的现代社会形式的过渡成为可能。

根据马克思向社会主义过渡的理论,社会主义从资本主义那里继承了制度和技术基础,这些制度和基础包括选举制度、工资体系、工业管理、技术等,作为中性的工具可以为社会主义所使用。但芬伯格认为这已经超出了手段中性使用的范围,也就是说目标产生特定手段,而非手段服务于任何目的。这样就不是给定的制度和技术能直接服务于不同的目的,而是在一种类型的工业社会转向完全不同的另一种工业社会时,会产生新的制度或技术等手段。两重性的概念依赖于生产和再生产的区分。社会主义政权不仅控制了建立在资本主义技术基础上的日常生产,而且也控制着继承下来的手段用于新的目标的再生产。芬伯格用两重性的概念意在说明社会主义的原材料来源于资本主义的遗产,依靠自己努力使从资本主义向社会主义跃进成为可能。这种理论的目标在于将在资本主义基础上发展起来的制度、设备和技术的发展导向新的形式。完成由资本主义向社会主义的蜕变。

3. 过渡的标志

将向社会主义过渡作为一种动态的过渡模式,可以为变化提出具体的建议。但在这种模式的具体应用中并不容易。因为社会不是通过革命这样的事件就能立刻转化的,而是不时地在这些所开启的空间中朝向新的形式发展。那么这个过程到底朝向什么样的道路,是朝向更宽广的过渡进程还是仅仅有助于占主导的模式,必须有一个衡量标准。芬伯格认为这种过程的衡量标准包括"广泛的公有制、管理的民主化、超越直接经济需要的终身学习的普及以及技术转化和职业训练将范围更广泛的人类需求融合到技术的代码中。①"这些标志可以用来评价社会脱离资本主义轨道的程度。这些向社会主义过渡的现象,单独从资本主义技术合理性的立场来看,经济上显得是非理性的或者管理上显得是无效率的,但他们在引发一种文明变化的过程中,离开了资本主义的框架进入社会主义战略框架。正如马克思在《共产党宣言》中所言,无产阶级在改变资产阶级生产关系中采取一些措施,"这些措施在经济上似乎是不够充分的和没有力量的,但是在运动进程中它们会越出本身,而且作为变革全部生产方式的手段是必不可少的。②"马克思以这样的方式阐释了过渡中的衡量标准。

4. 过渡的步骤

芬伯格把向社会主义过渡分为三个步骤,即社会化、民主化和革新。这三个步骤意在表明社会主义文明变迁的连贯性。这三个步骤也代表了社会发展的三个方面,代表了技术政治的未来走向。

第一步,社会化。指的是生产方式的社会化,与之相伴随的是早期在工业和文化资本以及其他大规模的生产力的分配中计划对市场的代替,并最终实现市场在后期阶段的消失。芬伯格立足于确定一种文明转化的潜在的技术逻辑。社会化更重要的是"实现人的能力"。他将"无产阶级利益"重新阐述为社会主义经济代码的理想类型,并以此为基础形成向社会主义过渡的概念和作为向社会主义过渡的方法。芬伯格通过将无产阶级利益建立在人的能力的实现上,从而与以往将社会化建立在生产资料国有化基础上区别开来,使无产阶级的利益建立在长远基础上而不是局限于短期利益基础上。社会化不仅包括机器、建筑和土地这些有形物质的国有化,还包括提高工业管理能力的知识与能力,没有后者,前者只能是一种短期利益

---

① [美]安德鲁·芬伯格:《技术批判理论》,韩连庆、曹观法译,北京:北京大学出版社,2005年,第186页。
② 《马克思恩格斯选集》第1卷,北京:人民出版社,1995年,第293页。

的获得。通过更充分的个人能力发展将技术代码和经济代码结合起来,实现真正的社会化以促成向社会主义过渡。

第二步,民主化。是指通过取消作为阶级社会特征的广泛的经济、社会和政治不平等来实现的制度的民主化。社会化在技术层面勾画了一个社会主义的未来图景。民主化将这种未来图景带到现实中,考虑以技术为中介的制度民主。

为了实现文化资本社会化,使工人具有这方面能力,芬伯格将希望寄托于教育,认为教育对民主化是必要的。但这种教育不同于单纯的学习,要在一种社会主义民主的情境中制定强制性的目标。更高水平的教育不仅会使工作的民主化成为可能,而且会使公共职能的其他领域中的活动民主化。文化的民主化进一步促成了新的社会关系的建立。因此,"民主化就成了向社会主义过渡的一种经济上的和技术上的要求。①""对以技术为中介的制度的民主控制是在技术进步的新方向上产生利益的一个条件。也就是说,民主本身是一种新型的'生产力',它能够在未来的社会主义社会中实现革新。②"

第三步,革新。是指一种技术进步的新模式的产生,这种新模式能够克服作为资本主义特征的脑力劳动和体力劳动之间的明确分工。

前两步的文化和政治变化将为技术发展创造一种新型的社会环境。一方面,文化社会化使社会中有技能的劳动比资本主义的更充裕,企业成本随之降低。在这种良性循环中,高素质的人力资源不仅不会缺乏而且可以广泛地获得。另一方面,民主化管理提高了机动边缘,使革新的样式发生变化。这样雇员就根据他们的喜好改变"游戏规则"。在新的管理体制下革新就有了新的判断标准。也就是资本主义管理者所采用的资本主义技术

---

① [美]安德鲁·芬伯格:《技术批判理论》,韩连庆、曹观法译,北京:北京大学出版社,2005年,第193页。
② [美]安德鲁·芬伯格:《技术批判理论》,韩连庆、曹观法译,北京:北京大学出版社,2005年,第187页。

代码对利润最大化的追求和对劳动力的控制不再适应革新的需要，而是需要被一种考虑到更大范围变量的不同的代码所代替。这种新的代码产生于工人的自主管理，在这种管理体制下，工人作为生产者同时也作为消费者，会更容易感受到特定技术的使用对他们的工作条件和生活质量所造成的影响，也会对消费者的需求和环境问题做出更好的反应。革新的结果将会出现一种用新的原则来支配技术变化的社会主义的生产体系。

5. 向社会主义过渡的代理人：中产阶层

芬伯格关于中产阶层的理论，关系到向社会主义过渡的"代理人"的选择问题。社会主义的实现长期以来依赖无产阶级，芬伯格认为应根据时代需要选择中产阶级作为新的代理人。

选择新代理阶层的原因。芬伯格向社会主义过渡的任务是要达到一种"深层的民主化"，意味着管理者实际权力必须适应工人的机动边缘的不断扩大。芬伯格否定了工人阶级在过渡阶段的领导作用，也反对西方民主改革中的"自主管理"模式。因为，这样官僚政治的独裁和计划机制的废除要求更多的依赖市场。这就需要企业自主化进行管理，企业自主化看起来将希望寄托于工人，而工人必须长期依赖具有一定操作自主性的专业人员和管理人员，自主管理在再生出原有的技术代码的基础上将工人和管理者联合起来。工人选举出来的管理者也许仅仅会对工人的工作安全、健康和工作保险等方面问题做出回应，却解决不了实际问题，这种民主是形式上的。企业自主管理也类似于资本主义的技术统治论。正是企业的形式民主化使芬伯格向社会主义过渡成为必要。形式的衡量标准达不到过渡的民主任务，它要求"重新安排以前被划分的体力劳动和脑力劳动，以便降低劳动阶层的操作自主权和异化的管理功能重新回到集体劳动者的手中。[1]"自主管理只可能解决部分形式问题，技术代码还是原来的，只能再生出原来

---

[1] ［美］安德鲁·芬伯格：《技术批判理论》，韩连庆、曹观法译，北京：北京大学出版社，2005年，第198页。

的管理体系，不能适应工人机动边缘的逐渐扩大。芬伯格深层次的变化意味着各种技术和管理的专业化的结构和知识基础发生重大变化。这就需要能胜任这种深层民主化的阶层的出现。

6. 选择中产阶层的依据

芬伯格将深层民主化的希望寄托于中产阶层。因为，这些变化需要一种技术精英的责任文化，中产阶层适应了这样的要求，并且表现出对劳动者的同情。首先他认为选择中产阶层不是无用的思辨而是来源于重要的历史经验。技术发达社会的条件发生了变化，从20世纪60年代和70年代很多致力于反对剥削斗争社会的中产阶层的成员开始重新定位自己的社会角色。在目前发达社会革命运动中出现官僚机构、公司行政部门同情和对工人友善的特点。在"五月事件"中一些同情工人的成员提出了非常详细的计划来改革管理和政府机构。其次，依据中产阶层理论。中产阶层大多是通过自身努力才获得一定的社会地位，不像别的阶级具有独立于他们政治关系的明确界定的利益，他们是由组织中的位置来决定的，而不是一种经济功能定义的。他们社会身份的脆弱性是由于支持他们社会身份的各种组织的工具性特点。他们获得专业知识证书后就服务于特定的技术代码基础上的行为。

中产阶层作用的实施。中产阶层不像其他阶级在经济过程中获得阶级身份，而是源于一定知识体系的专业关系。这就出现一种"专业化"的意识形态，中产阶层通过专业知识为不能亲自执行的"委托人"服务。中产阶层在已经建立的霸权所施加的限制内为统治替代的需求服务。这种教育特点使其具有一种社会责任，这样他们的行为就展现一种权力/知识的两面性。在社会斗争还不稳固，还没有在意识形态上表达出来的时候，这种两面性就从上层表现为技术专家治国论。一旦来自下层的"委托人"起来抵抗，官僚机构的合法性就在全体范围内受到挑战，它的选举、服务的概念、代表的公共利益都被动摇，表现出工作的压制性。当"人民"作为一种资源和一种联盟出现时，就从根本上发生变化，出现一种替代形式的合法性。原有的官僚政治不再是通过牺牲人民而将自身的操作自主性最大化而成为大众利益的斗争舞台。在其中主要是大部分中产阶层被重新构成，形成了新的实践和技术代码，这些实践和技术代码代表更大范围的利益，它们的目标是降低领导阶层的操作自主性。

小结

芬伯格的技术政治观念是在揭示技术统治论本质的基础上，对扭转技术统治论潮流的积极尝试，就理论而言是完整的、内在合理的。他通过重新设计技术创造出一种替代的技术体系，真正解决技术产生的问题，实现人的全面发展需求和对自然环境的保护。是对以现代技术为中介的任何社会关系重新设计技术的尝试，使技术容纳更多的技能和主动性，促进真正民主的实现。

第一，坚持马克思主义的人类解放旨趣。马克思主义认为科学技术作为一种革命解放的力量，技术批判的旨趣在于追求人的"全面而自由的发展"。芬伯格也始终坚持马克思主义关于人类解放的旨意，将技术与社会主义和人类解放联系起来，致力于通过揭示技术设计与使用中的秘密挖掘技术社会发展中人类解放的潜能，寻求社会主义取代资本主义的文明方案。芬伯格认为技术的政治性是内在的，技术的政治本质旨在考虑技术对于整个自然和人类文明的发展中所起的作用。基于此，赋予技术以民主、公正、效率、环保等内容，以推动技术可持续发展。

在关于技术发展与技术本质的相关思想中，马克思认识到技术本质与人类本质应该具有一致性，当技术发展真正体现人类的利益，把高水平的技艺应用于社会生产，技术进步就是人类本质的不断实现，人类在技术进步中实现自由和解放。这种乐观态度源于马克思认识到技术可以产生一个能够使经济民主化的新的下层阶级。芬伯格通过技术设计创造出一种新技术同时最主要的是也挖掘出一个新的阶层,对资本主义技术霸权的替代也是从下层及被忽视的弱势群体中寻求解放的力量。与传统马克思主义者不同,芬伯格是立足于技术普遍化的当下社会,不仅仅停留于理想状态,而是经过各方面的实践参与寻找切实可行的方式。在各种具体实践中不仅具有了"机动的边缘"的理论升华,而且为技术民主化带来了可能性。他对人类未来解放的诉求是将技术设计作为一种生活方式,这样的生活方式预示着更多人可以参与到这种生活世界的塑造中,而不是生活在少数人塑造好的生活世界。这预示着人类的自由与解放从一开始就寓于其中,而不是在一切条件具备后外加的。总之,对人类自由与解放的追求是贯穿芬伯格技术政治思想始终的旨趣所在,而追求态度和方式的不同又显示出其特殊性。

第二,拓展了法兰克福学派技术政治思路。这一理论是在深化法兰克福学派的技术批判理论基础上与建构主义方法相融合的结果,将法兰克福学派的敌托邦批判带出了死胡同。芬伯格的技术政治理论建立在一种敌托邦的技术批判基础之上,也就是他对技术民主的追求不仅是源于通常情况下对民主泛泛的渴求,而主要是源于对技术理性统治论的反对。在资本主义社会中,由于技术行为的行动者和对象之间的等级特性,资本家利用技术会产生一定的反作用或消极影响,当这种影响扩展至全社会就会造成了一种敌托邦的体系。法兰克福学派的技术批判理论就是对这一敌托邦状态的反思,芬伯格与这种思想基础是一致的。但芬伯格并没有停留于法兰克福学派传统观念,而是着眼于以技术为媒介的资本主义社会各阶级之间的关系,统治者和被统治者之间的分工,发现技术正是在这种方式下产生了资本主义凌驾于大众之上的统治。这种敌托邦的社会问题的解决需要一种具有社会偶然性特征的新的设计理论作为理论支撑,而建构主义框架使设计理论满足了这一理论要求。这些源于技术设计中统治者控制的利益范围,一旦被敞开面向更大的利益群体,就会产生新的人和自然与技术相一致的再设计。从而揭示了现代技术如何不可避免地内涵了的政治倾向,现代技术民主化的可能性与途径。这种技术理性批判与建构主义的结合着眼于技术内部的设计与重构,为技术社会的良性运行和发展提供新的思路和美好前景。

第三,芬伯格形成了完整的技术民主观念。他所面对的问题依然是反对技术统治论,但解决的方法是找到技术发达社会内在的激进的政治资源,从内部削弱技术统治论对整个社会的统治,因而对技术领域中新的行动特别关注。民主合理化的概念建立了技术文化研究和被批判理论关注的不确定的现代性之间的联系,这将可以阻止早期单边的悲观评论的可能性。芬伯格技术民主是在范围广泛的背景下形成技术的民主联盟,在技术设计之初就预防技术对自然和人类的破坏性影响,设计体现公众利益的技术,为自然和人类负责。这可以代替科技决定人类沟通的技术统治论,建立技术进步服务于人类交流的民主社会。芬伯格的技术民主观念发展了技术政治思想,力图通过技术政治的微观方式达到一种宏观目的,在技术政治学的领域中展开对理性的改造,重塑我们周围的技术世界,从而建构他的技术民主化理论。芬伯格技术民主化意在通过对技术的民主控制,使技术符合更广大群众的需要,以彻底改变技术统治论统治现代社会的状况,使技术反映更多人的利益和需要,使技术进步服务于符合公众利益的民主社会的需要,建构更合理的现代社会。芬伯格的技术民主化过程是整体性的整个技术体系建构过程,是其技术政治思想的核心,为技术社会民主政治建设提供有益借鉴。

第四,芬伯格的社会主义观念结合技术社会发展的时代特色予以重新解释,从社会化、民主化和革新三个方面强调社会主义的协调统一性,与我们今天的社会主义和谐社会建设思想观念相似。邓小平指出要发展社会主义,首先必须搞清楚什么是社会主义,从而提出关于社会主义本质的著名论断。社会主义本质论断最鲜明的特色就是消除了各种对社会主义的僵化认识，提出在动态中发展的观念。而芬伯格也认为社会主义是在动态中不断发展的整合社会各方面因素的和谐发展过程。社会发展中这一观念可以相互借鉴。

芬伯格的研究没有仅停留于理论，而是从抽象技术的开端深入到实践层面，找寻资本主义工业制度的物化根源。从理论与实践相结合的角度，实现技术的转向，揭示技术与政治互动的内在规律及其实践后果。但这种积极的思考与实践也带来了一些值得商榷的问题。

第一，芬伯格技术政治观作为整体主要体现在对资本主义技术政治的批判和在此基础上的重新建构，而这一切的实现来源于他对一系列具有批判及重构功能的概念的界定。技术代码、技术设计、形式偏见、新工具理论等基本概念说明了社会将发生改变的可能性。对资本主义技术霸权的批判说明了社会为什么将被改变，重构理论说明变化的意志出现时，社会是否和如何能够被改变。这些基本概念之所以具有批判和建构功能，是因为这几个概念事实上体现了芬伯格所谓的技术的辩证法，即既有维护统治阶级的利益的可能性，又具有维护大众利益，构建民主合理化的可能。但是这几个以技术为核心的概念却有一个共同特点，就是技术的社会属性显示有余而自然属性显示不足，给人留下技术这样的高深问题每个环节社会属性都不可或缺的印象。也许芬伯格本人是了解技术的，他的父亲是物理学家，他在批判哈贝马斯时，主要是说其不懂技术，但概念上对技术社会因素的过多强调使其理论出现虚幻的特点。

第二，技术政治的重构为了谁、依靠谁的问题是关键问题。技术政治之所以可以重构，是因为内含着技术民主潜能和人们被压抑的潜能，这些潜能在现代的技术社会已经隐约出现了变革的主体，机动的边缘可以深入技术设计中使技术重新设计以表达公众整体的利益。技术政治重构的实质就是对技术本质进行辩证的认识，使被技术统治论剥离了的社会情境重新得到恢复，从而实现人类潜能。但潜能被激发的时机和动机表述不明确。

第五章 安德鲁·芬伯格技术政治观

在法兰克福学派传统批判理论中指出资本主义已经将人异化为失去抵抗意愿的单向度的人，而在芬伯格看来情况已经发生变化，公民已经有可能会有更多的责任和权力。但是对于这种激进民主的前提，他只是轻描淡写地指出"现在的情况与 20 世纪 60 年代相比已经不同，而且随着世界范围的环境危机的全部问题的最终显露，将来的情况可能会有所变化。①"就这样一种可能性然后寄希望于一种责任文化，似乎存在依靠力量不可靠或根基不稳的问题。要想选择一种新的技术发展道路，实现人类的潜能，先要把潜能的激发时机和力量明确化。另外，技术政治的重构从长远看是为了人类的利益，但是具体而言，芬伯格提出"参与者的利益"，技术的参与者是谁，什么人有资格能深入到高深的技术设计中。即使在具体的案例中存在这样的参与者，这种参与者也是非常有限的，如何激发起广泛的激进技术民主化。"机动的边缘"的出现和新社会运动中出现的边缘群体有很大关系，其代表力也非常有限。这些问题的含糊使理论本身也具有了虚幻性，因而需要不断完善，以增强理论的说服力。在芬伯格的"向社会主义过渡"理论中，关于中产阶层精英阶层的理论存在问题。首先夸大了中产阶层的作用。他的中产阶层理论具有一定的合理性，中产阶层确实从专业知识尤其现在技术背景下对发展起到一定作用。但是将向社会主义过渡这样重大的历史交替寄托于大部分中产阶层的社会责任和对工人阶级的同情，这样是不妥的，中产阶层具有相应的社会关怀可以起到协助作用，但不能是决定作用。其次，中间阶层的界定不明确。中产阶层是脱胎于工人阶级还是已经是独立于工人阶级的特殊阶层，也没有明确界定。根据我国公布的 171 条汉语新词之一，新中间阶层是指具有一定的知识资本及职业声望，具有中等以上国民教育学历水平，具有专业技术资格，对社会公共事务和社会意识形态具有一定的影响力的社会阶层。但根据权力/知识的

---

① [美]安德鲁·芬伯格：《技术批判理论》，韩连庆、曹观法译，北京：北京大学出版社，2005 年，第 19 页。

两面性理论，有代表大众利益的中产阶层，也会有维护统治阶级利益的中产阶层。因此不能简单地依靠中间阶层。

　　第三，公众参与设计达到技术民主化的程度问题。芬伯格主要是通过成功案例的分析来解释自己理论的可行性，但是成功案例毕竟是有限的。事实上许多技术领域专业化程度是很深奥的，不是普通公众就可以轻易融入其中，即使参与了也未必能起到应有的效果。芬伯格的许多案例像艾滋病患者、妇女分娩问题都是在出现问题基础上斗争的结果，也就是已经付出了一定代价，要真正从源头上参与到设计中扩大民主，仅仅靠非专业人士的学习和兴趣，显然力不从心，当然依赖知识分子的责任也不是良策，技术民主的推进方式还需不断探索。其二，具体技术的有限性问题及公众参与设计的具体操作性问题。技术民主的推进是在具体技术中实现的，一项具体技术最终只能采取一种设计，公众参与设计不可能反映所有人的利益，还会出现权力之争这样一些相关问题影响技术民主化的操作的现实问题。其三，参与设计的公众设定问题不明确。技术民主化要求扩大由行动者所代表的利益范围，但这种行动者是有明确限定的，只属于技术领域范围内，必须是在一个通过民主方式组成的技术方案中恰好是参与到这个技术设计中的行动者可以承担自身行为后果的情况下，这样形成民主的技术联盟以便在设计之初就能抵制有害的方案，注意到公众的利益。但是这种公众的界定本身是模糊的，行为者都在特定的领域范围内活动，扩大行为者所代表的利益范围也是局部的。无论如何，芬伯格的技术民主观在积极实践中确实取得了一定成效，一些成功案例是值得进一步推广的。只要能带来进步无论程度深浅，都值得肯定和尝试，并在实践中不断完善。

　　第四，芬伯格在现代技术发展的大背景下，从马克思主义文本出发，对社会主义和向社会主义过渡理论进行重新阐释，为技术政治寻找方向与出路，发展了法兰克福学派技术政治效应观，这种理论见解与胆识值得我们借鉴与反思。但芬伯格的社会主义观念与马克思的社会主义观念有相通之处也有很大差异。首先，芬伯格概念的"新"主要在于结合了新社会运动的非市场的社会目标，马克思基于时代的限制主要在经济范围内阐述对资本主义的替代。其次，芬伯格提出资本主义福利发达国家更容易转向社会主义，这与马克思提出的社会主义首先在高度发达的资本主义社会首先实现，因为其提供了丰富的物质基础有很大相似性。再次，二者同样意识到资本主义与社会主义是不相容的，代替必然要发生巨大的社会和政治变化。芬伯格关于"在以技术为中介的社会制度中，资本主义的控制与有利于技能和民主参与的技术的长期进化是不相容的。"[①] 表达了这种观念。最后，马克思将资本主义必然灭亡归结为资本主义无法克服的基本矛盾，芬伯格将其被替代归结于资本主义的控制限制了真正的民主。如提出现代大型企业财富的高度集中对民主平衡构成很大压力，媒体企业集团的私人控制与公共讨论的不相容，环境调控水平与资本主义一些工业类型的不相容。他只是将问题说出来却没有指明最根本的原因。此外，芬伯格将社会主义作为一种与资本主义并列的文明替代形式，将社会主义作为一种可能存在的文明方案，反对将社会主义作为一种政治信仰来追求。这种可能性与马克思将社会主义作为社会发展的必然性有相悖之处。马克思将社会主义作为未来的理想信仰，虽然芬伯格的选择性中已经包含一种信仰，为避免一种极端而提出两种可能存在的文明方案，但将资本主义与社会主义并行的观念会引起误会。芬伯格本来是立足于马克思主义立场，反对各种非马克思主义观点。但是在对各种非马克思主义的社会主义观的批判中，一定程度上他是站在后马克思主义的立场上。

---

① [美] 安德鲁·芬伯格：《技术批判理论》，韩连庆、曹观法译，北京：北京大学出版社，2005年，第31页。

第六章

卡尔·米切姆的技术政治观念

卡尔·米切姆是美国著名的技术哲学家和工程伦理学家，是国际技术哲学协会（SPT）第一任主席，同时担任多个国际知名技术哲学期刊主编，著作颇丰，其主编的《哲学与技术》《技术哲学文献目录》被学术界公认为技术哲学的重大里程碑成就。他在1994年发表的专著《通过技术思考：工程与哲学之间的道路》被认为是"集当代技术哲学之大成的著作"，同时也是米切姆哲学思想的分水岭。1994年之前，他的理论研究集中在技术哲学的认识论和类型论上，在多篇著作中阐述了技术哲学研究的工程学传统与工程、科学、技术之间的相互关系。1994年后，米切姆技术哲学思想发生了转向，对技术伦理学与工程教育等方面产生了更多关注，出版了《工程师的工具箱：工程伦理》《科学、技术和伦理百科全书》等著作。近年来，他关于马克思技术哲学思想的观点与研究日益受到国内学者的关注，作为中国人民大学新奥国际杰出讲席教授也经常受邀到中国进行交流讲座。

一、技术政治思想产生的背景

米切姆出生于1941年，正值第二次世界大战期间，他的青少年时期处在美苏两国争霸时期，这个时期对于武器装备特别是原子弹的研究与开发达到了顶峰，随着两颗原子弹在日本长崎和广岛爆炸，产生的巨大威力带去了毁灭性灾难，科学家也开始反思核武器的应用到底是利大于弊还是弊大于利。对于经济、军事实力的比拼加重了各国环境压力，生态环境恶化、资源短缺、人与自然关系日益紧张，人们开始思考科技和进步带来的深层影响，反思运动给技术哲学研究的发展提供了机会，也引起了米切姆的注意。米切姆在接受采访时曾经表示，技术比科学更需要思考。对于人类而言，生活不仅仅为了积聚财富，更应该用一种综合性的思维方式来考察人类所做的事。卡尔·米切姆开始对技术哲学这一领域的思考，并且根据不同的思想传统将技术哲学划分为工程学的技术哲学与人文主义的技术哲学这一对"孪生子"以及后期对技术伦理思想的研究，其中蕴含的技术政治观念与其生活时代密不可分，也与其渊博的哲学储备，对各种思想研究与借鉴密切相关。

（一）对马克思技术政治观点的借鉴

米切姆提出了"欧美经典技术哲学"的两代：第一代是19世纪开始思考技术的哲学，特别是19世纪晚期到20世纪早期的卡尔·马克思。第二代是19世纪后期产生的对先前技术哲学的批判。虽然自己应该属于第二代，但他坚持第一代理论仍有可取之处，在著作中也常常为其辩护。对于技术的研究及关联因素的研究是现代社会理论的重要组成部分，但直到20世纪技术才真正成为哲学关注的对象。米切姆认为这种转变是由于存在主义的影响与广大工程师群体追求对本行业性质进行透彻分析。其中，产生的西欧、英美、苏联—东欧这三个学派贡献最大。苏联—东欧学派是以马克思的思想为基本依据的，也是三个学派中最具有内在一致性的学派。

马克思对技术的分析是技术哲学最重要的过渡，他的思想受到新兴学科比如社会学的影响，强调技术与社会之间的关系。在《通过技术思考》一书中，米切姆认为"乌托邦式的社会主义者"，即空想社会主义者对科学技术实施的管理构成了早期技术统治论的雏形。比如，圣西门认为要提高人类的福利，现代科学和技术的发展必须通过重新组织社会结构来不断完善。然而马克思认为在技术统治上的管理远远不够，他在《资本论》中对于政治经济学的批判就试图去揭露这种现代政治理论的前提条件以及如何弥补其不足。政治经济学不应该只局限于特定阶级，马克思正是要将政治经济学从资产阶级的利益中解放出来，那么在这个过程中必须要考虑的就是生产过程。米切姆认为，马克思所处时代中，现代的科学技术有效削弱了传统的工艺以及手工生产所带来的成就感，所以劳动力的功能变得彼此平等并开始交换。但科学技术本身并不能统治人，马克思反对把资本主义异化现象完全归结于科学技术的说法。科学技术所具有的社会政治功能是在具体的社会经济制度中体现的，科学技术变成统治工具也只是资本主义的现象。所以米切姆认为马克思是持批判技术统治论的观点，这是讨论马克思与技术的政治价值研究方面的看法。

（二）兰登·温纳"人工物具有政治性"思想的影响

米切姆有关技术政治思想的形成，受到温纳关于"技术作为政治"思想的影响。关于技术政治性中的"政治"一词，温纳解释为权力和权威的分配以及这种分配下的各种人类活动。而具有政治性的"技术"，温纳认为应该是所有的现代实践技艺，也指特定种类的成品器物或块件。技术具有的政治性指的是技术在实践运行过程中以特定方式分配的权力和权威，温纳表示，我们应该关注技术本身，特别是在经济、政治社会中不断发展的技术。温纳对技术人工物的反思和批判扩展了技术哲学范畴，否定了传统的技术中性论，认为技术有其自身建制化特点。随着现代科技的不断发展，人们开始在各方面越来越依赖技术，同时也日益对技术超出人类控制范围的趋势产生了担忧与恐惧。温纳关注在科技影响下的社会与政治问题，认为技术现象是由特定政治制度、实践等影响的，提出并阐述了其技术政治理论的概念和主张：一方面是技术结构和进程在整个现代文明中所扮演的角色，另一方面是随着技术复杂性的增加而出现的特殊"责任"问题。①

温纳技术政治思想的核心就是他提出的"人工物具有政治性"这一观点，人工物隐含了政治性，如技术革新为公共秩序建立框架并产生持续影响，所以人们需要对技术进行有意识讨论。米切姆对温纳针对技术与政治关系的论述表示赞同，并认为人工物的政治性是善的。这方面有很多例子，比如信息传播技术的发展促进了民主进步的进程。所以米切姆的技术政治思想深受温纳"人工物具有政治性"理论的影响，不仅拓展了技术哲学研究视域，将社会政治等因素纳入技术的考察对象中，还影响了米切姆对技术伦理思想的研究，形成了著名的"考虑周全的责任伦理"思想。另外，米切姆还阐述了技术政策研究的相关概念，即"对技术中的政治问题研究和对现代技术的政治指导的研究，超越了狭义的技术的和政治利益，唤起对作为整体的政治生活的向往。②"在传统的政治生活中，目标就是追求"正义"；在现代政治生活中，更多关注如何公平处理技术所带来的利益以及技术成本和技术风险的分配。

（三）安德鲁·芬伯格"技术批判"思想影响

米切姆的技术政治思想关注政治与伦理的影响，试图从批判技术出发的路径受芬伯格技术批判理论的影响。米切姆称芬伯格是"批判社会理论家"，认为芬伯格"为重新配置技术的各种不同的可能性提供了具体的建议"，尽管有不足之处，但芬伯格"试图在人性的观点下重新纳入技术③"仍具有深刻的理论与实践意义。芬伯格技术政治的核心是技术民主化，这

---

① ［美］兰登·温纳：《自主性技术：作为政治思想主题的失控技术》，杨海燕译，北京：北京大学出版社，2014年，第36页。
② ［美］卡尔·米切姆：《通过技术思考：工程与哲学之间的道路》，陈凡译，沈阳：辽宁人民出版社，2008年，第135页。
③ ［美］卡尔·米切姆：《通过技术思考：工程与哲学之间的道路》，陈凡译，沈阳：辽宁人民出版社，2008年，第113-114页。

是在法兰克福学派技术批判理论与建构主义相结合的基础上形成的,是对于技术变革理论的创造性发展。在传统观念中,技术作为独立概念是不包含政治民主等概念的,也就是说技术与政治无关。但是人们的日常生活包括政治生活越来越离不开技术支持,技术作为现代社会媒介发挥着重要的作用,芬伯格认为技术变革的影响巨大,牵涉到经济、政治、宗教、文化等多层次。资本主义是维护特定阶级利益的,这就造成很大一部分人的利益难以保证,民主化不能充分实现。芬伯格的技术民主观念意在解决技术社会民主化问题,重新构建更加理性更加民主的现代社会。

米切姆在多篇文章中讨论了技术民主的关系。例如,在"为什么公众应该参与技术决策"一文中,米切姆指出了技术与民主的关系是既有共性又有排斥性的。在介绍民主参与的理论的时候,借鉴了芬伯格的思想,技术民主的实现需要公众参与设计。技术民主化必须要使大众特别是处于社会边缘的群体有参与的权利,这种权利不是完全强制的,而更多是"激情和参与"。这一群体有他们独立的知识层面,是被忽视或压抑的关于社会现实的知识,当所有人能够平等地参与进来时,结果才可能实现最大程度的公平公正,技术民主才可能真正实现。芬伯格还特别善于用案例来阐释自己观点,比如,艾滋病患者要求改变医生完全将病人作为管理对象加以限制的现状,争取更人性化的医疗护理运动。只有反对主导霸权,向当前设计技术提出挑战,才能取得技术进展,最终艾滋病活动家成功通过民主参与恢复了其象征意义与关怀功能。米切姆认为"如果没有非技术的艾滋病活动家的参与,不会有如此多的人因相关的科学研究而得救",公众参与因此获得了一种"能提升技术决策中技术方面的能力的作用与价值"[1]。

芬伯格的技术民主化理论也存在一定不足,还需要进一步商榷。他擅于引用案例阐述问题,但像艾滋病患者等案例都是在出现问题后再反思和

---

[1] [美]卡尔·米切姆:《工程与哲学——历史的、哲学的和批判的视角》,王前译,北京:人民出版社,2013年,第392页。

斗争实现成功的案例，具有一定滞后性，而且仅仅依赖这一群体显然并不科学，对这一群体的限定范围也是比较模糊的。米切姆还指出芬伯格"没有显现对民主参与理由的充分考虑，也没有做出任何进一步努力来解决民主现实主义面临的明显挑战"，米切姆总结了八个关于"技术决策中公众参与的原则的标准理由"，对芬伯格的理论进行了补充。

二、技术政治观的哲学基础

（一）技术本质论

"技术"一词并不是新鲜事物，探索先进技术早已成为人类不断追求的目标。对于研究技术哲学的哲学家和广大的学者而言，都需要回答一个最基本的问题——技术是什么？米切姆认为首先要弄清楚概念，再在概念的基础上进行研究与区分。所以，他首先对古代技术、现代技术以及科学、技术、工程这两组概念进行了剖析。米切姆将技术分为四类，分别是：作为物体的技术、作为知识的技术、作为活动的技术、作为意志的技术。在论述作为知识的技术时，重点提到了古代技术与现代技术的区别与联系。

表1 古代技术与现代技术的区别

古代技术	现代技术
主要依靠感官技能、技术格言、描述性法则	除了依靠感官技能、技术格言、描述性法则，还有技术规则和技术理论
艺术设计	工程设计、官僚政治
器皿、器械、设施、工具，以人力、畜力为动力	机器
以使用、娱乐为目的	以获取利润为主要目的

注：以上资料来源于米切姆《技术哲学概论》

米切姆认为，古代技术涉及的主要是个别客体，是基于人的直觉知识用天然材料制作而成的，以各种活动中有限的使用和娱乐为目的。最终形式就是手工制作和使用日常器具，所以米切姆更愿意称之为技艺。相比之下，现代技术更注重利用现代科技进行大规模生产，会利用科学理论、技术规则等对抽象的能量和人造材料加以利用，从而获取利润，创造最大限度的利益。所以，现代技术以科学规律为后盾，以工程设计为核心，整体性、系统性、关联性比古代技术更强，也易产生更大的生产力及伦理问题。米切姆认为墨西哥哲学家帕茨指出了古代技术与现代技术的本质区别：手工艺品是不受效益支配的以娱乐为目的的产品，所以它更重视装饰而忽略了效益。在传统手工艺品中，每一件都是独特的，即使是像篮子和木碗这样的世俗之物也是。而现代技术则倾向于生产完善的批量产品，很少强调技艺了。所以，"技能性的手工制作现在变成了脱离具体制造活动的工程设计，而工程设计则转化成为系统的生产过程，于是，制造和使用有两种类型：一种是古代技术或技艺，一种是现代技术——或者简单地说就是技术。①"

要了解"技术"到底是什么，就要明确与之经常对应的"科学"一词的含义。在现代用法中，"科学"通常指对知识的不懈追求，包括知识本身与解释世界的现象。17—18世纪通常指为解释某种现象而制定的法则，到了19世纪，"科学"一词开始与科学方法联系紧密，以研究自然世界有纪律的方法，分支众多，如物理、化学、生物学等。总的来说，科学就是运用定理、范畴等思维形式来反映现实世界中的各种现象的本质及规律的知识体系，是社会意识形态的一种。米切姆认为科学是通过思想和理论表述的特殊的知识，科学理论包括太阳中心说的天文学理论、血液循环理论、生物进化论、相对论等，是重视求证求实的知识，其根本价值向度就是求真。技术的不断进步改变着社会面貌，与人类生产生活息息相关，从

---

① ［美］卡尔·米切姆，技术哲学，张卜天译，《技术哲学经典读本》，吴国盛编，上海：上海交通大学出版社，2008年，第24页。

最原始的钻木取火到工具的制造与使用,再到无数发明的创造,人们开始利用自己的技艺和双手,迫使自然离开其原始的状态,并不断改变和压榨它。"技术"一词可以指某种物质,也可以指事物的组织方法、技巧、系统等抽象概念。米切姆认为技术最初是一项实践或活动,后来理解为人类使用或制造物质产品的各个方面及各种形式。从工具、装配线、消费品到工程科学、官僚体制和人的渴望,都可以称作技术的谈论对象。关于"技术"一词的外延,米切姆将技术划分为四种不同的类型:技术作为客体、技术作为过程、技术作为知识、技术作为意志。

关于科学与技术的关系,米切姆首先说明了有很多职业科学哲学家如恩斯特·内格尔将技术等同于科学,但是"应用"的特点并不清晰。科学哲学的现象学传统将科学与技术分别作为整体进行追问,以此来看待二者关系。米切姆认为要讨论技术哲学就要将科学与技术分别对待。他试图解释"科学与思想"和"技术与思想"这两者的关系问题,并提出了一系列追问:科学是什么?技术是什么?科学是真的吗?什么构成了科学中的真理?技术总是好的或有用的吗?什么是科学论证和科学解释的逻辑?科学是怎样与包括政治活动和道德观在内的人类生活的别的方面相互关联的?这些问题构成了科学哲学与技术哲学的核心问题。技术不等同于科学,技术具有实践性和应用性,和科学一样都具有自身特定概念与逻辑。但同时,在科学指导下的技术,产生了巨大的能量。科技生产力思想是马克思主义唯物辩证法的重要理论,同时也是历史唯物主义的重大论断。马克思对科学技术的作用有过很多精辟、形象的概括,认为科学是"历史的有力的杠杆",是"在历史上起推动作用的革命力量",并直接指出:"社会劳动生产力,首先是科学的力量","固定资本的发展表明,一般社会知识,已经在多么大的程度上变成了直接的生产力"。马克思恩格斯亲身经历、见证了近现代科学技术发展带来的巨大影响,认识到当时科学技术对生产、生活及思维方式的深刻变革,揭示了科技作为生产力的本质内涵及规律。在《共产党宣言》中，马克思恩格斯谈到："资产阶级在它的不到一百年的阶级统治中所创造的生产力，比过去一切时代创造的全部生产力还要多，还要大。自然力的征服，机器的采用，化学在工业和农业中的应用，轮船的行驶，铁路的通行，电报的使用，整个大陆的开垦，河川的通航，仿佛用法术从地下呼唤出来的大量人口——过去哪一个世纪料想到在社会劳动里蕴藏有这样的生产力呢？[1]"米切姆在看到科学技术带来的进步的同时，也提出让人们多加思考：卢梭认为文明败坏人的真实本性；马克思提出资本主义败坏了现代技术。技术在资本主义形态下被束缚住了，无法达到其真正目的，资本主义下的技术变得不自由了。

在明确了科学与技术的界限后，还需要进一步对比区分技术与工程、科学与工程的差异。米切姆认为"工程"是作为支配自然界力量的一种巨大的源泉去造福与改造人类的一门艺术。工程师与哲学家对工程有不同的理解，工程师认为工程是运用科学规律探索最佳方法，从而将自然资源转化为建筑物、机器、产品、各种流程以造福人类。而在哲学家眼中，工程是一种技艺，这种技艺带有一定讽刺意味，指特殊群体运用不好的方法破坏自然、污染地球的科学技艺。在工程学中，工程是从整体来思考，从而建造或者形成一些实体，更具系统性，在工程进行过程中，需要很多技术，技术就显得偏向实际建构，技术比工程更加宽泛。工程师与技术工人的区别在于工程师多用脑，属于白领阶层；技术工人多用手，属于蓝领阶层。米切姆还分析了科学与工程的联系与区别，首先，科学研究对工程有重要作用，工程需要在科学的指导下进行。但是科学不像工程那样有实用价值。其次，科学的目标是追求知识、真理与不断发现，更具普适性，往往不带功利性，但工程科学和工程设计的目标是通过实践制造实体和专利产品，往往是为确定的服务对象的，也会受一定限制。另外，科学研究基地多在大学或实验室，工程则多在公司企业中。从伦理角度讲，科学最容

---

[1] 《马克思恩格斯文集》第 2 卷，北京：人民出版社，2009 年，第 36 页。

易产生的问题是诈骗、造假，工程中则是不安全、不合理的设计。

（二）技术类型论

分析技术哲学所面临的首要问题必然是技术的定义问题，即技术是什么的问题，以哲学中的理论与实践之分为标准，技术同样存在理论范畴与实践范畴。理论范畴中的技术涉及本质上的问题，从根本上讨论技术的本原、性质、构成、载体以及与科学的关系等，而实践范畴中的技术则多涉及技术在实现中的伦理关系问题，如新型技术的发展取向、环境治理中的责任道德、大型武器的使用规则等。这之中，技术理论指导技术实践的运作，而技术实践又丰富技术理论的内容，两者呈现出互相依存、互相作用的关系图谱。在理论范畴中，对技术的认知也因人而异，从不同角度做出了不同的定义，米切姆认为一个可以被普遍接受的观点就是把技术看作是制造和使用技术制品，他考察了很多学者关于技术定义与本质的观点，对技术做出了经典的四类型划分，给出了较为全面的技术定义，分别为：作为物体的技术、作为活动的技术、作为知识的技术、作为意志的技术。

第一，作为物体的技术。技术经历了早期的人力工具到现代的全自动控制机器的转变，这一变化也引起了作为客体的现代技术发生伦理问题。这种类型认为技术是一系列的人造物，因此这一类型也被称为是作为客体的技术。人们从古代开始就提出了自然物与人造物的区别，如亚里士多德认为人造物是一种在形式与质料的结合上比自然物更为表面的形式。体现在各种"机器"上的人造物经历了人力、畜力或自然力到不受人力控制的现代机器的转变。

第二，作为活动的技术。这种类型主要被工程师与社会科学家等群体所认同，认为技术是制造与使用人造物等客体的活动过程，因此也被称为作为过程的技术，包括发明、设计、制造、使用、维修等。技术的制造在于创新性的发明和创造，这是工程师所注重的。而技术的使用则在于生产与运用的社会意义,这是社会科学家所偏向的。这两种学科都把技术作为过程来分析,都认为工程设计的指导原则和核心思想是实现效率目标。

第三,作为知识的技术。知识视角下的技术认为技术是一种具有传播、借鉴意义的知识,是对某一类型方法的系统描述。如邦格和卡彭特提出的几种类型的技术知识:知道人造物过程中无意识的感觉运动技能、技术谚语或经验方法、描述性定律或实用性定律、技术理论等。米切姆把这种表现模式具体分为四类:第一,对如何制造和使用技能,人体的直觉认识和经验性认识,这是通过直觉训练获得的。第二,技术准则、格言或经验法则,从而使具体操作可以推广。第三,描述性定律和图表式的陈述。第四,技术理论,通常指理论性知识或概念解释。作为知识的技术也会带来很多问题,如在知识转变为生产力时,发生了怎样的变化,带来了怎样的问题等,关系到人类思维结构和范围,所以需要在心理学、人类学、人种学等多学科基础上进行考察。以上三种类型有很多学者都进行过研究,也都会引起伦理问题,但米切姆认为,技术伦理问题产生的最主要的因素是第四种类型:作为意志的技术。

第四,作为意志的技术。作为意志的技术能够为技术活动的展开提供目的导向和内容构架,决定技术活动的上层建筑。意志意味着存在某一种明确的主张,体现的是技术使用者的个人倾向与态度。米切姆对于这一类型的划分,首先受海德格尔和埃吕尔影响。海德格尔关于技术的本质在于"座架"的论断,认为技术自身存在着意志,技术本身可以依照自己的意志去建构,甚至可以影响甚至改变人类,技术成立异化的力量,是实实在在的活的东西。这种论断看到了技术的影响因素,但忽视了人的主观性。埃吕尔的自主技术论也强调了技术的异化作用。自主技术意味着技术依靠自己制定规则路径,技术本身是目的。埃吕尔还认为知识分子认为的能控制技术的思想是不正确的,是狂妄的自负的表现。在这方面,海德格尔和埃吕尔都属于技术悲观主义。米切姆仔细研究了他们的理论,认为技术确实会影响人类，也会存在和人类想法相背离的情况，甚至会产生很多社会负面影响。但是他还是相信技术意志更多体现的是人的意志与愿望，人类如果进行自觉思考，就能利用技术造福社会。所以米切姆的技术意志观是属于乐观主义的。

虽然这四种类型的划分在表面是各自出于不同的角度，但是四种类型之间仍有逻辑上的关联，从技术的产生到使用，从主观世界到客观世界，从概括到具体，技术的不同面向在本质上依旧指向同一个方向，即技术的认识论问题。米切姆在"认识论"层面上的分类观为技术的定义提供了一个框架，诸多学者在此框架中发展出了对技术更为深入的理解，这种认识论上的内涵挖掘成为技术实践范畴的重要基础。

三、技术哲学的二元划分

米切姆通过历史与逻辑相统一的方法，回顾了技术哲学的发展历程，把技术哲学划分为工程学的技术哲学与人文主义的技术哲学。通过反思技术哲学的历史，米切姆试图寻找适当的哲学方法，通过反思技术哲学中各种各样的概念和问题，做出一种相互联系而非割裂的尝试。伴随着技术哲学的经验转向，米切姆看到了工程传统与人文传统二元分裂带来的弊端，主张两者进行和解，强调要同时关注工程与人文。米切姆有一个很形象的比喻，他把技术哲学的两种传统比作一对孪生子，认为他们甚至在子宫内就产生了一定的竞争，因为反思主体的思路与目的不同，技术哲学就成为两种理论之间的较量：以卡普、恩格迈尔和德韶尔为代表的工程学的技术哲学和以芒福德、奥特加、海德格尔和埃吕尔为代表的人文主义的技术哲学。其中，工程传统的技术哲学具有长子的身份，人文传统的技术哲学却是先孕育的。第一个孩子比较倾向于亲技术，第二个孩子则对技术存在一定的批判态度。

(一) 工程学的技术哲学 (Engineering Philosophy of Technology) (简称 EPT)

米切姆表示"可以被称为'工程的技术哲学'的东西明显具有技术哲学"孪生子"中长子的特点,"因为在使用"技术哲学"这一术语时,"工程的技术哲学在历史上是明显是先使用的。[①]"在工程传统的技术哲学中,技术被认为是主语所有格,表明技术是主体或作用者时,技术哲学就是主体是技术专家或工程师运用掌握的技术术语,这是他们对技术进行反思、分析、考察而精心创立的一种技术哲学的尝试,这一术语的两种早期表现形式是机械哲学和制造哲学。关于这一术语,我们可以这样理解:工程学的技术哲学是指从内部对技术进行分析,强调技术本身的性质和特征,即它的概念、方法论程序、认知结构以及客观的表现形式。它使用占统治地位的技术术语解释更大范围的世界,从根本上把人的现世的技术活动方式看作是了解其他各种人类思想和行为的范式。工程学的技术哲学的代表人物通常是工程人员或者有技术实践经历,表现出亲技术倾向,习惯拿技术术语来解释问题,往往对技术持积极态度。

早期表现形式之一"机械哲学"一词是由牛顿最早使用的,即用机械定律解释世界。另一早期表现形式"制造哲学"是苏格兰化学工程师安德鲁·尤尔创造的,尤尔的讨论表现出对工厂系统的辩护,他也被马克思称为工业产业的哲学家。之后,德国哲学家恩斯特·卡普在1877年完成了《技术哲学纲要》,创造了"技术哲学"这一术语。他提出的著名的"器官投射说"认为工具和武器与人的器官之间呈现本质的关系,工具被理解为不同种类的器官投影,人们在工具中不断制造自己。比如,弯曲的手指变成了钩子,手掌变成了碗,人们可以从各种工具中观察到人体器官的动作。卡普去世后,德国哲学家波恩和俄国工程师恩格迈尔也开始使用"技

[①] [美] 卡尔·米切姆:《通过技术思考:工程与哲学之间的道路》,陈凡译,沈阳:辽宁人民出版社,2008年,第25页。

术哲学"这一术语,恩格迈尔试图论述技术的社会功能问题,分析技术概念、机器、创造等问题。随着在1917年苏联建立世界工程师学会,恩格迈尔开始为技术统治论运动网罗人才,倡导根据技术原则管理社会各方面。第三个正式使用"技术哲学"术语的人是德国化学工程师伯哈德·齐美尔,他主张为技术辩护,并在他的书中反对对技术开展的文化批判,试图重新解释技术,认为应该把技术看成是"物质的自由"的一种新黑格尔主义解释。20世纪中叶,在工程—哲学讨论中最杰出的人物是德国的哲学家德绍尔。德绍尔的技术哲学带有全球性,他一边极力维护技术的地位,一边倡导与存在主义者、社会理论家等展开讨论。这种全面的、跨学科的讨论,对工程学带有敏感性的对话在今天也在发挥着影响。

(二)人文主义的技术哲学(Humanities Philosophy of Technology)(简称HPT)

人文主义的技术哲学,或者称为解释学的技术哲学,是指用非技术的或超技术的观点解释技术意义的一种尝试。当技术被认作是宾语的所有格,表示技术是被论及的客体时,技术哲学就是主体为人文学家或哲学家运用掌握的技术术语。人文主义的技术哲学尝试从"宗教、诗歌和哲学以非技术的或超技术的观点来解释技术的意义。①"关注技术如何与人类相协调,如何与社会各方面相适应,对技术提出了种种批判与质疑,进而加以反思,提出解决途径。在这样的思路上,人文哲学家寻求探明技术的意义,厘清技术与超技术事物的关系,包括技术与伦理、技术与政治、技术与社会、技术与宗教等,从外部入手批判技术,引导人们谨慎地使用技术,更加强调了人文价值的意义。总的来说,人文主义的技术哲学对技术持怀疑和批判态度。

早在16世纪末期,培根就尝试将人们的注意力从哲学、政治学等转向

---

① [美]卡尔·米切姆:《通过技术思考:工程与哲学之间的道路》,陈凡译,沈阳:辽宁人民出版社,2008年,第51页。

技术发展,确立了人文学科相对于技术的优先性。18世纪末到19世纪初兴起的浪漫主义运动,代表人卢梭批判了启蒙运动的观点——科学技术促进社会进步。20世纪上半叶,雅斯贝尔斯、马塞尔等后来的浪漫主义哲学家对现代技术进行批判,指出现代技术社会有许多问题。米切姆在著作《通过技术思考:工程与哲学之间的道路》中主要讨论了四位代表人物,即美国的刘易斯·芒福德、西班牙的奥特加·加西特、德国的马丁·海德格尔和法国的雅克·埃吕尔。芒福德作为一名技术批评家,遵循美国现世的浪漫主义传统对技术的持续批判,认为人性的基础不是制造活动,而是思维活动,不是工具而是精神。他还区分了两类基本技术:综合技术和单一技术。综合技术或生物技术是以生活发展为方向的,属于制造的原始形态,是为了满足生活需求的技术。单一技术或集权技术主要是以经济扩张、军事竞争为方向,为了满足权利的技术。芒福德强调要从根本上改变人的精神态度,在两种技术之间做出合理的区分,促进技术的进步。奥特加作为第一个提出技术问题的职业哲学家,非常看重对技术的沉思,并且是在存在主义下的技术沉思,是对实践的理性反思。"奥特加的技术哲学是建立在人类生活必然伴有与环境发生联系这一观点之上的。[①]"并且这是对环境的主动的积极的反应。海德格尔的技术哲学思想与奥特加有很多相同点,如认为人性和技术之间存在内在关联,否认技术是耗尽人精神的东西,同样否认只有通过技术的东西才能掌握技术的本质。两人都认为技术不属于应用科学,认为现代科学实质上是技术的东西,对于技术的危险都有论述。但海德格尔认为技术必须受到质疑,这点是毋庸置疑的,而奥特加则把技术看作是中性的手段。埃吕尔作为米切姆介绍的人文主义技术哲学代表人物的最后一位哲学家,认为技术是新世纪的赌注,技术代替资本成为了社会的统治力量,主宰了人类的全部活动。所以解决技术问题不是

[①] [美]卡尔·米切姆:《通过技术思考:工程与哲学之间的道路》,陈凡译,沈阳:辽宁人民出版社,2008年,第60页。

减少技术性,而是要用更多的技术性。所以,埃吕尔的观点也被称为"技术决定论"。为了实现与技术共存,埃吕尔赞同用一种非权力伦理学,从技术角度寻求自由,限制各种违法犯罪活动与不良行为,为技术化社会注入张力。

(三)两种哲学的沟通与和解

米切姆从历史与逻辑角度入手,把技术哲学划分为工程的技术哲学和人文的技术哲学,这样的二元划分理论在国际上引起了巨大的反响,成为当前技术哲学研究的重要理论,逐渐被大部分技术哲学家认可并使用。对于两种传统的关系及未来走向,米切姆认为"由于这两种传统在历史渊源和基本指向上都不相同,工程的和人文的技术哲学在研究方法上不可避免会发生冲突。[1]"关键问题是,如何认清这些冲突与分歧,做出正确的判断,并且促进两种哲学传统的沟通与和解。

工程的技术哲学反思主体主要是技术专家或工程师,他们着眼于技术的合理性,对技术本身进行反思,如技术的概念、方法、认知结构等,通过对技术细节的分析,进而发现技术发展的内在规律与在人类活动中的表现形式。米切姆认为这种哲学通常使用技术的标准和范式来看待人类社会,进而深化或拓展技术意识。而人文的技术哲学恰恰相反,哲学家们努力探寻技术的意义,寻找技术与政治学、文学、伦理学、宗教、艺术等超技术事物的联系,反思着技术与非技术如何适应。在他们的反思中,解释始终占据重要地位,所以"解释学"一词开始起了重要作用。人文的技术哲学强调解释与反思,"这是与强调工程的技术哲学中经济分析和功利主义的逻辑特点的深刻现实相对立的。[2]"人文的技术哲学对技术提出过很多

---

[1] [美]卡尔·米切姆:《通过技术思考:工程与哲学之间的道路》,陈凡译,沈阳:辽宁人民出版社,2008年,第80页。

[2] [美]卡尔·米切姆:《通过技术思考:工程与哲学之间的道路》,陈凡译,沈阳:辽宁人民出版社,2008年,第82页。

质疑，但在工程技术哲学看来，他们的批判与质疑都是片面的，他们的思辨与基础都过于狭窄，人文主义的思想家缺乏对技术的理解，并不能了解谈论的真实内容。同时，工程传统的学者关心的内容也被人文思想家所评论，工程学者担心人类没有足够的技术或者运用不当，从而导致人类愚蠢的行为。人文思想家认为工程传统的技术哲学表面上很强大，但是对历史的思考微乎其微，这种强大也只是在现代技术的边缘领域中有所表现。工程传统的技术哲学是先产生的，但是人文传统的技术哲学是先孕育的，工程传统的技术哲学是建立在人文传统之上的，但是工程传统却少了人文本源，人文传统也缺乏了知识和理性，随着现代技术的进步，人文传统的批判使得人文与技术逐渐走向对立。

米切姆关于技术哲学两大传统学派的划分揭示了两种传统长久以来的矛盾与分歧，解释了传统技术哲学研究走向困境的原因。对于技术哲学的研究，米切姆认为，这两种争论确实都需要。因为只有把技术看作社会建构的产物，将技术内部与外部联系起来，沟通工程传统和人文传统的技术哲学，进行合作研究，这样才能正确考察技术。米切姆认为，工程传统的技术哲学应该把技术放到更广泛的框架内讨论，人文主义的技术哲学也应该尝试从技术内部分析技术，实现工程与人文的和解。关于工程学的技术哲学和人文主义的技术哲学，米切姆看到了两种尝试，一种源自于工程师阵营，主要代表是德国工程师协会（VDI）。另一种源自于哲学家阵营，主要代表人物是美国的约翰·杜威和唐·伊德。二战后，在走出战后阴影重建家园的环境下，德国工程师协会变成一个研究机构，会员开始反思自己的责任。并且在1947年"技术作为伦理与文化重任"的会议后开始重建VDI，在接下来的几年中连续召开了关于技术与哲学的会议，将工程师与哲学家组织在一起重点讨论技术发展方向等问题。1956年，工程师和哲学家们成立了"人与技术"的VDI中心委员会，最终确定名为"职业与社会中的工程师"的组织，委员会中的大部分成员都是德国技术哲学家同时也在大学任教。该委员会有四个分支机构，分别是教育法与技术、语言学与技术、社会学与技术、宗教与技术。20世纪70年代至90年代初，协会成员出版了很多关于技术哲学的专著，如汉斯·伦克的《技术时代的哲学》、胡宁的《工程师的工作》、拉普的《分析性技术哲学》等。当今社会跨越了原有的学科和界限，人文学科与自然学科、社会学科与技术学科之间合作日益增多，德国工程师协会可以说是在这个背景下工程传统和人文传统的完美结合的典范，是技术哲学发展的标志。

米切姆还论述了一个重要问题，就是关于人文主义技术哲学首要性的研究，也就是两种传统中哪一个传统与哲学本身关系更密切的研究。米切姆以哲学史研究为基础，认为至少有三个可能的理由（历史的从属性、相容性和精神的连续性）支持HPT优先于EPT。第一，历史的从属性。制造、工具、活动等思想在早期神话、诗歌、哲学中就已经出现，正是在人文哲学的修辞学传统中工程哲学才逐渐产生发展。所以说，是人文科学和哲学孕育了技术，而不是技术构想出人文科学。从在历史的从属性或孕育的次序上看，HPT比EPT要早。第二，在相容性上HPT包含EPT所没有的关于历史选择的知识，EPT所研究的内容有局限性，制造本身并不是目的，正如人类学上亚里士多德区分的三种逐渐递增的更好的人类生活方式：追求肉体快乐，美德和荣誉，知识和智慧。第一种生活方式依赖于技术和工程，第二三种则是人文科学所追求的，人文科学的研究与工程学相比，更能从人本身的角度出发并补充。所以，HPT在历史上和人类学上都比EPT具有更为广阔的范围。第三，人文主义的技术哲学从一开始就坚持对技术进行批判与质疑，这种质疑作为哲学延续的精神与责任，已经对技术的东西进行质疑，"质疑是思想的祖传遗产和生命家园"[1]，这种质疑一直是作为哲学义不容辞的责任而存在的。在对待技术这个问题上，我们应

---

[1] ［美］卡尔·米切姆：《通过技术思考：工程与哲学之间的道路》，陈凡译，沈阳：辽宁人民出版社，2008年，第118页。

该主动找出并提出问题,而不是将自己与现实中其他事物隔离开。从这个意义上讲,HPT 更能包含 EPT。

米切姆指出,我们不仅要看到工程传统与人文主义传统之间是可以和解的,还应该积极寻找两者之间互补融合的具体路径。中国的技术哲学家在研究技术与社会各方面关系的基础上也提出了自己的观点。王前教授认为随着现代科学技术日益显现的负面效应,科技人员的责任范围也在逐渐扩大,合作责任——以平等、相互承认和尊重为前提的合作责任就显得尤为重要。陈昌曙教授认为完全消除二者分歧是不可能也不现实的,但没有必要过度解读它们的对立,技术哲学本来就应该是工程师和哲学家共同的哲学,应该既有工程性又有人文性,所以两个学派的对话、沟通、理解是很必要的。但如果存在难以沟通的问题也不用紧张,当存在不同观点时,双方应彼此承认,争鸣共处,力戒互贬,保持一定的张力和平衡。林娜认为,两个学派的矛盾不止在西方国家出现,在中国也在发生着,如三峡工程引发的移民、环境等问题,所以必须综合两种传统理论进行考量。在技术伦理的研究中,米切姆呼吁两个学派要互相合作,共同考察技术带来的伦理问题。在未来如环境保护、核试验、计算机运行等社会问题的各个方面,都需要运用两种传统对技术进行及时预测和评估。人文与工程同样重要,两者是对立统一的关系,在我国长期存在一种传统的观念,认为工程师和技术人员只负责开发技术即可,对于技术的衍生作用不必过多研究,这就造成了我国工程技术人员与人文学者的隔阂,会出现工程技术人员轻视人文学者的现象,体现在教育方面就是人们对文理科的重视度不一样,人文学科学生缺少技术常识与理论,理工科学生缺乏反思意识与思辩能力。这不利于合理声音的出现,不利于科学技术的良性发展。只有将两种传统有效融合,才能真正促进科学技术发展,促使技术造福人类。

通过分析,我们发现米切姆主要论述了技术哲学中工程的与人文的这两种传统,但是否只存在这两种传统呢?并不是。对于这个问题的认识是随着学者对技术与技术发展认识不断深化而发展的，米切姆同样承认还存在多种流派，如英美分析学派、现象学派、实用主义学派和马克思主义学派等其他学派，这些学派分别从自己的角度研究了技术与社会多方面的关系，对技术的探讨也在逐步深入。米切姆关于技术哲学传统的划分，实际上是对卡普以来的技术哲学研究的简单划分，是一种比较理想化的划分，也与最终目的——实现工程与人文的和解相一致。

四、技术哲学的伦理问题与政治问题

前面论述了很多概念性的问题，米切姆认为尽管形而上学分析具有理论上的优先性，但统治技术哲学的仍然是对伦理和政治的关切。这是因为现代社会普遍强调实践高于理论，也在一定意义上反映了由技术进步所引发的问题的紧迫性。米切姆通过对一些相互关联的问题做评述，进而对现代技术进行伦理政治分析。

（一）技术的伦理问题

现代技术飞速发展，对政治、经济、文化、军事等社会的方方面面产生了巨大影响，人类衣食住行都受到技术的影响，所以技术的伦理问题成为现代技术哲学研究中不可忽视的问题。米切姆在看到现代技术给人类带来的重大影响后，开始把研究重点转移到技术伦理研究上。1994年，随着他的专著《通过技术思考：工程与哲学之间的道路》发表，他的技术哲学思想发生了转向，对技术伦理学与工程教育等方面产生了更多关注，出版了《工程师的工具箱：工程伦理》《科学、技术和伦理百科全书》等著作。米切姆对伦理学有着很高的评价，他认为，伦理学可以帮助人类学会如何正确使用、看待技术。运用伦理的形式欣赏、理解技术，从而帮助人类更加明智地应用技术。

米切姆技术哲学研究伦理转向有其原因，从外部原因来看，长期以来人类对待技术的态度可以分为三种：古代怀疑主义、乐观主义、不安的浪漫主义，米切姆认为这三种态度都有不足，不足以成为对待技术的客观态度。古代的怀疑主义，把技术的负面作用看得过大，认为技术是一种恶、一种危险，忽视了技术带来的积极作用。乐观主义对技术持赞成态度，这种赞成往往忽略了技术的负面影响。不安的浪漫主义是指关于技术的矛盾心理，这种态度带有明显的消极色彩，并不能解决实际问题。所以，米切姆认为需要对技术伦理进行研究，从而产生一种较为合适的与技术共存的态度。另外，从外部环境来看，20世纪末，世界范围内各种反战争、反核武器、反环境污染、环境保护运动逐渐兴起，引起人们的关注，这些问题都属于技术伦理需要研究的部分。加之新兴学科的形成，伦理学与技术的结合更加紧密，技术自身对伦理的要求以及技术伦理研究的兴起，是米切姆转向技术伦理研究的内部原因。从内部原因看，米切姆认为技术伦理研究是必要的，但是必须建立在坚实的技术理论研究之上，所以在他学术研究前期，主要研究的是关于技术理论中的类型论、本质论等。而到了研究中期，米切姆适时做出改变，完成技术哲学研究转向伦理学研究，也是他本身研究的需要。另外，传统伦理学需要调整以适应现代技术的发展，为技术提供框架准则，所以技术伦理学研究也是伦理学本身发展的要求。

　　米切姆认为与科学求真求实不同，技术更多关心的应该是善与责任，根本价值向度就是对善的不懈追求与探索。从此，米切姆开始了技术走向"伦理"之"善"的研究。第一个研究重点就是高技术伦理学，现代高新技术所带来的强大力量，要求伦理问题积极做出回应，米切姆分析了伦理学与技术关系，倡导从事高技术伦理学研究。在他的观点中，高技术伦理是随着当代技术而变化的伦理观。那么什么是高技术伦理学呢，我们通过查阅资料总结给出以下解释："高技术伦理学是作为指导现代技术发展和应用的需要而适时产生的一种交叉学科产物，这是历史学家、社会学家、科学家和哲学家共同研究提出的。在他的著作中，我们发现他所关注的高技术伦理的学科主要包括"核伦理学、环境伦理学、生命医药伦理学、工程伦理学、计算机伦理学等。①"新出现的领域。这是高技术伦理学关注的重点，也是第一类。第二类是科学技术发展政策的交叉学科研究，第三类是新闻中报道的伦理热点等。所以高技术伦理的研究对象主要是社会新技术以及与之相关的风险和责任问题。高技术伦理脱胎于传统伦理，有区别于传统伦理学的特征。首先，传统伦理学研究对象倾向于人的行为，高技术伦理研究倾向于技术所带来的影响与行为。其次，米切姆所倡导的高技术伦理学提倡对技术进行辩证思考，从而影响人们正确的使用技术，享受技术带来的便利。传统的伦理学对待技术则主要以批判为主。第三，高技术伦理学涉及到多学科知识，需要进行跨学科的研究，而传统伦理学则没有像高技术伦理学一样需要关注很多学科与理论。最后，高技术伦理并不是高高在上的，每个人都可以充当研究主体参与其中，米切姆把这一点解释为"公众参与"。通过高技术伦理研究，可以让我们更好适应现代技术，改善生存环境。

米切姆技术伦理学第二个研究重点就是责任伦理，同时责任伦理也是米切姆技术伦理思想的核心，是当代技术哲学家们探讨的重点之一。米切姆主要考察了责任伦理的理论性与内涵，分析了责任困境及解决途径。首先，米切姆对"责任"一词进行了语义考证，"责任"（responsibility）的词根是拉丁文respindere，回答的意思，在18—20世纪才正式出现"责任"这一抽象名词，现代意义上的"责任"是指一种职责和任务。责任产生于社会关系中的相互承诺，往往社会中的每一种角色都带有一定责任，责任感是衡量一个人精神素质的标准。随着社会的发展，责任的内涵也在不断丰富。米切姆认为，"在当代生活中，'责任'在对艺术、政治、经济、商业、宗教、科学和技术的道德问题的讨论中已成为试金石。②"在传统伦理

---

① ［美］卡尔·米切姆：《通过技术思考：工程与哲学之间的道路》，陈凡译，沈阳：辽宁人民出版社，2008年，第127页。
② ［美］卡尔·米切姆：《技术哲学概论》，殷登祥、曹南燕译，天津：天津科学技术出版社，1999年，第7页。

学中，并没有过多强调责任，随着现代社会工程技术的发展，工程师与技术人员的影响力逐渐扩大，他们有着丰富的专业知识，他们的影响作用关系到社会与环境，同时他们也是技术的受益者。所以很多人开始思考在技术影响下的伦理责任，是否应该让工程师来承担。这也使得对工程师的技术伦理责任问题的追问成为米切姆在技术伦理中研究的重点。

在米切姆的思考中，科技人员责任的内涵应该包括科学家的责任和工程技术人员的责任。科学技术在发展的过程就是不断求实的过程，科学家需要时刻保持严谨、敬畏、谦虚的态度，能够进行全面的观察与分析，并勇于纠正错误，科学家的责任就是追求真理。随着20世纪30年代贝尔纳等提出科学家也应具有社会责任后，学术界开始研究科学家们的社会责任，并且在二战后逐渐扩大。米切姆认为，随着科学与社会之间张力的加大，科学家们要对专业负责，更要对社会负责。工程师或工程技术人员往往是技术的直接参与者，他们的责任一直以来被认为是对公司或集体负责，对自己承担的任务负责。在米切姆看来，他们还需要扩大社会责任，因为科学技术与社会伦理存在矛盾时，科学技术人员的行为往往是影响因素。那么产生矛盾时，就会使责任伦理走入困境，对于具体造成矛盾的原因，米切姆是这样看的：第一，从个人与集体的关系来看，通常科学家和工程师都服务于某个社会组织，这些社会组织有其统一的规章制度与工作需求，也会有自己的利益。个人所承担的责任只是有限的，在完成职业责任时可能会违背自己的伦理责任和社会责任，加之很多社会组织长期忽略对工程师伦理责任的培养，没有把这一点纳入到人才要求中，也导致了这一困境的产生。第二，米切姆认为，当单个科学家的研究逐渐细化，科学家就可能会借用集体责任来进行逃避，也就是说当集体共同做出某种行为时，责任伦理就会面临困境。这也是经常提及的责任分散效应或者旁观者效应，当一个群体共同完成任务时，群体中的每个个体的责任感就会减弱，面对困难时往往会选择退缩。除此之外，还有一个原因是公众往往对科学技术本身不太了解，只对产生的影响关心，与科学家和工程师缺乏沟通交流，在出现问题时往往会把责任完全归咎于科学家和工程师。为了解决以上困境，米切姆提出了要加强合作责任，这是在广大科技人员与社会大众之间进行的超越集体责任的一种形式，目的就在于让公众参与到科学技术中来，促进科技活动与公众利益的统一。

要加强合作责任，米切姆认为首先要促进公众参与。公众参与就是让公众参与到制定科学技术决策的过程中来，实现从专家主导到公众参与中来。这个方法可以使公众了解技术决策中的风险，表达自己的建议，促进双方交流，从而更好维护公众利益，同时帮助科学技术人员更好地进行技术决策。但是需要思考的问题是，如何保证公众参与？公众参与应该如何开展？针对第一个问题，米切姆认为，公众参与涉及到民主参与，在政治生活中保证民主参与是很重要的，米切姆将有关民主参与决策的理论分为现实主义理论与参与理论，第一种理论认为民主政治是为了争取公众选票，而民众对决策并不感兴趣，也没有广泛参与。第二种理论是米切姆所赞同的，即反对不彻底的参与，倡导民众真正参与到决策中来。米切姆也表示首先要更新人们的观念，再进行公众参与活动。更新观念不仅仅是更新民众参与本身的态度，让他们明确参与的重要性，还包括更新民众的知识储备与接受程度，提倡多个学科、专业的人参与讨论，让人文与科学产生碰撞的火花，建立一个由民众、技术人员、伦理学家组成的跨专业、广泛参与的共同体，一起对科学技术问题进行思考。

米切姆将公众参与理论分为四类：第一，参与是目的和最终价值。这来自于康德的道德自治理论，关注的是个人自由意志。第二，参与是工具，是为促进科学与人文、科技人员与非科技人员交流沟通的手段。第三，现实主义，公众参与本身是现实的，要解决的问题也是现实问题。第四，学习或教育的过程。参与决策这个过程是不同学科领域的人互相理解对方思想，互相学习与受教育的过程，在这个过程中，既向民众普及了科学技术知识，又让民众参与到决策中来。所以米切姆十分关注这种类型，在他看来，这种类型的参与模式是民主且双赢的。要实现这种类型的参与，就要从教育与学习上下功夫，要向民主普及科学技术，也要像科技人员普及科技伦理知识，提高公众的整体素质，使公众参与更有明显的体验感，真正达到相互尊重的平等交流。其实我国已经有公众参与决策的成功案例，如政府组织的听证会、座谈会等都是公众参与的具体形式。

除了强调合作责任中的公众参与，米切姆还倡导科技人员应该担负起自己的责任，履行义务。在工程设计活动中，应当承担向公众披露真相，确保公众知情同意的义务，以及考虑周全的义务。当发现有危害公众和社会的设计活动或产品时，应该勇于揭露，保护公众安全与健康。但由于科技人员往往受雇于组织，需要维护商业机密与信用，导致他们陷入两难选择，有时必须要损失一方的利益。米切姆考虑到这一问题，提出了"考虑周全的义务"，在设计过程中就通过精心思考、考虑周全确定方案和步骤，及时发现潜在危险并进行修正，减少人力物力浪费，也避免在事后陷入两难境地。所以米切姆提出的考虑周全的义务伦理更具积极意义。

米切姆技术伦理学的第三个研究重点是应用伦理。应用伦理学包含内容广泛，包括米切姆着重研究的技术伦理领域，如核伦理、环境伦理、生命医药伦理、计算机伦理等，还包含公共政策研究、政策法规研究、政治理论研究、经济伦理研究、国际关系伦理研究等。在米切姆的研究中，应用伦理学和技术发展紧密联系，主要在以下几个方面展开了论述：作为研究中历史最悠久的核伦理学涉及核武器和核动力两种技术。在环境伦理学方面，借助托马斯主义哲学传统，从动物、植物、外太空环境分别进行了讨论。在生命医药伦理学方面，他认为这是伦理学与技术相互作用发展最迅速的领域。在计算机伦理学方面，他认为应该更多关注计算机行业伦理规范、计算机与公共机构权利的关系、从业人员伦理准则等。这些领域的伦理学问题需要高度关注，但重视度还不够，未来还需要在应用伦理学方

<<< 第六章　卡尔·米切姆的技术政治观念

面走很长一段路。

（二）技术的政治问题

传统政治生活的目标是公正，所以政治学一直坚持认清并阐明公正的本质。现代技术的兴起与对公正、正义、美德的理解上的变化有关，对这些变化的研究就成了技术的政治哲学问题。之后就产生了现代技术的利益如何分配的问题，但随着技术进步的速度逐渐加快，问题开始倾向于技术成本和如何分配风险或规避技术风险，因为我们从事的技术活动更多关注的是眼前利益与个人利益，越来越少为后代的利益而着想，这些活动使"他人甚至包括我们的子女成为我们的技术行为风险的抵押品。[①]"另外，米切姆还提到了一个基础性政治问题——技术活动和技术建制的自主性或中立性问题。在早期技术是处于隐蔽地位，易受影响的，包含在其他社会建制目标中，但技术逐渐有其自身建制化的特点，温纳在《自主的技术》中提到技术是具有自主性的，这种自主性与人类无关，技术对政治的统治也与人类无关，是政治生活演变而来的。在技术社会中，技术人才所发挥的作用不如技术方法对政治王国的渗透作用大。

米切姆还论述了技术与战争的关系。一直以来存在有两种看法：第一种是技术会减少战争，战争会可怕到不可思议。第二种是技术无法阻止战争，人类总是会走向战争，技术会使之更加可怕。两次世界大战中技术带给了一方胜利，但同样给另一方带来了毁灭性的破坏，摧毁了人们对社会秩序的信心。对技术的批判的同时也加大了对人性的悲观审视，认为人倾向于将巨大的毁灭力量非理性地引向自身。对于如何掌握技术、控制技术这个问题，罗素等哲学家把希望寄托于世界政府，对于和平的向往促使从政府层面开始制定统一准则，加强国际政治沟通，以免人类从地球上自行消亡。

"当马基雅维利、培根和笛卡儿提出，制造比古人所认为的更接近人

[①] ［美］卡尔·米切姆：《通过技术思考：工程与哲学之间的道路》，陈凡译，沈阳：辽宁人民出版社，2008年，第136页。

性本质时,他们便为现代的进步理论奠定了基础。这种理论认为,技术变化将会带来有益的社会变化。①"可是随着技术的发展,技术有益论越来越遭到怀疑,工人异化、战争、环境污染等问题使得技术的副作用越来越大。许多政治理论都在讨论这些问题产生的原因及解决方法,其中古典马克思主义理论认为,技术问题不是它本身造成的,而是社会结构造成的。技术在资本主义国家是被资产阶级占有的,占有者用技术来统治工人,技术是受禁锢的技术。之后有很多学派试图对马克思主义的观点进行修正,最全面的可以说是"后工业"社会理论了,这个学派考察了资本主义与社会主义的技术发展情况与社会的变化。之后在西方占据统治地位的公众哲学——自由主义,提出了技术哲学应该明确技术服务目标,以及研究技术共同体在社会中定位的问题,并努力把这种观点付诸实践。它偏重让相关人员各抒己见,发表观点,主动参与,解决问题的过程。古德曼认为技术本质上是一种从属于政治的实践活动,一般公众政治论争时应该把技术纳入其中。研究美国技术史的莫里森提出了技术问题研究的三条原则:第一,技术应当适合人并且为人服务。第二,技术是可控的。第三,技术应当得到民主管理。好的国家应该在伦理和政治方面对技术进行规范,因为在某些前现代的思想中,技术领域被认为是从属于政治的,而政治又从属于伦理。技术政策研究强调对技术中的政治问题研究,以及对现代技术的政治指导进行研究。政治技术则强调在政治治理中运用技术思维与能力,改善政治生态,提升治理能力。对于我国,要选择合适的政治技术意义重大,从国家治理的角度看,要保护多数人的权利,通过各种听证制度、质询制度确保公众知情权、监督权,保证公众有参与技术决策的权利。同时,社会需要对公众特别是技术人员的合理行为给予可靠的制度上的支持,保护这一群体的利益。

---

① [美] 卡尔·米切姆,技术哲学,张卜天译,《技术哲学经典读本》,吴国盛编,上海:上海交通大学出版社,2008年,第30页。

<<< 第六章　卡尔·米切姆的技术政治观念

小结

首先，米切姆技术哲学的伦理问题与政治问题体现了现代技术的复杂性本质。现代技术作为人们改造世界的手段与方式，更新人们观念与知识体系，促进社会发展，技术的变革体现着人与技术、社会与技术之间的复杂关系。米切姆认识到现代技术的复杂性因素，把握住"技术时代"思想脉搏，重点研究了技术哲学及其伦理问题、政治问题。其次，米切姆的技术伦理思想为人们深入研究技术伦理学提供了借鉴思路，他的研究基于对历史的挖掘，他以广阔的视野与广博的知识研究了苏格拉底、柏拉图、亚里士多德、托马斯·阿奎那、康德等人的技术哲学思想，再进行选择性的对比，特别是在其著作《技术哲学概论》中，他先后研究"卡普和作为器官投影的技术""恩格迈尔与技术统治""德绍尔与作为参与神的创造的技术"，比较了空想社会主义与科学社会主义的技术思想，以及"芒福德的机器的神话""加塞特的对技术的深思""海德格尔的关于技术的问题""埃吕尔的技术或本世纪的赌注"等。而且他善于运用医学、生命科学、计算机等学科资料，并结合现代技术最新成果与出现的问题，为技术伦理问题的研究提供了方法与思路。最后，米切姆的技术政治思想中最重要的就是公众参与决策。技术决策的主体往往需要承担技术活动风险，为技术过程及产品负责，在我国大部分工程技术是由国家决定实施的，公众参与的机会比较少，监督也主要依靠政府自觉地接受社会和群众的监督，缺乏和公众的沟通，人们对与自己利益相关的工程不了解，就有可能产生抵触心理。根据米切姆公众参与理论，要求政府在做决策时，能够引导技术健康发展，规避技术的副作用，把保障民生作为自己的义务和责任。决策主体需要拥有技术专家与人文专家、政治家等，不同专业的人在决策过程中拥有不同的思维方式和行为准则，工程师或技术专家往往以技术上的可能性与可行性为参考价值，但人文专家或政治家在决策时会把增加和维护社会公共利益纳入价值目标。在制定技术政策时，既考虑到技术发展带来的经济效益，又看到可能出现的问题，特别是生态环境和人文问题，要平衡经济、环境、生态、人文价值，能为子孙后代考虑长远。在进行技术决策时，扩大公众参与的途径与方式，多听取民意，综合技术与人文建议，利用信息技术及社交媒体，降低公众参与成本，刺激民众参与热情，制定符合公众伦理取向的技术决策。在进行技术决策监督时，要从多方面入手考虑，包括法律、财务、安全、可行性、伦理学等方面，通过线上政治空间讨论，对政府或组织形成压力，也可以运用合理的监督方式推动线下公众参与形成，推动民主政治进程。对于技术风险性的评估也很重要，要严防技术风险转化为实际危害，降低技术对社会的不良影响。技术已经渗透于政治之中，并与政治互相影响，技术的进步无疑使我们对政治的前景更加充满希望。我们希望建立一种相互尊重、平等对话、多群体参与的政治伦理思想，成为人类民主政治建设的基石，为现代已经技术化、工具化的民主制度输入活力。

第七章

道格拉斯·凯尔纳的技术政治观

道格拉斯·凯尔纳（1943—），当代美国著名的左翼学者，社会批判理论家。出生于美国马萨诸塞州切尔西的一个知识分子家庭，受到良好的教育。在马克思主义和法兰克福学派批判理论备受争议的西方社会，他坚持声称自己是忠诚的马克思主义者，始终辩证的分析马克思主义、法兰克福学派、新技术媒体文化。他结合社会发展特征及理论变迁，提出"后现代转向"观念，并对后现代理论的进行批判性的质疑，力图实现批判理论的重建，使其适用范围更广。他对于当下的新技术传媒进行多视角分析，又强调具体的媒体文化案例情境分析。民主变革和激进政治是凯尔纳一生的追求，他在大学期间近距离接触社会主义开始批判资本主义，拥有激进民主主义思想。在德国撰写博士论文期间他阅读了西方马克思主义早期代表人物卢卡奇、柯尔施、葛兰西以及法兰克福学派主要成员的著作，在批判理论研讨中意识到哲学与政治的结合。返回美国授课期间他因担任马克思的课程，系统阅读了马克思恩格斯的主要著作，领略到其思想之精妙。凯尔纳著述颇丰，代表性的有《赫伯特·马尔库塞与马克思主义的危机》《批判理论、马克思主义与现代性》《后现代理论：批判性的质疑》《后现代转向》《后现代历险》《技术政治、新技术与公共领域》《媒体文化：介于现代与后现代之间的文化研究、认同性与政治》《媒体奇观：当代美国社会文化透视》等，凯尔纳宽泛的研究始终围绕着他的终极关怀，即通过重建批判社会理论,促进社会民主变革和激进政治。其中,不难看出,在高新技术全球化发展的当今社会凯尔纳开始关注和研究技术与媒体的批判理论,媒体技术民主的可能性及技术政治的可替代性。

一、凯尔纳技术政治观的起点:现代与后现代之间

凯尔纳在西方理论界享有"当代最有影响力的文化分析者"的美誉,他运用新马克思主义分析各种文化现象,尤其是对后现代主义批判理论进行了系统深刻且独到的研究。正是在文化分析中开创了技术政治观。凯尔纳以后现代理论专家的姿态,在对待后现代主义这一20世纪末具有广泛影响的世界性文化思潮时,能以冷静客观的态度面对无序混乱的后现代漩涡中各种新兴话语的萌发与激荡,批判性的评价后现代批判理论的贡献与局限,形成独特的辩证批判理论。他从分析时代正介于现代性与后现代性这一客观立场出发,对后现代批判理论进行批判性的分析,并以自己的独特视角重构批判社会理论,对于正确的认识时代风潮具有丰富的启迪意义。

(一) 凯尔纳对时代的客观定位

对时代定位是各种批判理论的历史起点,也是凯尔纳评价后现代批判理论的基础。凯尔纳在界定现代性与后现代性的基础上,意识到我们正处于现代与后现代的转折时期。这种介入式的时代定位抨击了认为存在单纯的后现代断裂以及放弃现代性的一切理论与策略,代之以全新的后现代理论的文化研究主张即提倡适应时代要求同时吸收现代与后现代的理论与策略精华的思想。

所谓的后现代转向始于20世纪60年代。这一时期由于西方资本主义在科技革命的推动下高度发展带来科学、理论及艺术等方面出现了一种新的转向,理论界出现了不同的判断与认识。坚持认为时代定位还是现代化的思想家意识到现代化出现了明显的变化,努力致力于对现代化的反思与重构,哈贝马斯就是重建现代性哲学话语的典型代表。而坚持认为时代已

转向一个全新的后现代的思想认识尤其是极端的后现代言论坚决要求与现代化做彻底决裂，并从根本上建立适合后现代社会发展的全新理论。也有人将后现代仅仅等同于一种时尚，预示着后现代将是昙花一现，对此不屑一顾。凯尔纳反对这些立场，秉承认真分析的态度，从客观立场出发分析这一转向。

凯尔纳首先对"现代性"与"后现代性"做出区分。现代性是用于描述现代时期，是一个历史断代术语，指涉紧随中世纪或封建主义时代而来的那个时代，对理性的推崇贯穿始终，倡导进步公正平等的社会秩序。不过，现代性的建构也给受工业化压迫的无产者、农民，妇女与殖民过程中被灭绝的种族带来无尽的灾难与不幸。后现代性用于描述紧随现代性之后的一个时期。这一时期因高科技的发展而出现的新变化需要新的概念与理论。现代理论钟爱普遍化和总体化，理性统一的主体，宣称能够提供绝对真理，对于后现代理论的相对主义、非理性主义和虚无主义进行攻击；后现代理论赞成被社会与语言非中心化了的破碎的主体，拒斥现代理论关于社会和历史的总体化的宏观观点，赞成微观理论和微观政治，还拒斥现代理论所预设的社会一致性观念及因果观念，赞成多样性、多元性、片段性与不确定性。总之一个"后"字使二者水火不容。凯尔纳认为过去和现代之间的延续性不可忽视，传统工业与制造业在所谓的后现代社会仍然发挥着重要作用且不可取代。作为后现代代表的称谓高技术社会、媒体社会等只能突出后现代社会某一方面的特征，以此来决定断裂从本质上讲只能是一种决定论。"后"这个词本身有内在的模棱两可性。一方面，它描述一种不是现代的东西，对现代的超越与否定，反现代的介入与断裂说就缘起于此。另一方面，这一"后"字不管愿意与否也表明了与现代的一种相继与连续关系，这种关系使得二者相互依赖不可分离。后现代对现代化与现代理论提出批判，但不能全盘抛弃过去的理论与方法，全盘抛弃现代化。

凯尔纳也不同意仅仅将后现代主义等同于一种"时尚"而探源后现代

主义产生与风行的现实依据,后现代主义在政治上是对西方20世纪60年代激进政治运动失败的反应。从后现代兴起到成为一种潮流是随着世界历史的复杂化与时代的推进,传统理论与范畴已经表现出明显的局限性,于是人们呼唤一种新的理论与价值观能够出现。因此后现代已经不是"历经叛逆"的新名词,"不仅已经介入我们所能设想的从人类学到企业管理到政治到科学的每一个领域",而且已经无声无息地渗透到当代大众文化的不同主题中。"后"(post)这个前缀不仅仅表示某种旧事物的否定与断裂,也意味着一种新东西的诞生。"我们的目标是去阐释和理解后现代理论,把它看作是对现代理论与现代政治的一种挑战,既包含着很有希望的新观点,同时也有值得怀疑的向度。①"

凯尔纳全面辩证的指出:"试图否认现存社会历史状况中任何基本的断裂和新奇性,或者是夸张地宣称我们已进入一种后现代的断裂中,这两者都是我们所要抵抗的,我们建议最好是设想当前状况是介于现代和后现代之间的一个领地。②"他认为现代性中合理的方面,如启蒙理性、人文主义、权利、民主等应当予以保留;同时后现代中的差异性、多元性、不确定性也应受到关注与认可。于是他得出结论,目前我们正无奈的生活于新与旧的间隙统治者正在为争取介于现代与后现代之间的这一领地而进行紧张的斗争,我们必须面对与清楚认识这一事实。这种介于现代与后现代之间的时代定位,表现出现代与后现代性征兼而有之的时代特点。对于盲目地不加分析的全身心拥护现代化拒绝承认后现代的现代主义与对现代化理论彻底失望认为后现代是全然抛弃现代化的新时代的后现代主义,凯尔纳都批判地介入现代理论与后现代理论,进行了辩证的分析,从而指明了当前文化现代性与后现代性并存的突出特征。

---

① [美] 道格拉斯·凯尔纳、斯蒂文·贝斯特:《后现代理论》[M]. 张志斌译,北京:中央编译出版社,2011年,第35页.
② Steven Best, Douglas Kellner, *The Postmodern Adventure* [M]. New York: The Guilford Press, 2001, P9–10.

(二)凯尔纳对后现代批判理论的评价

后现代理论纷繁复杂,从各方面展开对现代性及社会现实的批判,不存在统一的后现代理论,就连基本的统一性立场也不存在,甚至彼此之间经常是冲突的,可以被用于各种完全不同的理论与政治目的。凯尔纳挟着智慧与冷静深入一条艰难的思想之路,运用马克思主义的辩证法,尊重多元与差异,多视角多角度分析问题,梳理寻找评价后现代理论的切入点并形成自己独特的认识。

首先,从总体上认识后现代理论,强调各种后现代理论之间的差异。尽管后现代理论纷繁复杂,钟爱异质性反对一致性,但几乎所有的后现代理论都摧毁了既有学科之间的界限,造成一种新型超学科话语,使哲学、文学、经济、社会理论之间的界限被打破;后现代理论都批判现代理论的核心概念,像一致性、主体、意义、理性、真理、基础确定性等都被抛弃或否定;后现代文化是消解文化的一部分,强调解体、解构、非中心化、非连续性、碎片化、非总体化。后现代理论从各自认识问题的不同视角重新审视过去被宏观理论所压制的异质性、多元性、差异性,采取"视角主义"、"相对主义"的观点,描绘微观现象与边缘现象等长期被现代社会理论所忽视的社会现象,形成了包罗万兴、复杂异常、差异悬殊的后现代理论。其次,凯尔纳从后现代理论本身的多样性与歧义性出发,批判性的区分出基本的两翼——极端的一翼与重建的一翼。极端后现代理论宣称与现代化理论之间的彻底决裂,对现代化理论与政治进行了激进彻底的批判,呼吁建立适合时代特征的全新理论和政治。重建的后现代理论则运用后现代洞见来重建批判社会理论和激进政治,在他们的观点中将现代观点与后现代观点结合起来。当然不同的理论家在这两翼表现程度各不相同。像鲍德里亚属于极端后现代主义的典型,他完全拒斥现代理论。福柯和利奥塔结合了极端和重建两种倾向,而像杰姆逊、拉克劳、墨菲等理论家则明显的属于重建论者。极端后现代理论试图完全抛弃现代性与现代理论,错误地把那些仍然有价值的理论都否定了，表现出过分抽象的颠覆性；重建的后现代理论面对现代理论的诸多问题，用后现代理论的独特视角更新修正传统社会理论，而不是仅仅宣告它的终结。再者，对于激进后现代理论具体分析，既注意存在的理论缺陷又留心有价值的观点。甚至对同一个后现代理论家前后思想变化进行具体分析，不做笼统之论。后现代理论分析问题视角单一化，通常从文化与推论视角来分析现象，并且常常分析一些互不联系的片段，不能抓住各种现象之间的系统性的相互关系，造成分析的片断化。这种零散碎片式的分析使认识过度的倾向于文化主义，在后现代理论中几乎没有具体的社会与政治分析，越来越远离一切社会分析与社会批判。20世纪，鲍德里亚由70年代对社会发展的精辟洞见到80年代越来越倾向于形而上学、片断化、远离政治甚而反对政治。利奥塔也远离社会分析与社会批判，转向哲学。福柯也逐渐抛弃了早期的片面政治立场，将分析的焦点从社会制度移向古代医学和哲学文本，从而再也没有分析当前时代及其紧迫政治问题。后现代理论试图将经济非中心化以便关注社会微观现象产生了一定的积极意义，但经济仍然是一种具有建构力的制度。那种从原则上排斥政治经济学的后现代理论过于抽象与盲目，无法对当前时代的基本过程和发展趋势做出合理评价，也难以对社会的经济、政治、文化各层次之间的关系做出恰当分析。大多数后现代理论家具有简单化、独断、狭隘性特点。尽管有这些局限，后现代理论对现代理论还是有很重要的贡献。比如，福柯、德勒兹与加塔利、利奥塔、拉克劳与墨菲对新的社会运动、微观政治以及新社会改造策略等重要性的强调，德里达、利奥塔对现代性哲学要素缺陷的批判等。这些对现代理论的深刻批判与挑战促使社会理论家去重新审视社会理论模式的局限，进而修正先前的正统理论并重新书写社会理论。

总体来看，凯尔纳对后现代理论是持批判态度的，这具体表现在三个方面。第一，后现代理论在社会理论方面是比较薄弱的，不成系统的。主要是因为后现代理论在政治观方面，抛弃了宏观政治学，导致后现代理论中缺乏社会理论对资本主义理论进行批判。他坚信，重建批判的社会理论是一项对社会发展非常有价值的理论规划。第二，后现代理论对经济、国家以及资本主义制度未能做出合理的解释。凯尔纳强调，资本和国家等因素在当前的社会中仍旧占据着决定性的地位，因此，想要重建批判的社会理论就必须与马克思主义联系在一起，吸收借鉴马克思主义中关于政治经济学的内容。第三，后现代理论夸大历史的断裂，是典型的意识形态话语。后现代理论家经常宣称，人类已经进入了一个新的历史时期，将趋势变为定局，这样就容易使人丧失主体能动性。凯尔纳认为后现代理论不能够很好地揭示当前时代的发展特征，因此他想要在后现代理论的基础上重建批判的社会理论，以此来促进民主政治和实现激进政治。

二、凯尔纳技术政治观的形成

凯尔纳认为随着新技术的蓬勃发展，向后现代转向的过程中，新媒介创造了新的公共空间领域，知识分子由传统知识分子向新知识分子转变，知识分子与技术的关系发生了根本性转变，同时出现了他所说的"赛博空间民主"（cyborspace democracy），产生了技术政治。

（一）理论来源

凯尔纳技术政治观的形成是在历史变迁中受马克思主义辩证法，西方马克思主义早期代表人物批判理论，德国与法国哲学传统、后现代理论等方面的影响。

凯尔纳对马克思的了解最初源于西方马克思主义的著述，后来在他任教马克思主义课程期间又仔细阅读了马克思的原著，对其产生深远影响。技术在马克思的理论体系中具有举足轻重的地位，马克思曾多次强调技术作为生产力对社会发展的影响，也意识到技术的发展往往要受到社会制度的影响和制约。技术异化现象的出现就是资本主义社会的技术发展的特殊表现。马克思关于技术和资本主义的分析促成了凯尔纳关于"技术资本主义"理论的提出。尽管有新技术的投入和使用，他仍然坚持马克思关于资本的分析逻辑，坚持马克思的剩余价值学说，坚持经济的基础性作用原则。当然凯尔纳的技术资本主义也大大拓展了马克思对技术的理解，将技术从生产领域扩展到包括消费领域在内的人们日常生活的所有领域。同时，马克思的辩证法对其影响非常深刻，并用他理解的马克思主义辩证法对技术、意识形态、媒体文化、全球化等作了辩证的理解，及理解到积极有利的一面有理解到保守落后的一面。在分析技术时，他既强调了技术对社会政治经济文化等各个方面的影响，还强调了社会生产关系对技术发展的制约作用；既反对片面强调技术积极面的技术专家治国论，也反对片面强调技术消极面的技术恐怖论；既认为技术内含统治和压迫的消极因素，又发现技术的解放潜能。但总体而言凯尔纳对马克思辩证法的理解和运用相对简单，具有折中化倾向。

凯尔纳在1968年法国学生运动期间系统重读了马尔库塞的著作，对这位"造反者之父"的思想作了更深刻的理解。随后他在德国撰写博士论文期间，研习了德国哲学传统，阅读了卢卡奇的《历史与阶级意识》、柯尔施的《马克思主义和哲学》、霍克海默和阿多诺的《启蒙的辩证法》、阿多诺的《否定的辩证法》，以及其他法兰克福学派的著作，建立了良好的德国哲学基础。后来，在法国巴黎期间，他阅读了福柯、列维－斯特劳斯、德勒兹、利奥塔、鲍德里亚、德里达等哲学家的著作，甚至直接听其中几位的授课，其中绝大多数也是他的《后现代理论》的主要评判对象，法国后现代理论家结合当代社会发展对法兰克福学派作了拓展和补充，凯尔纳试图实现二者新的融合，将二者鲜明的批判气质带入自己的学术研究中，体现在他对媒体文化的批判性分析中。凯尔纳后来的许多著作都得益于对德国与法国哲学理论的研究。马尔库塞的技术理性批判认为技术的发展渗透到了整个社会结构和人们的社会生活中，通过技术合理化促成政治统治合理化以及对人们的奴役和控制。但技术对人的奴役和压迫藏匿于技术合理性的外衣之下，潜移默化中消解了人们的批判和超越维度，消极的和社会达成一体化，人称为单向度的。马尔库塞看到了发达工业社会中科学技术的发展所造成的对人的束缚和压制，并试图对科学技术进行批判来实现人的自由和发展。

在凯尔纳的思想体系中，实用主义起到了奠基作用，他的民主变革的激进政治目标与实用主义相符合。他不赞成早期批判理论家将实用主义作为实证主义的变种加以批判。法兰克福学派创始人霍克海默将实用主义视为一种纯技术性活动，认为实用主义是非批判的，主观性的，他们改造世界的要求是为满足个人利益是一种意识形态的灌输的乌托邦个人承诺。法兰克福学派第二代代表人物哈贝马斯相信实用主义内含某种批判的向度，将实用主义和批判理论相结合。认为实用主义是一种实践交往活动，它有利于拓展公共领域、促进民主发展、实现新的政治形式。凯尔纳在继承批判理论遗产的过程中，倾向于哈贝马斯观念。凯尔纳赞同实用主义是因为尤其是他的公共领域和民主政治理论很多方面都直接源于哈贝马斯。凯尔纳受第三代批判理论的影响，倾向于在多元文化、全球化背景下将技术视为人类社会生活的一部分，赞同芬伯格等的技术观念，认为技术不仅仅是达到目的的手段，还直接影响到我们的社会环境。技术作为一种社会文化因素是可选择的，因此可以通过群众对技术的创造和参与，实现技术的民主化，创建一种更加合理的社会。在凯尔纳的社会批判理论方法论中实用主义处于重要地位。

（二）凯尔纳重建辩证的批判理论

凯尔纳质疑批判理论的目的朝向建设。他提出建立一种多向度、多视角的辩证批判理论。多向度是本是来自物理学的一个概念，作为一种方法主要是鉴于每一种批判方式的优劣，从社会各层面对社会现象进行多元分析的模式，以发挥每一种批评方法的长处避免其盲点，使分析达到相对自主。多视角侧重观察事物的不同立场和角度，强调从多个视角来观察社会。凯尔纳相信一种多视角的交叉研究会给我们提供最全面的洞察与阐发。多向度多视角的批判理论呈现的诸多特点也显示了它的优点。

第一，是辩证的、非还原的。凯尔纳承袭了马克思的辩证法思想，辩证的分析把特定社会现象与社会基本力量与各种社会关系联系起来，解释特定社会现象产生的社会动因以及反过来对社会的影响。辩证的分析避免将特定的社会现象还原为任何一个向度，而是放在经济、政治、文化、社会等各种向度之间去考察。从而去揭示资本主义社会的结构与动因如何构成各种特定的现象，在此基础上进一步了解更广泛的社会力量，在宏观领域与微观层次共同推进。

第二，是历史的、开放的。辩证的批判理论对历史事件和历史变迁保持开放，不会把理论作为空穴来风，因而能够根据历史的发展来修正自己的理论与政治。多向度的研究方法从政治、经济、文化、社会多个向度分析事物，不可能坚守单一学科界限，这注定了批判社会理论必须采取跨学科的研究。如果借鉴历史是纵向开放，跨学科就是横向开放。纵横交错的开放性为理论注入活力。

第三，提供解决现存社会的可能途径。凯尔纳的多向度方法具有明显的政治倾向，他对批判社会理论的重构的目的是促进社会民主变革和激进政治。批判社会理论从多向度分析重大的社会问题、冲突以及矛盾，以求实现解决社会矛盾、实现社会进步。这就要求批判社会理论必须作为一种政治理论，一种能使理论与实践相结合，提供实现社会变革的可能途径的政治理论。凯尔纳提倡重建批判的社会理论，就是为了实现民主变革和激进政治，积极推进社会变革，想要社会朝着科学、民主的方向发展，他一直在强调新技术的出现为我们生活的方方面面提供了便利，但是同时我们还面临着理论化新技术所带来的社会生活方方面面的巨大的挑战，而我们自身还要懂得如何利用好新技术去解决并且促进社会变革，实现民主政治。

第四，强调社会每一向度的相对自主性，注重对各种视角的调和。社会观察者可自主选择自己观察的维度，一个视角就是一个解释社会现象、过程及关系的切入点，但也注定了它的有限性不完全性，因此一种多视角的社会理论从多个视角来观察社会，多向度的批判允许从各种不同视角来探讨社会现实领域，提出综合性观点，力求全面了解社会现象。从政治角度看，一种多视角的批判理论将意味着将具有各种立场的人团结起来，阐发他们各自的差异，集思广益解决现实问题。凯尔纳意识到多视角主义存在的陷阱，强调避免误入什么都行的极端相对主义，这就需要从众多视角中鉴别主要视角加以有效结合。总之，凯尔纳多视角方法既不否认单一视角的价值又注意把握视角的度。

(三)"技术资本主义"社会图绘

凯尔纳"技术资本主义"提出的根据是 20 世纪 80 年代以来资本主义发展的新变化，新技术不断涌现，并且以互联网、生物工程、人工智能等各种形式纷纷渗透到人们的社会生活实际中，对人们社会生活产生了重要的影响。这是在资本主义与技术密切相关的状态下对资本主义社会的新图绘，以便让人们能够分析、讨论和介入到社会过程中去。而在当时针对资本主义的激进政治正处于低潮，对资本主义的定位显得尤其重要。在新技术的参与下资本主义社会经历了巨大的变化，理论家们针对变化纷纷进行了理论上的分析，有"晚期资本主义"、"后工业社会"、信息社会、高科技社会、后资本主义社会、后现代社会等不同的称呼，每一种叫法都是对资本主义社会的一种新的理论图绘。凯尔纳审时度势，对各种社会理论进行了全方位的认识，从对未来做出正确的预测，提前规避社会危机抓住机遇的社会责任感出发，提出了自己的"技术资本主义"理论。

凯尔纳是在 1989 年的著作《批判理论、马克思主义与现代性》中提出"技术资本主义"概念的，之后又进一步深化运用。提出此概念是为了表明当今资本主义社会资本与技术相融合的新局面。技术在当今资本主义社会中起到了举足轻重的作用，不仅影响到了资本主义的统治方式也转换了人们的生活方式。他认为随着科技的不断发展和渗透，资本主义的资本有机构成出现了新的变化，由传统的劳动密集型向技术密集型转变。凯尔纳继承了马克思对资本主义的批判精神，反对任何社会图绘超越资本主义这一界限。凯尔纳认为，当前我们仍旧处在资本主义社会之中，因此，"社会、文化和政治理论不能与资本主义理论分离开来[①]"。他反对信息社会、高科技社会、后现代社会等提法，认为这些提法都是超越了资本主义社会的界限。他坚持认为时代正处于现代向后现代的转变期，是在现代与后现代之间。他使用"技术资本主义"的概念，主要是为了对抗那些"后"思潮的，这些思潮的共同特点就是主张历史的断裂。在凯尔纳看来，各种"后"思潮的错误在于，"以总体化的方法提出了历史断裂说，夸大了当前时刻的新颖性，未能看到它与过去的连续性。把趋势当成基本事实，把发展的可能性当成定局，假定一种尚属可能的未来已经来临。[②]"凯尔纳的"技术资本主义"理论的前提就是承认当前社会在发生着巨大的变化，这些变化表现在社会的方方面面，如社会的经济、政治、文化和阶级结构等方面，在这样的前提下，凯尔纳强调历史的连续性，强调当前社会能够影响社会前进发展的决定性因素还是资本主义的生产关系和资本积累的强制性原则。他认为现阶段的资本主义是资本主义发展过程中的一种"新组合"，他认为当前的资本主义社会只是在保留了先前的资本主义社会特点的前提下多了一些新的特征。

凯尔纳的"技术资本主义"充分运用了马克思主义的方法论，体现了其对资本主义社会的批判，他的"技术资本主义"是一种技术意识形态的

---

① [美]贝斯特、凯尔纳：《后现代理论》，张志斌译，北京：中央编译出版社 1999 年，第 336 页
② [美]贝斯特、凯尔纳：《后现代理论》，张志斌译，北京：中央编译出版社 1999 年，第 353 页

批判。凯尔纳曾多次强调，当前社会所出现的新技术非常有可能将会蜕变为资产阶级的意识形态，他反对技术乐观主义和悲观主义两种极端看法。就技术而言，凯尔纳主张发展一种关于技术的批判理论，从技术乐观主义的普遍怀疑出发，在合理把握技术与社会互动关系的前提下，正确认识技术与社会发展的关系。一方面，一些新技术的应用会使资本在全球范围内重组，技术创新会成为社会发展的关键因素，新技术也会改变人们的生活模式，创造一些新的社会组织，进而对社会产生影响；另一方面，技术的发展将会受到资本利益的支配，工人仍旧会受到资本家的奴役，技术的应用范围也是由资本的投资方向所决定，所以技术的发展也受到资本主义制度的一些控制。凯尔纳的"技术资本主义"以马克思主义基本理论和方法为根基，同时有补充发展了马克思主义，体现了马克思主义与时俱进的开放性发展。

三、凯尔纳技术政治的核心：赛博空间民主

凯尔纳关注文化变迁，以及技术在文化与社会发展中的影响，在对媒体文化批判的过程中建构了媒体技术政治观。他认为文化由传统发展到现代技术媒体文化，内涵了资本主义统治、民主问题，文化领导权的争夺等诸多政治问题，他的文化理念与政治理念相融合，追求着激进民主政治和人类社会的美好未来的实现，从中充分展现了他的技术政治观。对凯尔纳而言，"技术政治"意指政治被诸如通信媒体和互联网等技术所中介，这种互联网政治和为数众多的其他媒体政治包涵在一个广义的"技术政治"概念下，它泛指一切与政治斗争有关的技术扩散。正如几十年前广播媒介对政治的影响一样，当前计算机和信息技术正成为影响政治的重要因素。凯尔纳的媒体与技术批判理论秉承辩证的两方面观念：一方面他提出媒体作为新的技术工具形式被用于权力统治和社会控制，另一方面根据媒体技术的可选择性，挖掘其抵制霸权的潜能，以及为政治、教育、交流提供新

的模式。

(一) 技术媒体文化与技术政治的发展

凯尔纳涉猎文化领域的研究始于20世纪70年代,这主要受英国伯明翰研究中心的斯图亚特·霍尔的影响,并进一步深入研究文化问题。20世纪80年代将文化主题看作是媒体文化,并逐渐意识到"媒体文化"的重要性,他认为媒体已经影响了社会经济、政治、文化及我们日常生活的方式,媒体以各种方式建构着所有的文化形式,媒体成为文化的重要载体,我们的文化逐渐转变为媒体文化。凯尔纳将文化研究与社会、政治和经济相结合,在社会关系中研究技术,"表达一个时代占主导地位的价值观、政治意识形态以及社会发展和创新等。[①]"凯尔纳认为文化研究有一种内在的批判性与政治性维度,可以用于加强社会统治或者抵制和反抗统治,文化研究在推动社会转型,推进政治斗争和从压迫和统治中解放出来具有巨大的力量。凯尔纳文化研究的焦点在于对种族、性别和阶级等的再现,并批判各种压迫性意识形态,通过多元文形式肯定不同类型文化和群体的价值。因而,凯尔纳"文化研究推动的是多元文化主义的政治观和媒体教育学。[②]"抵制媒体文化中的操纵性因素创造属于自己的意义,在媒体文化中构建抵制和批判的契机,从而促进更具有批判性意识的发展和推动激进民主的发展。

凯尔纳在技术变革过程中考察了技术文化现象,在他看来技术文化现象是技术变革和资本主义重组的产物。在《后现代历险》一书中,他提出了技术文化产生的几个条件:文化不再由宗教、社会习俗、伦理原则等因素决定,而是由科学和技术决定;面对面的、具体的家庭和邻里关系被数

---

① [美] 道格拉斯·凯尔纳:《媒体文化——介于现代与后现代之间的文化研究、认同与政治》,丁宁译,北京:商务印书馆2004年,第3页。
② [美] 道格拉斯·凯尔纳:《媒体文化——介于现代与后现代之间的文化研究、认同与政治》,丁宁译,北京:商务印书馆2004年,第6页。

>>> 第七章 道格拉斯·凯尔纳的技术政治观

字化或电子化的虚拟交流方式所取代；由各种不同社会经济关系决定的技术日益成为社会变化的驱动力，一切固定的社会关系被技术所推翻①。并且针对资本主义社会技术文化的发展提出几个基本特征：技术通过机器等媒介逐渐渗透进人类的日常生活，并干预改变着人与自然、人与社会以及人与其他事物之间的关系。尽管还没有在全球完全普遍化，但随着技术在全球的渗透性发展，具有全球普遍化发展的趋势；技术的广泛利用节省了人力给人类生活带来了诸多便利，但也像埃吕尔、温纳所言出现自主化趋势，这些自动技术系统一旦失控，将会带来不堪设想的后果。因此，凯尔纳主张要重塑技术文化，抵抗其包含的消极因素，积极反抗技术文化的统治；技术文化以技术意识形态的领导权为特征。凯尔纳主张应从技术精英和技术政客那里夺回技术意识形态的领导权；技术文化以互联网等虚拟形态代替了人们真实的社会生活给人们带来方便的同时也因为消解了面对面的交流而带来消极影响。因此，凯尔纳认为对虚拟空间必须进行正确的引导，防止人们日常生活方式的异化和新的主题认同危机的出现。凯尔纳的技术政治目标是实现激进政治，促进社会民主变革。因此，关于技术文化的主张与分析就离不开他对资本主义社会的政治批判。

凯尔纳媒体文化观念主要源于麦克卢汉、法兰克福学派文化产业观点及葛兰西文化领导权思想的影响。麦克卢汉提出伴随着新的媒体形式产生了新的文化形式和日常生活，法兰克福学派认为资本与技术成为支配生活方式的新产物。葛兰西的争夺文化领导权的阵地战方式，影响了凯尔纳对待技术文化的方式，对他赛博空间民主理论的形成起到了奠基作用。在凯尔纳看来，"媒体是主宰人们休闲活动的一个核心力量，是社会化和意识形态统治的强大动力，也是斗争和反抗的工具，媒体还是构建另类社会的

---

① Steven Best, Douglas Kelllner: The Postmodern Adventure. London: Guilford Press, 2001, p215.

武器。①"

凯尔纳以摄像机这一电影和媒体研究的重要工具为例，在其的使用及变迁中撰写了《摄像机政治》一书，认为电影等媒体形式是政治和意识形态竞争斗争的场所，性别、性、阶级、种族等在其中展开斗争，像芬伯格一样技术代码也可以在其中进行转化，反映当下社会和政治领域的现实状况，争夺文化领导权。同时他在里根与老布什时期以电视媒介这一更加大众化的媒介为研究对象撰写了《电视与民主危机》《波斯湾电视战争》两本书，阐述电视媒介与民主的关系。凯尔纳针对法兰克福学派的文化批判理论所指出的电视媒介作为统治工具和权力工具，制约了民主因素制造了民主危机。提出媒介可以作为除行政、立法、司法三权之外的"第四种权力"身份出现，参与批评权力滥用和腐败，起到监督和制衡的作用。但是凯尔纳当时寄希望于大公司的控制国家和媒体的观点本身就存在问题，大公司很快得到政府政治体制的笼络而受益，忽略了工人、中产阶级及普通人的利益。同样，凯尔纳认为海湾战争是老布什发动的一场海外电视战争，通过精心策划，以此提升美国在中东地区的实力和霸权，并为竞选争取支持率。但是也因为媒体的力量，将战争的花费和谎言传达给民众，从而将希望给了克林顿。凡此种种反映了媒介在企业精英和主流政治中的超凡作用和能力。

时代一直在变，随着高新技术的发展，新兴媒体和社交网络媒体以及人工智能等以爆炸性的涌现出来，人们通过新媒体可以轻而易举获得更多的信息，新媒体时代带来了媒体文化的更多变化。凯尔纳将层出不穷的新媒体现象称为媒体奇观，他将人们利用互联网在社交平台上传递信息和表达观点以及对其他新技术的使用称为媒体奇观的一部分。各种各样的组织和行动者也可以通过网络建立自己的网络组织。凯尔纳批判性的媒体文化

---

① [美] 道格拉斯·凯尔纳：《关于批判性媒体或文化研究》，吴学琴译，武汉科技大学学报（社会科学版），2012年第2期，P117。

就是要解释和批评浮现于经济、政治、文化、社会等各种因素中的相互关系，批判性别歧视、种族主义、女权主义等特定群体的偏见，为分析批判提供了全面多元的方法。凯尔纳的媒体文化通过描述各种媒体表征，教会人们如何批判性的阅读和理解，成为有素养的文化生产者和消费者，从而增强人们抵制媒体操纵，增加自由和个性的能力。凯尔纳的媒体文化研究还在于让人们超越已有文化限制成为拥有文化的自由人和具有文化运用的主动权。在对文化的正确判断和运用中，也可以用于对抗主流文化，推动激进民主和政治变革，成为更美好的社会生活斗争的场所。

凯尔纳认为由于互联网的信息源更广，公众可以轻松地获得大量信息，为公共领域的民主振兴赋予了潜力。互联网不但可以提供信息和表达观点，还可以进行沟通交流互动。有利于实现民主交流和对话，有利于开展民主政治相关的活动。凯尔纳认为互联网媒体聚集了各种进步力量、保守力量、政府和国家力量还有各种公司企业，因而也成为一个文化争夺之地，必须利用技术区进行争夺文化领导权。

凯尔纳认为互联网能否促进民主功能的发挥，一方面，取决于个体获取信息的能力。民主需要能够掌握信息的公民和信息访问权。世界各地居民获取信息的渠道各不相同，有些地方信息发达和通畅，有些地方保守和落后。民主是否可行首先公民要掌握有效信息。另一方面取决于理解信息的能力和与实际结合情景化的能力。公民是否具有评价有效信息的能力，具有介入并参与重要公共对话的能力。用媒体技术的方式促进民主代表公众的利益，是在强大的政府势力、企业势力、政治势力中求生存，是凯尔纳所说的"另类媒体"，要与进步运动相联系，摒弃保守力量的霸权，拓展自由进步的互联网平台。另外，媒体政治为民主的发展增添和活力，为社会问题的解决提供了新的途径。互联网等高科技媒体也是充满竞争的领域，近年来互联网政治的正方两方面影响力体现在世界各地的许多社会运动甚至暴乱战争中，有时会有利于资本家和反动势力的利益，有时会有助于民主和进步运动。总之，媒体在社会和政治生活中占有越来越重要的地位，成为未来政治斗争的主要阵地。作为西方左翼学者，凯尔纳坚信人们一定能够有效地控制改善社会环境，利用技术促进民主社会的建立，"尽管某些工具是由社会环境塑造的，并最终用来达到某种特殊的目的，但他们有时能被重塑并用于反对这种特殊目的。①"要使技术发展的方向向着有利于人类的方向发展，凯尔纳认为，首先要寄希望于"精英人士"的社会责任感和远见卓识。要使拥有科学和技术能力的专业人士和能够控制经济集团的精英分子有相当的社会责任感和社会远见；其次为技术的良性运行搭建适合的平台。除了控制着科学和技术的"精英人士"外，普通大众和其他社会群体需要联合，来建立一个公平的社会秩序和氛围，为先进技术文化发展提供良好的平台，最大限度地避免技术向私人或小集团利益甚至危害人类利益的方向发展。

（二）新知识分子与新公共领域

凯尔纳的媒体技术政治主体主要来源于新技术环境下知识分子由传统知识分子转变为新知识分子，发挥的空间也来源于公共领域发展为新公共领域。凯尔纳对作为技术政治主体的知识分子进行了系统考察。凯尔纳将知识分子分为"职能知识分子"和"批判—对立的公共知识分子"。"职能知识分子"维护现存秩序的合法化，而"批判对立的公共知识分子"则反对现存秩序，并为进步的社会转变而斗争。在信息技术高度发展的现代社会，这两种知识分子的性质依然没有发生变化。职能知识分子利用技术进一步维护现存社会关系，服务于现存社会，而批判—对立知识分子可以利用新技术可以为创造一个更好社会而奋斗。

凯尔纳公共领域概念直接源于哈贝马斯，哈贝马斯将18世纪民主革命时期，个体对普遍关心的问题进行讨论和争辩的地方称为公共领域，包括

---

① Steven Best, Douglas Kelllner: The Postmodern Adventure. London: Guilford Press, 2001, p213.

报纸杂志，非国有控制的出版社、文学沙龙，公众演讲辩论或阅读的公共集会和咖啡馆。在此期间产生反叛的知识分子，区别于维护资产阶级利益的知识分子，他们攻击压迫，思想和行动相结合进行推翻压迫的革命。19世纪，工人阶级在政党组织、工会、聚会场所、沙龙等文化机构基础上发展了对立的公共领域。哈贝马斯认为政治参与对民主社会以及个人的实现有重要的影响，早期的资产阶级公共领域能够有效地影响人们进行政治参与，进而影响社会的发展与社会公共秩序和政治秩序的建立。随着私人企业和国家的发展与介入，私人利益在社会上逐渐占据上风，随之而来的就是公共领域与私人领域之间的界限也变得日益模糊起来，最后，公共领域逐渐变为国家的统治领域。随着公共领域的逐渐消失，人们也逐步变为纯粹的消费者，大家越来越关注的是个人利益，对民主政治的参与热情逐渐衰退。在哈贝马斯的分析中，当前的资本主义国家中，公共意见是被"精英"所控制的，这些精英来自于社会经济、政治和文化尤其是媒体界，这些"精英"的私人意见能够左右或者控制公共意见，从这样的意义上来说，传统的公共领域也就消失了。凯尔纳对哈贝马斯的公共领域思想给予高度评价，同时也指出了它的缺陷。第一，哈贝马斯对资本主义早期社会中的公共领域太理想化了，存在着美化资本主义的意图。"公共领域"的公平与自由只属于部分人，排斥特定人群参与政治讨论与辩论，如妇女和有色人种就不能参与公共领域的讨论。第二，哈贝马斯的公共领域存在偏见忽视了公共领域的多元性，不利于联合各阶级进行斗争，同时也是对社会中其他除资产阶级力量外的反抗阶级的忽视或者说是低估。第三，哈贝马斯还忽略了赛博空间也可以作为一种新的公共领域在经济、政治、文化领域发挥作用。凯尔纳认为可以将计算机等媒介技术作为中介纳入所有的政治斗争中，这样大大扩展了哈贝马斯的"公共领域"的概念，他强调在未来社会，电子技术作为新的政治参与方式将会在很大程度上影响政治。而且凯尔纳并不认为技术政治能够实现一切，通过电子技术只是能够影响到政治领域，真正的民主政治还是需要现实的政治运动才能够实现。

随着理论的后现代转向，凯尔纳认为现代社会的批判—对立知识分子又出现了分化。传统的批判知识分子批判不公平和压迫，并为公正、平等的社会解放和社会主义而斗争。但是为整体和宏观理想而奋斗被后现代主义者所诟病，认为这种为普遍价值和整个人类奋斗的理想代表了传统知识分子的理想，应该从特殊问题入手，更有针对性的解决被压迫者问题。这些特殊知识分子抛弃国家和全球政治治理的宏观治理理论，倡导一种微观治理理论。凯尔纳反对这种绝对的普遍和特殊，宏观与微观二分法，认为批判知识分子可以通过运用合理的社会标准对现存社会的剥削和压迫进行批判。知识分子应该为维护公共和民主的利益而奋斗，不断地历练成为民主知识分子的能力。那么知识分子就必须寻求公共利益和合理存在的阵地，即公共领域，并占领这个阵地为公正民主而战。

知识分子在传统中的概念只包括脑力劳动者，他们创造观念，书写文本，发展并转化知识能力，它与体力劳动者相对立，体力劳动者生产商品，并在生产、重工业、农业和其他主要依靠体力劳动的领域运用双手进行劳作。知识分子与脑力劳动者的区别仅仅是一种理想形态，从来不是绝对的，并且其自身也进行着变化和历史转变。凯尔纳认为，今天知识分子的概念正经历着巨大的转变，对之必须结合新技术和新的全球经济和文化进行重新思考，在当代高科技社会中，媒介技术与计算机技术的发展要求对公共领域和知识分子的概念进行重新的界定和扩大。从某种程度上讲，在现在这样一个劳动分工和新技术爆炸的时代里，每个人都正在成为知识分子，被迫去获得实践的文字技巧和运用新技术以在学校获得成功的能力。凯尔纳认为，起初的无线广播、电视等广播媒介，以及现在的计算机，为信息、辩论创造了新的公共领域和空间，它既包括鼓励民主的潜在行为又包括增加批判和进步观念的传播的介入——同时也为新的操纵、社会控制和传统地位的提高提供了新的可能性。因此，那些要介入公众，并对社会的公共事务进行干预的知识分子应该利用这些新的通讯技术,发展新的技术政治①。

(三)走向赛博空间民主的技术政治

目前知识分子与技术之间的关系更加复杂紧密,公共知识分子必须掌握新的技术才能介入新的公共领域,提高进行民主政治斗争的能力。凯尔纳对于技术政治的发展途径或者新公共领域的充分利用方面提出了对现存媒介的民主化改进和替代性媒介相结合的方式,这也是上面提到的他的双重策略,也是他一贯坚持的兼容并蓄风格。一种是资本主义民主复兴过程中对现存媒介民主化,对主流媒介进行批判和改造。另一种是另起炉灶建立一种完全不同于主流媒介的对立媒介,用以替代主流媒介。凯尔纳在做了大量的替代性媒介工作基础上指出这两种策略都不可或缺,不可相互代替,因为现存媒介的受众及影响更广对于激进民主政治的进展是好的现成的平台,可以帮助激进组织和个人获得更多信息。凯尔纳提出必须在赛博空间和社会生活之间建立明确的关系,不要局限于互联网空间追求单纯的局限的赛博空间政治。增加媒体政治的大众基础,使斗争领域进一步扩展,不仅仅在因特网和技术层面还有曾经的传统公共领域,因此凯尔纳指出技术媒介必须与现实达成协议,才能使新技术政治得以推进。

凯尔纳同时又指出一种替代的信息网络和系统对于媒介政治发展的重要性。计算机作为一种新型交流互动的媒介平台,是一种潜在的民主技术。在因特网时代,每个人都有机会参与交流互动、会谈辩论,曾被大众媒介排斥的在外的团体和个人获得权利。一种新的技术政治在赛博空间新领域作为补充而不是替代展现出来,为进一步面对面现实辩论和争取权利拓宽道路。"这些赛博民主形式构建了一种公众进行对话的互动的新形式,

---

① [美]道格拉斯·凯尔纳著,闫玉刚译:《技术政治、新技术与公共领域》,马克思主义美学研究第7辑,第304页。

并在新的公共领域中发挥作用。扩大了民主的概念。①"他同时指出这种替代性选择并不能代替现实政治斗争,如果离开现实政治斗争单纯的网络技术民主将会走向固步自封。因特网只是给主流和替代性媒介提供了更丰富的信息和平台,社会问题和政治斗争还需在现实中进展和解决。只是面对现实问题的时候到底在主流媒介还是替代性数据库获得数据和信息需要选择和辨别,新的媒介技术政治与政治组织和政治斗争之间的合作使信息化政治具有了多元化特点。

新技术如何使个体在斗争中获得权力,或者新技术如何用来增强民主化。在对于赛博空间和因特网的认识上,凯尔纳运用了葛兰西争夺文化领导权的观念,认为"赛博空间和因特网应该被看作一个互相冲突的场所,一个互相争夺的地带,进步的知识分子应该从中寻求斗争得以坚持和流传的可能性。②"与统治集团、国家权力等一样都在利用新技术维护自身权益,新民主运动的倡导者也要利用新技术推动政治斗争,争取被压迫者的利益。争夺新媒介技术阵地势在必行。对于如何用于对立的政治运动,凯尔纳是通过具体事例来说明的。他以墨西哥、阿尔及利亚、伊朗等反叛的知识分子在政治计划中对新技术和公共领域的利用,麦当劳的反公司战役为例,说明新技术对于政治斗争的重要性。在收集材料,信息的传播以及斗争联盟的建立方面都举足轻重。在围绕劳工组织、性别、种族等的一系列斗争中也以新技术为媒介,这些斗争将通讯政治与实际的政治运动与斗争相结合,将赛博空间民主作为政治斗争武器发挥它的特有功效。在此,由于大众对技术网络的广泛运用,凯尔纳认为"新的通讯技术普通市民和

---

① [美]道格拉斯·凯尔纳著,闫玉刚译:《技术政治、新技术与公共领域》,马克思主义美学研究第7辑,第306页。
② [美]道格拉斯·凯尔纳著,闫玉刚译:《技术政治、新技术与公共领域》,马克思主义美学研究第7辑,第309页。

激进主义者变成知识分子,使他们能够生产和传播信息,参与辩论和斗争。①"这大大扩展了知识分子的范围,正对应了葛兰西的每个人都可以成为知识分子的观点。

凯尔纳的赛博空间技术政治,将因特网作为互相争夺斗争的舞台,各阶级和集团借此推进自己的利益和工作进程。追求未来美好政治和文化的人应该介入到这一新公共领域,然后与现实政治斗争相结合。凯尔纳将新技术民主的希望寄托于新知识分子,公共知识分子由于新技术的介入扩大了范围并且扩大了参与能力。新公共知识分子有责任对新技术和赛博文化的诸种发展进行批判并进行积极运用和发展。

小结

凯尔纳质疑性的从全面且独特的视角梳理体察了纷繁复杂的后现代理论基础上对此进行的评价,及在此基础上形成独具风格的辩证批判理论。结合社会发展特征及理论变迁,提出"后现代转向"观念,并对后现代理论的进行批判性的质疑,力图实现批判理论的重建,使其适用范围更广。对于当下的新技术传媒进行多视角分析,又强调具体的媒体文化案例情境分析。民主变革和激进政治是凯尔纳的政治诉求,宽泛的研究始终围绕着他的终极关怀,即通过重建批判社会理论,促进社会民主变革和激进政治。在高新技术全球化发展的当今社会,凯尔纳开始关注和研究技术与媒体的批判理论,媒体技术民主的可能性及技术政治的可替代性。他提供给我们的不仅仅是他深邃理论洞见与体悟,更多的是为我们呈现了一种认识与分析问题的方法。

第一,采用客观公正的微观分析与宏观驾驭方法。处在每一个特殊历史节点上,以什么样的立场与态度对待事物发展变化至关重要。因而历史

---

① [美]道格拉斯·凯尔纳著,闫玉刚译:《技术政治、新技术与公共领域》,马克思主义美学研究第 7 辑,第 312 页。

长河中被人类印记打造的微观史料需要编撰者的客观公正态度与高屋建瓴的宏观把握。凯尔纳能站在现代与后现代交锋时刻，各种理论纷沓而至、各种争论剪不断理还乱的时刻，客观公正的认识现代化理论与后现代化理论，仔细分析各自的贡献与局限，将微观分析与宏观分析结合起来建立了一种超学科的社会理论。现代化是人类社会发展中非常重要的阶段，现代理论自笛卡尔起，经由启蒙运动一直到马克思、韦伯及其他现代化理论所推崇的理性，总体性思想已深入人心影响了几个世纪，对社会发展的推动作用更是毋庸质疑。尽管后现代理论家从各个层面否弃现代理论，试图与其断裂，但前后相继的两个阶段事实上是在相互渗透。现代理论捍卫者攻击后现代理论的同时，其实现代主义早就拥有了所谓后现代主义的主要特征。后现代因其本身的多元性与异质性，出现了相互矛盾的在某个侧面有其合理性的理论和预测，但某个单一的学说都无法概括变化莫测、纷繁复杂的后现代社会特征。要想说明后现代特征，即使如鲍德里亚、克洛克这些最极端的后现代主义者也存在许多现代成分。后现代所宣称的目前正处于一种全新的社会历史情境当中所要建立的的新的理论化模式恰恰运用了他们最反对的现代化元理论证明。凯尔纳客观分析每种理论，微观上把握现代化与后现代的优劣得失，并从宏观上批判认识加以提升，指出为了进行分析具有后现代理论特色的文化与社会政治分析就需要一种宏观上的社会理论，使我们站在更大的宏观大背景下去理解后现代理论所关注的各种具体社会现象及其相互关系。微观分析基础上的宏观驾驭或宏观架构背景下的微观分析，再加上客观公正的态度为我们研究认识问题提供了方法论基础。今日的中国社会发展正处于思想文化多元化时期，如何认识与把握时代发展的主旋律与发展方向，更好的促进文化繁荣与丰富多彩，正如他所指出的"尽管对于变动不居的复杂社会过程，不可能有固定不变的、穷尽一切的知识，但是要想描绘社会的基本领域、结构、实践及话语，弄清他们如何形成、如何相互作用仍然是可能的。①"他的将微观分析与宏观分析相结合,建立一种超学科的社会理论的方法可以为我们所借鉴与灵活运用。

第二,凯尔纳从媒体文化研究入手阐述技术政治,他的媒体文化研究新技术环境下文化的政治统治和抵抗功能,他对未来美好社会的渴求体现在他的充满社会责任感的诸多学术研究中。明确的文化研究立场为技术民主的推进提供了文化助力,也为我们从事学术研究提供了方向指引。凯尔纳的技术政治,结合新技术广泛发展和运用的现代社会展开,尤其是注重了互联网新公共空间的扩展,提出激进民主政治的新的可能性,但他始终坚持认为新媒介的参与介入并不能替代现实世界中的政治斗争,因特网政治斗争有自我封闭和画地为牢的危险,新技术为我们提供了大量数据,但必须回归现实进行生态斗争、女权维护、正义民主争取。这种观念为当今社会民主政治的解决提供了思路,也为沉迷于虚拟网络空间或者过度依赖网络的各种社会组织和个人行为指明了方向。对于新技术政治的主体,凯尔纳没有明确的说明。在技术政治的发展与运用上凯尔纳寄希望于新赛博空间的新知识分子,认为对于新技术这样一个新的公共领域,是用于专制还是用于民主,取决于知识分子的袖手旁观还是积极介入。并且对知识分子的变迁给予充分的分析和说明,显示知识分子的重要作用。但他在技术运用中又始终注重公众的参与以及公众利益的解决,在新技术条件下又提出普通市民都成为知识分子。主体的不明确导致了理论内容上的含糊不清。在因特网和赛博空间如何被用于对立的政治运动方面凯尔纳以丰富的实例做了说明,尽管具体事例更具有说服力,但普遍性的更具有操作性的因素没有明确说明,对技术政治的运用与发展不能只靠实践试验和媒体奇观,更需要具有可操作性的路径予以参考借鉴。

---

① [美]道格拉斯·凯尔纳、斯蒂文·贝斯特:《后现代理论》[M]. 张志斌译,北京:中央编译出版社,2011年,第288页。

第三，提供了多视角多向度的研究方法。凯尔纳在质疑性分析评价现代性与后现代理论中运用了多视角多向度的综合分析方法，寻求现代理论与后现代理论的平衡，在此基础上他又提出建立一种多视角的批判理论，这种批判理论将自主性的分析社会现实不同层次与领域。它的辩证性、历史性、开放性构成了各种理论的调和，把握了历史某一既定时刻一系列既存观点。凯尔纳从政治角度出发，认为这种多视角的批判理论可以使各种不同立场的人团结起来。这种方式相对于极端后现代主义管中窥豹式的单向度的简单化分析对于社会文化发展的意义更全面。后现代并非空穴来风，它与前现代、现代有着内在的不可分割的必然联系，诚如伊哈布·哈桑所言："现代主义和后现代主义不是由铁障或长城分开的，因为历史是可以抹去旧迹另写新字的羊皮纸，而文化则渗透着过去、现在和未来"[1]循着批判的下一步进展，凯尔纳多元性的认识视角为我们进行文化建设提供了可供借鉴的开阔思路。凯尔纳的哲学批判理论是与实际密切相关的批判武器和工具，可以直面当代的社会问题和现实，在理论与现实结合中，随时代发展不断摒弃理论与政治实际隔离实现新的融合。文化分析的特点是开放性的，需要我们发展出新的综合与跨学科的文化批判理论。

第四，凯尔纳技术政治观的形成是各种思想兼容并蓄的结果。他的思想形成在历史变迁中受马克思主义辩证法，西方马克思主义早期代表人物批判理论，德国与法国哲学传统、后现代理论等方面的影响。在每一个阶段他都能采纳吸收众家之长，形成自己观点发展自己的理论。凯尔纳多视角多向度的研究方式具有面面俱到的优势，但当凯尔纳试图将各种理论的优点吸收聚集，不可避免出现折中主义倾向。他的整个理论体系中如"技术资本主义"理论、社会批判理论、新知识分子理论、技术媒介理论，都能采众家之长，但都有中庸之嫌。当凯尔纳构建自己的批判社会理论时，

---

[1] Ihab Hassan, *The Postmodern Turn: Essays in Postmodern Theory and Culture* [M]. Columbus: Ohio State University Press, 1987, P268.

在现代性与后现代性的选择上，他选择了现代与后现代之间，这种选择是时代的准确定位还是对后现代的批判不足，他认为批判理论和后现代理论都有缺陷，他对后现代的观点陈述多于评价和批判，在自己的批判社会理论中却又语焉不详。凯尔纳的技术资本主义思想就将技术作为一个变量置于批判的社会理论中，但是凯尔纳关于技术的分析也是矛盾的，当他从马克思主义出发时，就会倾向于经济对技术的决定作用，但当他离开马克思主义时，就会强调技术对社会的决定作用。凯尔纳将各种理论优点聚集起来及对现代理论与后现代理论各打五十大板的评价都不可避免的滑向折中主义。这种折中主义的方法，似乎缺失了某一特定批判角度的锋芒与深度，使其研究表现出一定的局限性。如果将公正全面与深度锋芒结合起来进行分析也许对于社会发展意义会更大。

第八章

当代西方左翼学者技术政治观的整体评价

当代西方左翼学者的技术政治观是一种基于政治维度的技术考察，反映了现代社会中技术活动与政治发展的密切关系，是一种对于现代技术社会中人类的生活方式、民主制度、群体意识等的思考。在技术普遍发展的现代社会，他们以高度的社会责任感寻求人类社会的民主与解放。整个技术政治观念形成了独特的理论见解，具有技术政治观念的多元性与关切人类发展未来的同一性，技术政治的阶级性和社会性的统一，技术的工具自主性和社会可操作性的统一，技术政治的特殊性与普遍性的统一。他们为技术政治学的发展做出贡献，同时也存在一些理论不足。这些思想观念可以为中国社会发展提供借鉴思考。

一、当代西方左翼学者技术政治观的特点

（一）技术政治观念的多元性与关切人类发展未来的同一性

当代西方左翼学者技术政治观念内容丰富，各具特色，形成了多元化的特点，但他们关切人类发展未来的观念是一致的。他们在不同程度上都坚持了马克思的人类解放旨趣。马克思主义认为科学技术是一种革命解放的力量，马克思技术批判的旨趣在于追求人的"全面而自由的发展"。认为社会变革是阶级矛盾不可调和以及资本主义社会基本矛盾运动的必然结果。工人阶级通过革命运动取得政权，最后成功走向社会主义。当代西方

左翼学者也始终坚持马克思主义解放的旨意,将技术与社会主义和人类解放联系起来,致力于通过揭示技术设计与使用中的秘密挖掘技术社会发展中人类解放的潜能,致力于社会主义取代资本主义的文明方案的选择。他们认为技术的政治性是内在的,技术的政治本质旨在考虑技术对于整个自然和人类文明的发展所起的作用。正是基于此来进行技术的政治考察,赋予技术以民主、公正、效率、环保等内容,以推动技术可持续发展。

在关于技术发展与技术本质的相关思想中,马克思认识到技术本质与人类本质应该具有一致性,当技术发展真正体现人类的利益,把高水平的技艺应用于社会生产,技术进步就是人类本质的不断实现,人类在技术进步中实现自由和解放。这种乐观态度源于马克思认识到技术可以产生一个能够使经济民主化的新的下层阶级。西方左翼学者通过技术理性批判对技术进行重新设计和发掘,创建新的资本主义技术霸权的替代力量。与传统马克思主义者不同,他们立足于技术普遍化的当下社会,不仅仅停留于理想状态,而是经过各方面的实践参与寻找切实可行的方式。在各种具体实践中不仅提出了各具特色的理论,而且为技术民主化带来了实践可能性。他们对人类未来解放的诉求是将技术设计作为一种生活方式,这样的生活方式预示着更多人可以参与到这种生活世界的塑造中,而不是生活在少数人塑造好的生活世界。这预示着人类的自由与解放从一开始就寓于其中,而不是在一切条件具备后外加的。总之,对人类自由与解放的追求是贯穿西方左翼学者技术政治思想始终的旨趣所在,而追求态度和方式的不同又显示出其特殊性。

(二)贯穿哲学、历史、社会、文化等多维分析视角

技术政治是西方左翼学者技术批判思想的共同指向。但在关于技术的分析中不是单一指向政治,他们还指向了哲学、历史、社会、文化等多个方面,认为决定技术发展方向的是技术与哲学、历史、社会、文化等因素综合作用的整体效应。也就是说西方左翼学者技术政治观的形成贯穿了哲

学、历史、社会、文化等多维分析视角，将各种领域与方法整合到自己的技术政治研究中。

哲学视角方面，主要从法兰克福学派的技术批判理论出发，通过对技术的辩证理解，形成整体的技术本质观。他们的技术批判理论建立在批判和吸收技术工具论和实体论的基础上，一方面吸收了技术实体论关于技术对人类的塑造性，另一方面和技术工具论一样反对宿命论，认为技术既不是一种人类不可违抗的天命，也不是不可实现的乌托邦，试图在"听天由命"和乌托邦之间开辟一条新的道路。认为技术的本质是一种社会斗争的舞台，技术成为体现不同社会利益和价值的平台。技术是各种自然因素和社会因素构成的一个整体，是这些因素共同作用的结果。他们从技术本质视角研究技术政治，在不同社会背景下技术具有不同的发展状况，这样技术的本质就不是从社会实践抽象出来的反映少数人的技术实践，体现少数人的利益和价值，而是具有多样性，可以体现多数人的利益和价值。从而为技术政治观中的技术民主化，可选择的现代性奠定了理论基础，阐述了技术生成中资本主义与社会主义两种不同的文明方案选择的不同意义。

历史视角方面，他们从技术发展历程中存在的几种观念出发，结合具体技术个案的历史发展，证明技术的本质不是固定不变的，而是特定历史条件下的产物，可以拥有各种社会价值，具有多种潜能和发展方向，因而技术进步是一个存在很多可能方向的偶然过程。技术工具主义和实体主义都是人为制造的技术的假象，技术的发展可以存在多种可能性，人们完全可以改变它的形态和发展方向。那么现存的技术统治论，所阐发的技术作为一种自主力量的技术合理性也只是技术统治阶层为维护自身统治服务的，代表的是一种技术霸权阶层的利益和价值。而这种现象只是一种历史现象，技术受社会因素的影响，相应的技术利益和价值存在着偶然性，这样技术就可以通过公众的积极参加进行重新设计使其体现更多人的利益和价值，适应一种更加自由公正的新社会。

<<< 第八章 当代西方左翼学者技术政治观的整体评价

社会视角方面，他们借鉴社会建构论方法说明了技术被各种社会因素塑造的方式。他们都认为技术本身包含社会因素，而这种社会因素涵盖了丰富的内容。技术产品不是单独的存在物，技术自身不能决定它的价值和意义，这是一个社会过程。因而技术所拥有的价值和意义因为所包含社会因素的多样性而具有了多种可能性。芬伯格与温纳共同的研究视角将技术纳入社会科学和政治理论研究。芬伯格的双层工具化理论说明了技术的社会价值，其中第一层次是实体论者关于技术本质的抽象理解，而第二层次借鉴建构主义方法将技术重新置于一定的社会情境中赋予其社会价值。这样在资本主义社会，可以通过带有资本主义技术霸权的技术设计，将带有统治阶级利益和价值的技术代码固定在技术设计中以巩固资本主义统治。同样的，在社会主义社会的设想中，他们大都通过公众的参与对技术进行重新设计，将新的适合广大劳动者利益的技术因素纳入技术中，形成新的技术服务和维护公众的利益。这种技术转化的过程本身涵盖了技术政治意义是很明显的。

文化视角方面，他们的技术政治观主要是从文化角度展开对整个工业文明的整体批判。科技理性和文化不可分割地交织在一起，大众文化的发展与技术的政治选择有着密切关系，文化选择可以通过技术中介影响现代化进程。资本主义文明限定了一种社会文化，在日常中人们普遍接受这种文化，否定了与此不同的其他文化。这些文化的限制体现在社会科学中就会认为现代社会中的工业主义是一种普遍的形式。这些获得普遍性认可的社会特性造成了虚假的必然性，这就排除了对未来的替代形式。这种理解现代性的限度和潜能就先天排除了社会主义。20 世纪 60 年代出现的大众文化和政治中出现技术恐惧症的意识形态，低估了重新构造现代技术的潜力，认为资本主义是理性的、普遍的现代化。事实上看似稳固的技术并不是稳固的，在技术合理系统防护下的现代西方社会，现代技术的各种各样的文化已经提供了通往前进方向的不同道路。现代化本身就是经受剧烈变化的种种技术和文化的偶然结合。那么这样也表明这些并不是与生俱来的自然现象,资本主义现有技术设计具有社会偶然性。技术没有理由不能遵照社会主义社会的价值来重新建构。于是他们创建了多重文化的技术政治观念,将寻求在每个装置和系统中调和几个世界的优良设计,这样我们就可以拥有与现代的社会理论所设计的未来不同的未来,打开了技术的各种潜能,预示了未来世界的多样化与可选择性。这从文化角度为西方左翼学者的社会主义未来道路选择做好了准备。

(三) 注意科学与技术概念的区分与定位

通常情况下,科学研究的学者谈论的是单一的统一的"技术科学",这种观念也被人们习惯性地接受和运用。还有一种观念因为科学和技术的密切关系,通常认为技术是科学的应用,换言之,先有科学推测才有技术的应用。法兰克福学派批判理论通过抨击资本主义合理性的形式来抨击资本主义,对资本主义民主这一现代制度进行的批判是基于对科学—技术合理性的批判。对于科学和技术尽管相互关联,且共有一种基本上类似的合理性的形式,但法兰克福学派批判理论认为二者需要辨别,倾向于从制度上区别它们。这种不同表现在改革纲领中就是为了技术而进行的政治改革和为了科学而从科学内部进行的改革。但当技术科学作为单一现象出现时,就会在一种马尔库塞的技术科学的乌托邦政治和哈贝马斯在适当领域中接受技术科学中立性之间摇摆不定,这两种立场都是错误的。埃吕尔反对科学先于技术应用的传统观点,他认为这种观念只考虑科学的一个范畴且只适用于物理科学和19世纪很短的一段时间。在对局势进行最新的审查的基础上,埃吕尔认为在当今时代科学与技术密切联系,且技术处于主导地位。

只有从概念上区分科学和技术,才能进一步批判资本主义合理性和实现合理性的现代形式的转化,避免留下非理性主义的口实。西方左翼学者关于技术政治的观点,对技术和科学做了明确的区分。在他们看来,首先,技术和科学是两种不同的活动,社会矛盾是以不同的方式贯穿于二者过程中的。对于技术而言,普通人是技术过程的内在参与者,且普通人参与技术活动的机会不断增加,他们可以通过扩大他们在加入技术网络中时已经拥有的"机动边缘"来转化技术,技术作为整体不是外在的政治干预而是内在于政治的。而这种转化的逻辑被外推到科学领域则完全是另一回事,因为科学没有形成普通人的世界,科学还是一种专门的活动,不依赖公众舆论,只是通过技术来影响他们。即使成熟的科学对政治和文化敏感,他们的影响通常也是间接通过行政决定及教育变革进行。不像技术和人们的关系密切。与技术批判相关的变化标准不适用于科学,或者至少不是以相同的方式适用于科学。因此,他们研究的是技术政治理论而非科学技术政治理论。其次,"技术科学"作为整体似乎被认为是按照"比例扩大"(scaling up)的概念使我们从实验室过渡到社会,但是这一概念掩盖了包含在将新的科学观念用于生产的非常复杂和不同的过程。自然科学的批判与技术的批判在战略和理论上是不同的,科学的批判是非目的论的,而技术的批判是建立在人的、社会的和自然的潜能观念基础上的目的论的批判。这种区分彰显了技术的政治化观念,也显示了技术政治观念的特殊性。

(四)着眼于技术的批判与重建与综合

他们技术政治的出发点就是从寻求技术问题的根源开始的,深入技术内部可以抓住技术的本质。首先,从技术的设计入手,这是技术存在的开端。因为他们都发现现存的技术逻辑本身就有问题,马克思的三种技术批判理论,主要在于强调第三种被忽略的技术的设计批判,无论是童工问题、医疗问题还是环境问题,设计都具有规范性的含意,技术统治的根源就存在于这种技术的设计中,对技术统治论的批判是他们共同的出发点。这也预示了在揭示了现存技术存在问题基础上,可以进行重新认识和设计技术,批判后的重建是对工业社会进行彻底改革的目的所在。其次,从技术内部着手，也为技术发展过程中民主参与奠定基础。技术的民主化过程就体现在技术的内部。技术是由各种层次的参与者构架的一个空间，在其中要反映设计者、统治者、所有者、公众的利益，这些参与者的利益体现在技术因素中。而在此过程中民主化的程度主要取决于权力的权衡和利益的获取者，技术民主化的目的是扩大公众在技术设计中的利益，这些都体现在技术内部，技术民主的实现也体现在技术设计中。通过技术重新设计或者交流民主形成现实的技术，体现参与者的利益。第三，技术的内部批判与重建体现技术发展的动态性整体性。技术的生成过程不是固定不变的，他们通过对技术工具化理论的批判，展示了技术对象从去除情境与世界脱离的状态到重新情境化与世界相联系的动态过程，而这一过程也是作为整体的价值负载过程。技术的功能维度和文化价值意义都体现在技术具体化、现实化的过程中。通过构建一种更具整体性的技术体系，实现人类目的与自然规律整合的统一体，导致整体设计的技术政治学模式。

他们的技术政治观吸收了大量的社会建构论观念，对技术政治的建构主要综合各种看似相悖的思想观念，从而实现了技术政治的建构性综合。他们遵循马克思的思想传统，在卢卡奇和早期法兰克福学派的批判理论基础上，进行技术批判和重建。针对技术系统中存在的权利偏见，揭示了权力/知识关系的本质，主要是由一种技术统治论的技术理性决定的，而这一切又取决于不同的技术设计。因而对技术的重建关键在于技术因素的变化，技术因素与要实现的社会意义相一致。技术在看起来似乎价值中立的技术理性的技术逻辑中，维护统治阶级的利益。通过技术系统来增强支配性的社会建构力量。也可以出现在民主合理性中增强技术民主化的建构性。他们通过技术因素的分析为政治和意识形态选择留下了空间，也使现代技术的重构具有了可能，这种技术民主化方式事实上是对各种技术政治理论主张的批判与综合。他们没有将看似相悖的理论主张看作是完全对立的，而是看作是相互可以兼容互补的。人类未来与技术发展也可以包含在一种相互建构中，这是因为技术对人类生活具有两重性的建构作用，作为设计者和用户的人类又是技术构成的重要依赖者。他们考虑马克思主义、技术批判理论与社会主义的结合，实现技术政治学的建构。在法兰克福学派内部马尔库塞和哈贝马斯之间的激烈论辩中，可以考虑将这两种思想相融合。他们的技术批判理论在批判工具理论与实体理论这两个看似相悖的观念中不仅看到二者对技术的相似观念，而且吸收了二者的精华。技术的乐观观念不能忘记技术的负面效应，对现代技术的否定和悲观不能忘记技术的进步作用。在这种观念基础上，一种新的综合是可能的。这种综合赋予了技术一定的社会价值向度，使技术脱离了技术统治论技术理性的藩篱，关注人类的未来走向，转向技术政治的人类解放目标。

（五）注重技术政治的实证研究与经验转向

当代西方左翼学者在技术政治研究中不是仅仅停留于理论研究，而是更多地关注实践中的落实。不像海德格尔、马尔库塞那样仅仅面对非常抽象的问题，局限于非常抽象而普遍的术语，而是从具体的技术出发，在如何设计与创造中寻求与社会的关系，在社会批判理论中阐述技术政治观点。由于注重实证研究，相对于传统法兰克福学派，社会发展检验逻辑发生了变化。传统法兰克福学派根据期望检验现实，根据未来否定当下，将检验根据放在未来世界，只能在未来的历史进程中检验自己的预测。为了避免只是从总体上抽象地谈论技术，他们的部分研究是以个案分析的形式进行的，还进行了大量的实证研究，将对理论的检验根据放在现实世界，通过一系列实证研究证明自己方案的可行性。从这个意义上说，出现了技术的经验转向。

促使他们开始经验转向是源于技术背景的变化。这使他们有机会参与到相关技术中去，发现不同的技术问题对不同的人与不同的社会有不同的意义，可以观察到技术的更多细节，也发现了更多的选择因素。技术的偶然性特征和具有多重选择性就是在具体技术实践中发现的。而法兰克福学派早期的理论家仅仅将技术看作单一的事物,没有深入到具体技术中去,就不可能了解技术是如何设计的。而这种经验转向使他们具有了更多的改变社会的经验,同时在这种经验中认识到技术设计的重要性,包含了社会的可以替代的变化。

实证研究涉及的方面非常广泛,包括二战后科幻小说中早期的核灾难景象、艾滋病对人体医学实验的影响、法国小型电传的意外成功、20世纪60年代的间谍影片中恶托邦的主题。在这些研究中科技理性与文化政治不可分割地交织在一起,从社会建构论的角度论证了重塑我们周围技术世界的可能性。他们的技术政治观有"微观政治学"倾向,是一个基于局部知识和行动的情境政治,是更小的干预社会生活的政治。微观政治学没有通用策略也没有提供对社会的全球挑战。它包括许多不同的但可以会聚长期颠覆性影响的活动。这个方法在技术领域有独特的意义,技术现代化背景下很难想象总的变革策略。西方激进的批评者在定义一个总体行动也没有取得成功。像马尔库塞的"大拒绝"是一个悲剧性的道德姿态,不是一个有效的政治立场。海德格尔对代理的彻底拒绝不是一个真正的替代有用的控制而只是其抽象否定,政治事件早已超越这些消极的姿态。受后现代思想影响,他们大都认为即使没有总的方法是有意义的,工业系统的张力可以在一个局部基础"内部"被理解,由个人直接从事技术中介活动并能够实现被现行技术理性压制的矛盾的潜力。因此,技术微政治化成为他们技术政治观的一大特色。

(六) 实现技术的政治伦理转向

西方左翼学者对资本主义的非正义性和资本主义自由的虚伪性进行了深刻揭示和批判,实现了技术理性批判理论的"政治伦理转向"。

从工具理性批判转向政治伦理批判。法兰克福学派早期的理论从工具理性批判入手,系统阐发否定辩证法,对资本主义工业文明进行反思,从而确立自身的哲学基础和基本纲领。但由于其局限于对工具理性的批判,未能全面把握理性的含义，也就未能对资产阶级民主及福利政策进行客观、全面的批判。基于这一认识，法兰克福学派的第二代旗手哈贝马斯发展出建立在交往合理性基础上的交往行为理论，以弥补其前辈的不足。交往行为理论的建构，意味着法兰克福学派"政治伦理转向"初步形成，他的学生霍耐特进一步提出承认理论和多元正义构想。他分析了资本主义社会的再分配与承认关系，强调分配冲突是承认斗争的特殊形式，工人阶级应该联合起来"为获得承认而斗争"。在此基础上，霍耐特围绕正义与关怀两大核心，阐发和批判资本主义自由、民主、人权、共同体、正义、关怀等一系列政治伦理理念，从而完成了批判理论的"政治伦理转向"。

揭示资本主义对社会正义的破坏。在马克思看来，资本主义社会是由资产阶级占据生产资料并借助异化劳动压迫、剥削工人阶级的社会。马克思的异化劳动观，揭示了资本主义社会中阶级对立和工人阶级革命的根源。哈贝马斯、芬伯格、霍耐特等在分析马克思异化劳动观后认为，马克思的阶级斗争理论偏重于从工人阶级经济利益出发，相对缺乏一种道德规范的内涵。劳动的基础是人与人之间的相互承认：人们通过劳动将自身能力表象化，为他人认可自己的劳动创造条件，进而在彼此间建立相互承认的关系。从这一认识出发，详细阐述了承认领域、承认形式、承认原则的问题。他将爱、权利、团结看作三个承认领域，将情感、法律、社会尊重标明为三种承认形式，将需要、平等、贡献作为三条承认原则。在资本主义社会，资产阶级单独控制生产资料，工人阶级即便出卖自己的劳动力，也无法获得相应的劳动产品。相反，资产阶级利用自己的生产资料剥削大量的剩余价值，破坏承认关系的基础，工人阶级因此得不到应有的承认。当代资本主义社会中工人阶级的这种境遇是对社会正义的破坏。

批判资本主义自由的虚伪性。霍耐特将承认理论与多元正义构想联系在一起，发展出包括情感关怀、法律承认、社会尊重在内的多元正义理论。在多元正义理论的框架内，虽然资本主义国家早已在宪法、法律层面建立了公民权利保障机制，但表面上的法律平等原则并不能抹去事实的不平等，而且二者间的张力随着民众权利意识的增强不断增大。资本主义导致人们经济地位不平等，在经济上不独立的民众总是被排除在契约自由和劳动的基本权利之外，实际上并不享有与资产阶级平等的公民地位，这就使法律承认变为空壳，情感关怀、社会尊重也无从谈起。为此，霍耐特希望用发展合作民主的方式来解决这一问题。他认为，普通民众没有得到当代资本主义社会的法律承认，是因为他们没有切实参与民主协商。为了给所有民众以同样的民主参与机会，他结合程序主义对协商理性、共和主义对政治共同体重要性的强调，希望可以通过社会共同体合作的方式进行民主协商，从而实现既保证民众价值取向多元化，又满足民众情感关怀、法律承认、社会尊重需求的双重目标，并以此解构当代资本主义的自由民主理念和制度。

从政治伦理角度对当代资本主义社会的批判有其深刻性、合理性，为我们带来启示和借鉴。但他们的批判理论基本上建立在保守主义、改良主义立场上，因而存在抽象性、不彻底性，这一点同样需要明鉴。

二、当代西方左翼学者技术政治观的理论贡献

（一）丰富了马克思主义技术政治思想

西方左翼学者的技术政治观是在马克思的技术政治思想基础上发展起来的，但他们对马克思的部分技术政治思想进行了修正和发展，为解决当今人类所面临的重大问题提供可行之道。

马克思因时代所限，对技术的批判大多局限于生产领域，因为当时技术主要应用于生产领域。而在现代社会技术已经渗透于社会生活的一切领域，随之产生的技术的矛盾与潜能，可以用马克思的生产观念分析。马克思因为生活在自由资本主义时代从生产领域出发写出了巨著《资本论》，根据他潜藏的技术设计批判理论，如果生活在技术时代，必定会对技术进

第八章 当代西方左翼学者技术政治观的整体评价

行全方位批判,"资本论"也就变成了"技术论"了。

马克思在分析市场合理性中超越了资本主义合理性的局限,通过辩证合理性,得出市场合理性可以加强资本主义霸权也可以再生出新的阶级结构,从而指向了社会主义的理性秩序。马克思将工人阶级对社会转变的希望寄托于工人阶级掌握国家权力的思想已经过时,因为当代社会斗争是围绕着被技术中介所介入的许多问题展开的,劳动问题只是其中的一部分。马克思将技术与特定阶级的政治斗争相结合,而当代劳动被看作众多部门斗争中的一种。也就是说社会斗争形式是多样的,没有哪一种运动能够全部涵盖,工人运动也不例外,但这并不意味着阶级问题不重要。他们的技术政治观是发达社会抵抗的基本形式,而不是属于某个特定阶级。新社会只能从这些活动的无限多样性中诞生,而不会从政治强制实行中诞生。

马克思在理解社会主义时也不是把社会主义当作一种政治,而是提出了一种从资本主义导向社会主义的历史"进程"的存在。因而才有了他最重要的发现,即一种向社会主义过渡的观点。马克思主义向社会主义过渡理论存在的主要问题就是没有一种关于资本主义经济与技术遗产的两重性应用的完善理论。这样导致的结果就是,马克思主义关于社会主义"第一阶段"与社会主义"更高阶段"这两个前后相继的阶段,却没有涉及到他们的历史性联系,因为前者依据的是社会主义国家理论,而后者依据的是消除脑力劳动与体力劳动分工的理论。因为在马克思的有关向社会主义过渡的两部著作《法兰西内战》和《哥达纲领批判》中,提供了两种完全不同的革命方案,在对巴黎公社的反省中,过渡是一种政治过程,而在对哥达纲领的批判中却强调克服脑力劳动和体力劳动的分工。这样对社会主义划分的两个阶段,一个阶段的特征是政治斗争,另一个阶段的特征是技术的变化,使两个方面彼此分离。列宁在实践中延续了马克思理论上的不连贯性,提出了两种通向共产主义的道路。一方面,过渡被作为一种政治斗争,无产阶级接管资产阶级的管理设施实现自主管理,废除国家管理。另一方面，按马克思的观念实现一种技术转化。这样过渡导致的结果是国家管理不能被废除，技术进步无法实现。苏维埃没有为政治和经济民主化提供基础，过渡被一种官僚化所代替。前苏联陷入一种社会主义意识形态与资本主义遗产之间的困境中。既不能完成社会主义的使命，也不能完成资本主义的使命，最后这种异化的管理使苏维埃体系逐渐与自己努力取代的资本主义趋于一致。究其原因是因为在旧的组织方式基础上不能创立一种真正所谓新形式的文明。西方左翼学者基本上设想出一种自下而上的新的替代方式，在此，向社会主义过渡被设想为一种争取技术和管理的民主斗争的延续。

马克思在社会主义过渡问题上出现的政治斗争和技术转化两种方式及造成的实践问题，主要是对社会主义界定问题上态度不明确，根据社会发展规律将社会主义作为人类社会发展的必然阶段。他们通过全新的技术创建，实现了技术民主化，代表了作为整体的公众的利益才实现的。在批判资本主义文明方式中发现了其未实现的技术潜能，从而内涵了一种未来的可能性。在这种模式中，向社会主义过渡在被设想成一种技术政治协商形式，社会主义是一种文化选择而非政治选择。马克思在政治经济学批判大纲中暗含了一种教育理论，教育作为福利，但最后又将福利重新定义为自我实现的决定论的解释，并将变化推迟到遥远的、技术发达的未来，但是即使最发达的技术也不能自发地将社会民主化。在社会发展中需要依靠自觉的知识提炼具有技术选择的能力，这种选择的能力就是要参与到技术设计中使技术民主化。新技术的出现是技术选择的结果而不是自主决定的结果。

（二）拓展了技术政治研究思路

以法兰克福学派为代表的西方马克思主义者，较早注意到科学技术与政治的关系问题。他们通过考察科学技术对当代资本主义政治、经济和文化等各个领域的影响，发现了资本主义在统治方式上的变化，科学技术已经成为统治阶级维护自身统治的合理性工具，从而提出科技理性并批判性的认识到科学技术的政治功能。他们沿着法兰克福学派的技术批判理论进行技术政治分析，但并没有局限于前人的思想框架中，尽管之前的代表人物有着各自的独特思路，但他们通过从总体上进行审视思考并对技术进行深入了解与实践大大拓展了法兰克福学派的技术政治思路。

首先，对技术的辩证的解释打破了法兰克福学派对技术完全消极的评价。法兰克福学派通过观察科学技术给社会生活各个领域带来的异化现象，揭露了在现代社会中资本主义利用科学技术维护统治的事实。他们主要聚焦于对当代资本主义社会中科学技术的社会功能的局限性进行分析，在对这种局限性的根源的分析上主要指向科学技术的出现与利用。从整个近现代西方对科学技术政治效应的研究脉络来看，法兰克福学派的思想显然是深邃和独特的。他们没有局限于西方科学主义的乐观主义和后来人文主义的悲观主义对科学技术现象的分析，而是挖掘其社会根源，从科学技术与资本主义的关系上进行分析。在审查科学技术对社会造成的负面影响的基础上指出科学技术已经被统治阶级利用而成为一种统治工具。从而提出工具理性或者技术理性，将政治统治与科技理性相结合进行批判。但法兰克福学派的先辈的超越与新见是有限的，最终没有摆脱对科学技术本身的批判。尽管他们意识到科学技术消极政治效应与特定制度有关，但他们将资本主义在科学技术运用中造成的危害归咎于科学技术本身，科学技术是资本主义对人进行超时间、超历史奴役和异化的根源，科学技术是资本主义新型压迫的原罪，从而夸大了资本主义制度下科学技术的消极倾向。这样，现代资本主义社会的一切异化和矛盾都源于对科学技术本身的使用。

当代西方左翼学者对技术的看法没有局限于技术的单面理解，而是客观辩证地认识技术的功能与作用。他们根据马克思的科学技术观认为科学技术首先是社会前进的一种决定性的推动力量，科学技术不但为社会发展创造了必要的物质基础，而且增强了人类征服自然改造自然的能力。因而科学技术本身并不是一种控制人的消极力量，而是蕴含着推动社会发展的巨大力量。科学技术的社会功能应该与具体的社会形态或制度相结合，而社会制度的性质对科学技术的社会功能具有决定性的影响。这样科学技术成为统治工具是与资本主义制度分不开的，这是资本主义的特有现象。在资本主义制度下由于对科学技术的利用造成无产阶级劳动紧张，生活无保障，使人生活在一种受奴役不自由的状态下，这些异化现象的出现，抹杀了科学技术本身的积极作用，但不能把这些异化现象与矛盾归咎于科学技术。他们用辩证的技术观念对技术进行分析，这些观念植根于他们的技术理论中。这些对法兰克福学派技术政治观念都进行了不同程度的发展。

其次，他们形成不同于传统法兰克福学派的理性概念。法兰克福学派批判理论通过抨击资本主义合理性的形式来抨击资本主义。因为对科学技术消极面的片面理解，因而在传统法兰克福学派看来，发达工业社会中，科学技术作为奴役的反动工具。从人类理性的高度挖掘技术理性如何变成政治的合理性，从而取得合法的统治地位，成为一种新的统治形式。他们将科技理性带来的异化与政治统治结合起来，对资本主义制度的批判逐渐用科学技术的批判来取代。他们没有看到科学技术在不同制度中会有不同的性质和内容，更没有看到科学技术会成为一种伟大的革命解放力量，只能在发达工业社会的范围内对科技理性进行批判研究，陷入对科学技术的悲观主义中。他们没有局限于传统法兰克福学派对科学技术政治分析的悲观进路。一方面吸收了法兰克福学派批判理论对启蒙运动的积极成分的研究，这种积极的成分在阿多诺的"自然的警觉性"概念和马尔库塞的"潜能"观念中都出现过。这种积极的成分补偿了现代性的灾难。另一方面主要是对理性概念进行重构。法兰克福传统理论对技术理性的批判使自身也陷入对未来无望的悲观中，而西方左翼学者尤其是哈贝马斯和芬伯格并没有停留于对资本主义技术理性的单纯批判，而是在批判基础上，构建了关系技术社会发展前景的"民主合理性"，用民主理性代替了作为资本主义专制统治借口的技术理性，为技术政治打开了激进转变的可能性。

第三，他们对技术的批判避免了法兰克福学派传统的抽象性。法兰克福学派传统理论的批判理论主要是抽象的工具理性批判,属于社会批判。而当代西方左翼学者从技术本质出发展开对技术理性的批判与改造,使技术融入更多的主动性。他们利用技术的建构论在当代技术发展的社会背景下研究技术,使法兰克福学派的观点更具体,超越单纯的支持或反对技术的僵化态度。而且与传统法兰克福学派代表不同,注重理论与实践的结合,以实际行动告别了法兰克福学派传统的"敌托邦",提出了可供救赎的技术理性民主化,为技术与社会发展打开了乐观的未来之路。

(三)开创了技术与政治发展的新途径

当代西方左翼学者是在科技全球化大背景下,技术以各种方式渗透到社会生活的一切领域这种状况下,研究技术与政治的关系,揭示资本主义技术统治的实质,探寻人类社会发展的前景。资本主义以各种方式倡导技术统治论来维护资本主义统治,试图将政治技术化,为政治统治蒙上技术的色彩,以技术理性掩盖统治的实质。因此他们要将技术政治化,而不能将政治技术化。政治技术化将政治统治用神秘的技术控制,技术理性蜕变为统治的合理性,技术作为一种新的统治力量使社会全面异化。而使技术政治化,就是要将技术作为社会发展前进的力量。既然技术已经渗透进社会生活的一切领域,那么公共行动者就会显现出来,参与到技术设计中,揭开技术的神秘面纱,影响技术的政治效果。也就是说在技术逐步成为我们的生活方式的状况下技术中介会产生有利于公众的政治后果。他们不仅在理论上分析了技术对政治发展的两种可能性影响,而且参与到社会实践中,更加明确和坚定了他们的技术政治发展观念。还参与到各种技术实践活动中检验理论的可行性,为技术政治开辟积极的发展前景。

他们的技术政治观为社会发展开辟了可选择的现代性之路,将社会主义作为人类社会发展的未来,指出了向社会主义过渡的道路。在社会主义制度下,技术与政治的关系也是密切的,这种技术的政治职能具有新的特质。社会主义制度下技术将发挥解放的潜能,真正地服务于人民,摆脱自然和社会的奴役，使人得到全面自由的发展。

三、当代西方左翼学者技术政治观的主要问题

（一）理论观念逻辑的乌托邦之嫌

当代西方左翼学者认为自己的技术批判和革新之路是在一定理论基础上有望实现的美好理想，这种乐观精神无可厚非。但是其整个技术政治观念在逻辑发展中具有乌托邦色彩。

理论基础上，他们主要是坚持马克思的人类解放精神，对马克思进行精心解读并进行发展。同时借鉴各种批判思想开辟了对未来的希望。在思想形成中借鉴了社会建构论的方法，吸取了后现代的许多思想。从理论基础的吸取上可以看出他们主要在寻找一条人类未来之路。从技术政治思想的起点看，主要批判了传统的技术观念，吸收了技术工具理论和实体理论的优点，摒弃了技术统治论并改变了包括法兰克福学派在内的"敌托邦"观念，在提出技术批判理论基础上形成自己的技术政治观念。整体上看，这一过程是通过将各种思想优化组合而完成的。比如，倡导马克思主义、技术批判理论与社会主义的结合，实现技术政治学的建构；建议法兰克福学派内部马尔库塞和哈贝马斯之间思想的融合；汲取了工具理论和实体理论的精华；等等。总之，对各种观念的吸收利用上是可以的，但这种为寻找未来出路而综合的特点会有中庸之嫌，也会失去技术批判理论的锋芒。而且将所有的优秀思想汇聚在一起不一定就是最优组合，这种组合本身也会出现问题。

整个技术政治观的形成依赖对技术的分析，而在这一分析中夸大了技术的社会属性，使理论乌托邦色彩过于浓厚。任何技术都具有自然属性和社会属性，二者的统一构成技术的完整性。自然属性是指技术中内在的科学原理，而社会属性是人对技术的目的和需要。其中自然属性是技术存在的前提，而西方左翼学者在对技术的分析中结合社会建构论更多地强调技

术的社会属性,而忽略了技术的自主性。他们基本上将技术发展的每个环节都加入了人的参与和支配,事实上技术有一个自我生成的过程,人的目的和希望可以体现在设计中,但不能为夸大社会作用而忽略对科学原理的遵循。这样分析的目的是为技术民主化服务的,在技术理性的分析中,提出技术的两重性概念,资本主义技术统治论限制了技术理性,可以重新建构为大众利益服务的"民主理性"。看到技术中包含的力量和利益是合理的,但整个理性形成过程都是对技术的自然属性的忽略。民主的理性化是在全球化背景下进行的,而在市场经济规律的支配下,民主合理化如何进展。这样就会对技术理性能否民主化产生疑问,或者使这一理论蒙上乌托邦色彩。

他们的技术政治观最终是实现作为整体的大众的利益。在这一过程中提出了"参与者利益",这些参与者具有在资本主义社会中受压抑的潜能,也就是马尔库塞所提出的已经变成"单向度的人",失去了反抗的意识与能力。随着社会发展与责任文化这些被压抑的潜能有激发的可能,但是在这方面论述上比较含糊。而且参与者利益的表达需要公众参与到技术设计中来表达自身利益,作为非技术人员如何参与到深奥的技术中的可能性问题也使理论具有了乌托邦色彩。在一定程度上他们将社会革新的希望寄托于某个阶层或社会力量的良心发现和社会责任。但社会阶层都是靠自身努力发展起来的,身份地位已经发生了变化,它可以服务于统治阶级和普通大众两方面的利益。仅仅靠道德良心的技术代议制很难担当社会发展的大任,而且这又似乎和一直倡导的从下层到上层进行的激进民主改革相悖。比如,哈贝马斯的话语民主的实施主体也难以确定,实践操作性也实属不易。芬伯格寄希望于中间阶层的良心发现和道德情操也难以实现。

(二)实践研究微观进路的未竟之惑

西方左翼学者的技术政治观在批判技术统治论基础上为技术的未来寻找一条替代方案,也是为技术现代化背景下人类的发展寻找一条未来之路。他们基本上想通过一种微观干预达到一种宏观的目标。但是实践研究中的这条微观进路到底能走多远，能否达到所期望的人类未来。对于他们努力致力于微观干预解决宏观问题的方式存在一些问题。

首先，实践例证是小规模的区域性的，没有涵盖更广的范围，未形成规范化体系。在他的著作中以例证的形式列举出来。比如，芬伯格亲自参与创建的计算机在线教育，使他在因特网进入公众视线之前接触到一个新兴领域，在与学生的互动中，亲眼目睹了人类行为在引导计算机发展中的作用。此外，关注到新社会运动中，为维护人的生命、健康和尊严而展开的关于技术设计后果的论战，像工业污染、分娩习惯、艾滋病的实验治疗。姑且不论这些实践的性质，这些实践对于公众参与到技术设计中维护自身利益都是有一定意义的。但是无论从规模还是覆盖范围，都只占有有限的范围，是不成体系的，更谈不上规范化。当然实践是具体的，操作起来有很多问题，这种微观进路如何进展，进展到什么程度就成为问题。

其次，技术民主化过程是通过公众参与到设计中去，把公众利益表达在技术编码中，设计出反映以往所忽视的受压抑的公众的利益的技术。但是技术设计的局部斗争是非常具体的，在很大程度上忽略了全球市场体系的大背景。在全球市场经济发展中，宏观上要遵循市场规律。而且在技术变革中寄希望于公众，现代社会技术专业化程度是相当高的，非专业人士如何参与到设计中且表达自己的利益。现代社会中普通公众都习惯于使用技术，没有欲望也不可能参与到技术的设计之中，如何调动公众的参与意识与积极性，是寄希望于有责任意识的有识之士还是别的方面，这些都是问题。也许他们只是提供了对现代社会批判的一个视角，在技术政治研究中，不仅要在理论上拥有伟大的政治抱负，而且在实践中也要注意微观与宏观的结合。

当代西方左翼学者的技术政治思想还在不断发展完善中，对理论本身的质疑也许是对理论理解得不够深透或者观念上的偏差，但理论家本身的社会责任感已经非常值得钦佩，整个理论体系也非常值得学习借鉴。

参考文献

一、英文类

[1] Jacques Ellul: *Technological Society*, New York: A Division of Random House, 1964.

[2] Andrew Feenberg: *Alternative Modernity: The Technical Turn in Philosophy and Social Theory*, Berkeley: University of California Press, 1995.

[3] J. Habermas: *The Philosophical Discourse of Modernity*, Cambridge: Polity P RESS, 1987.

[4] Andrew Feenberg: *Questioning Technology*, London; New York: Routledge, 1999.

[5] Andrew Feenberg: *Critical Theory of Technology*, Oxford: Oxford University Press, 1991.

[6] J. Habermas: *Truth and Justification*, Cambridge Mass: MIT Press, 2003.

[7] Andrew Feenberg: *James Freedman: When Poetry Ruled the Streets: The May Events of 1968*, New York: SUNY Press, 2002.

[8] Andrew Feenberg: *Transforming Technology Second edition of Critical Theory of Technology*, Oxford: Oxford University Press, 2002.

[9] Andrew Feenberg, Tom Misa and Philip Breij: *Modernity and Technolo-

gy, Cambridge Mass: MIT Press, 2003.

[10] Andrew Feenberg, Lukacs: Marx and the Sources of Critical Theory Critical Theory of Technology, Lanham, MD: Rowman and Littlefield, 1981.

[11] Langdon Winner (ed.): *Democracy In A Technology Society*, Netherlands: Kluwer Academic Publishers, 1992.

[12] Andrew Feenberg: *Between Reason and Experience: Essays in Technology and Modernity*, Cambridge Mass: MIT Press, 2003.

[13] Andrew Feenberg, William Leiss: *The Essential Marcuse: Selected Writings of Philosopher and Social Critic Herbert Marcuse*, Boston: Beacon Press, 2007.

[14] Andrew Feenberg, Norm Friesen: *(Re) Inventing the Internet: Critical Case Studies*, Sense Publishers, 2011.

[15] Andrew Feenberg: *From the Critical Theory of Technology to the Rational Critique of Rationality*. Social Epistemology, 2003.

[16] Steven Best, Douglas Kelllner: *The Postmodern Adventure*. London: Guilford Press, 2001

[17] Andrew Feenberg, Subversive Rationalization: Technology, Power and Democracy, http://www—rohan.sdsu.edu/faculty/Feenberg.

[18] Halls Achterhuis eds: *American Philosophy of Technology: The Empirical Turn*, Indiana: Indiana University Press, 2001: 6.

[19] David J Stump: Socially Constructed Technology: Comments on Andrew Feenberg's Questioning Technology, http//www.rohan.sdsu.edu/faculty.

[20] Douglas Kellner: Globalization, Technopolitics and Revolution, http://www.gseis.ucla.edu/faculty/kellner/kellner.html.

[21] Douglas Kellner: Globalization and the Postmodern Turn, http://www.gseis.ucla.edu/faculty/kellner/kellner.html.

[22] Steven Best: Douglas Kellner: *The Postmodern Adventure*, New York:

Guilford Press,2001.

二、中文类

[1]《马克思恩格斯选集》第 1-4 卷，北京：人民出版社，1995 年。

[2]《马克思恩格斯全集》第 12 卷，北京：人民出版社，1995 年。

[3]《马克思恩格斯全集》第 16 卷，北京：人民出版社，1995 年。

[4] 马克思：《机器、自然力和科学的应用》，北京：人民出版社，1978 年。

[5] 马克思：《1844 年经济学哲学手稿》，北京：人民出版社，2000 年。

[6][德] 霍克海默、阿道尔诺：《启蒙辩证法》，渠敬东、曹卫东译，上海：上海人民出版社，2006 年。

[7][美] 赫伯特·马尔库塞：《单向度的人》，刘继译，上海译文出版社，2014 年。

[8][美] 赫伯特·马尔库塞：《现代文明与人的困境》，李小兵等译，上海：三联书店，1989 年

[9][美] 赫伯特·马尔库塞：《工业社会和新左派》，任立编译，北京：商务印书馆，1982 年。

[10][美] 兰登·温纳：《自主性技术》，杨海燕译，北京：北京大学出版社，2014 年。

[11][德] 哈贝马斯：《作为"意识形态"的技术与科学》，李黎、郭官义译，上海：学林出版社，1999 年。

[12][德] 哈贝马斯：《交往与社会进化》，张博树译，重庆：重庆出版社，1989 年。

[13][德] 哈贝马斯：《重建历史唯物主义》，郭官义译，北京：社会科学文献出版社，2000 年。

[14] [德] 尤尔根·哈贝马斯:《交往行为理论》,曹卫东译,上海:上海人民出版社,2004年。

[15] [德] 哈贝马斯:《合法化危机》,刘北成译,上海:上海人民出版社,2000年。

[16] [美] 安德鲁·芬伯格:《可选择的现代性》,陆俊、严耕译,北京:中国社会科学出版社,2003年。

[17] [美] 安德鲁·芬伯格:《技术批判理论》,韩连庆、曹观法译,北京:北京大学出版社,2005年。

[18] [美] 卡尔·米切姆:《技术哲学概念》,殷登样,曹南燕译,天津:天津科学技术出版社,1999年。

[19] [美] 卡尔·米切姆:《通过技术思考:工程与哲学之间的道路》,陈凡译,沈阳:辽宁人民出版社,2008年。

[20] [美] 卡尔·米切姆:《工程与哲学——历史的、哲学的和批判的视角》,王前译,北京:人民出版社,2013年。

[21] [美] 卡尔·米切姆:技术哲学,张卜天译,《技术哲学经典读本》,吴国盛编,上海:上海交通大学出版社,2008年。

[22] [美] 斯蒂文·贝斯特、道格拉斯·凯尔纳:《后现代理论:批判性的质疑》,张志斌译,北京:中央编译出版社,1999年。

[23] [荷兰] E. 舒尔曼:《科技文明与人类未来》,李小兵、谢京生、张锋译,北京:东方出版社,1996年。

[24] 陈振明:《法兰克福学派与科学技术哲学》,北京:中国人民大学出版社,1992年。

[25] 王凤才:《批判与重建 法兰克福学派文明论》北京:社会科学文献出版社,2004年。

[26] 傅永军:《法兰克福学派的现代性理论》,北京:社会科学文献出版社,2007年。

[27] 郑晓松：《技术与合理化》，济南：齐鲁书社，2007年。

[28] 朱春艳：《费恩伯格技术批判理论研究》，沈阳：东北大学出版社，2006年。

[29] 胡春艳：《科学技术政治学的"研究纲领"：对科学技术与政治互动关系的研究》，长沙：湖南人民出版社，2009年版。

[30] 邢怀滨：《社会建构论的技术观》，沈阳：东北大学出版社，2002年。

[31] 李忠尚：《第三条道路？——马尔库塞和哈贝马斯的社会批判理论研究》，北京：学苑出版社，1994年。

[32] 吴国胜：《技术哲学讲演录》，北京：中国人民大学出版社，2016年。

[33] 朱士群：《阶级意识、交往行为与社会合理性 西方马克思主义社会政治理论的现代性话语》，合肥：中国科学技术大学出版社，2005年。

[34] 卫才胜：《技术的政治》，武汉：武汉大学出版社，2017年。

[35] 黄雪丽：《安德鲁·芬伯格技术政治观研究》，长春：吉林大学出版社，2014年。

[36] [美] 安德鲁·费恩伯格：《哈贝马斯或马尔库塞：两种类型的批判》，朱春艳译，《马克思主义与现实》，2005年第6期。

[37] [美] 安德鲁·芬博格：《中国的技术研究与发展之路》，《中国电子商务》2006年第1期。

[38] [美] 兰登·温纳：《当代技术哲学与社会批判》，安军译，《科学技术哲学研究》，2009年第5期。

[39] [美] 安德鲁·芬博格：《生态环境政治的过去与未来》，《中国电子商务》，2006年第11期。

[40] [美] 兰登·温纳：《复兴与衰落？——对巴拉克·奥巴马技术政策的思考》，《自然辩证法通讯》，2010年第1期。

[41]［加］M·邦格：《技术民主：资本主义和社会主义的替代物》，鲁旭东译，《哲学译丛》，1993 年第 3 期。

[42]［美］安德鲁·芬伯格：《功能和意义：技术的双重面相》，《哲学分析》，2011 年第 1 期。

[43]［美］安德鲁·芬伯格：《马克思主义与社会合理性的批判：从剩余价值到技术政治》，《哲学分析》，2011 年第 4 期。

[44]［美］道格拉斯·凯尔纳：《技术政治、新技术与公共领域》，闫玉刚译，《马克思主义美学研究》，2004 年第 2 辑。

[45] 李三虎、赵万里：《技术的社会建构——新技术社会学评介》《自然辩证法研究》，1994 年第 10 期。

[46] 狄仁昆，曹观法：《雅克·埃吕尔的技术哲学》，《国外社会科学》，2004 年第 4 期。

[47] 陈振明：《科学技术与意识形态——评法兰克福学派的观点》，《哲学研究》，1990 年第 6 期。

[48] 陈振明：《走向一种科学技术政治学》，《自然辩证法通讯》，1997 年第 2 期。

[49] 安维复：《走向社会建构主义：海德格尔、哈贝马斯和芬伯格的技术理念》，《科学技术与辩证法》，2002 年第 6 期。

[50] 朱春艳：《实用主义和技术批判理论：对技术哲学界一段争论的探究》，《哲学动态》，2005 年第 4 期。

[51] 朱春艳：《告别敌托邦：费恩伯格技术批判理论的理论主题》，《自然辩证法研究》，2007 年第 7 期。

[52] 黄雪丽：《英国文化马克思主义人类动力观考论》，《湖北社会科学》，2013 年第 3 期。

[53] 孙浔：《技术民主的两条道路——哈贝马斯和芬伯格技术政治学比较研究》，《兰州学刊》，2008 年第 9 期。

[54] 张立成:《从哲学视角看生态环境保护与科技发展的关系》,《新疆社科论坛》,2007年第1期。

[55] 黄雪丽:《西方马克思主义"政治伦理转向"探析》,《人民日报》,2015年7月6日。

[56] 高海青:《可选择的技术民主化:在哈贝马斯和芬伯格之间》,《哲学分析》,2012年第3期。

[57] 刘同舫:《激进民主的理性重建与技术转化的微政治学》,《哲学研究》,2008年第8期。

[58] 朱春艳:《论费恩伯格的"技术民主化"理论》,《自然辩证法研究》,2008年第7期。

[59] 朱凤青:《论芬伯格的技术民主化思想》,《自然辩证法研究》,2010年第6期。

[60] 程秋君:《芬伯格技术批判理论中的生态观》,《科技进步与对策》,2012年第5期。

[61] 陈振明:《工具理性批判——从韦伯、卢卡奇到法兰克福学派》,《求是学刊》,1996年第7期。

[62] 黄雪丽:《资本主义的技术政治批判》,《中国社会科学报》,2017年2月23日。

[63] 曹观法:《费恩伯格的技术批判理论》,《北京理工大学学报》,2003年第2期。

[64] 高海青:《社会合理性批判的历史逻辑:从物化批判到技术批判》,《自然辩证法研究》,2012年第3期。

[65] 崔永杰:《"科学技术即意识形态"——从霍克海默到马尔库塞再到哈贝马斯》,《山东师范大学学报》,2007年第6期。

[66] 郭俊立、李三虎:《当代西方技术政治伦理之争及其走向》,《山西大学学报》,2007年第2期。

[67] 朱春艳：《技术批判理论的理论基础和发展趋势——安德鲁·费恩伯格教授访谈录》，《哲学动态》，2008年第6期。

[68] 黄雪丽：《管窥西方马克思主义者凯尔纳的后现代批判理论》，《湖北社会科学》，2013年第11期。

[69] 刘同舫：《技术政治功能的两个维度》，《理论月刊》，2005年第12期。

[70] 王原平：《技术政治视角下的科学执政》，《当代世界与社会主义》，2009年第2期。

[71] 黄雪丽：《刍论阿尔都塞对马克思的症候阅读》，《山西师大学报》（社会科学版），2014年第6期。

[72] 黄正元：《科学技术政治霸权的进程及后果》，《深圳大学学报》，2010年第1期。

[73] 颜岩：《技术政治与技术文化——凯尔纳资本主义技术批判理论评析》，《哲学动态》，2008年第8期。

[74] 刘郦：《技术与权力——对马克思技术观的两种解读》，《自然辩证法研究》，2008年第2期。

[75] 吴国盛：《芒福德的技术哲学》，《北京大学学报》，2007年第6期。

[76] 黄雪丽：《"社会主义"的现代性重建：芬伯格的技术政治目标考论》，《湖北社会科学》，2016年第11期。

[77] 梅其君：《埃吕尔与温纳的技术本质观之比较》，《自然辩证法研究》，2006年第8期。

后　记

本书是在教育部人文社会科学研究一般项目《当代西方左翼学者的技术政治观研究》（16YJC710016）基础上完成的。在本书即将付梓之际，我感慨良多。有写作时的艰辛与迷茫，有成稿时的收获和喜悦。虽有恐于水平有限达不成研究初衷，却也承载了我学术生涯的点滴进步与成长。

这里的当代西方左翼学者是指对当今的资本主义生产方式和生活方式持批判或否定态度，关注社会公正，并对社会变革抱积极态度的西方学者。伴随着现代科学技术的全方位纵深发展，技术与人类社会的生产方式、生活方式关系也发生微妙的变化，当代西方左翼学者在批判、反对资本主义技术统治过程中，逐渐超越并重建了一系列新的利于社会发展的技术政治观念。西方左翼学者对技术在现代社会兴起和发展过程中的重大作用给予特别关注，不仅探讨了技术在现代社会形态形成中的参与和作用，而且探究了技术对现代人内在精神世界的塑造。在复杂和巨大的现代技术系统中，揭示技术与政治和人性之间错综复杂的内在关系，探究人类在利用技术实现和满足我们的想象和欲求的同时，是否技术有能力塑造和限定我们的各种需求和欲望。在技术高度发达的现代社会，探求人与技术和谐相处、相得益彰之道。

当代西方左翼学者的技术政治观是一种基于政治维度的技术考察，

反映了现代社会中技术活动与政治发展的密切关系，是一种对于现代技术社会中人类的生活方式、民主制度、群体意识等的思考。在技术普遍发展的现代社会，他们以高度的社会责任感寻求人类社会的民主与解放。整个技术政治观念形成了独特的理论见解，具有技术政治观念的多元性与关切人类发展未来的同一性，技术政治的阶级性和社会性的统一，技术的工具自主性和社会可操作性的统一，技术政治的特殊性与普遍性的统一。

在本书的写作过程中，得到众多老师和同事的支持和帮助，以及我的几位研究生搜集整理相关资料助我深入研究，在此深表谢意！而且，写作过程中参考吸纳了国内外学者的研究成果，在此表示特别感谢！

如若通过本书的研究能为西方左翼学者技术政治领域研究添彩，我将甚感欣慰。书中不足之处在所难免，恳请各位专家学者不吝赐教，不胜感激。寥寥数语聊表无数感恩与谢意，权做继续前行之动力！

黄雪丽

2020年2月谨记于山西师范大学